KB268915

# 소문난
# LA 맛집
# 들여다보기

# 소문난 LA 맛집 들여다보기

초판 인쇄일 2013년 12월 26일
초판 발행일 2014년 1월 3일

지은이 유강호
발행인 박정모
등록번호 제9-295호
발행처 도서출판 혜지원
주소 (130-844) 서울시 동대문구 장안 1동 420-3호
전화 02)2212-1227  팩스 02)2247-1227
홈페이지 www.hyejiwon.co.kr

편집진행 박세란
본문 · 표지디자인 김보라
영업마케팅 김남권, 황대일, 서지영
ISBN 978-89-8379-803-9
정가 17,000원



이 도서의 국립중앙도서관 출판시도서목록(CIP)은 서지정보유통지원시스템 홈페이지(http://seoji.nl.go.kr)와
국가자료공동목록시스템(http://www.nl.go.kr/kolisnet)에서 이용하실 수 있습니다.(CIP제어번호: CIP2013028820)

# 소문난
# LA 맛집
# 들여다보기

혜지견

# prologue

　21세기 청춘들의 로망은 창업이다. 결혼, 취업보다 더 매혹적인 창업은 잭팟의 열망이 있다. Creative+Adventure+Challenge=빠라빠라 빰빰빰! 젊은이의 머스트해브 아이템은 축제로 출발하자. 마음속에 꿈의 건축을 쌓으면 판타스틱 자유의 성(城)이 완성된다.

　나의 소녀시대, 책만 있으면 행복했다. 지금은 낯선 동네로 한나절 나들이를 가서 밥 먹을 때가 제일 행복하다. 식당 간판 관상을 보고 그럴듯한 집을 찾아가 조심스레 의자에 앉는다. 사방을 둘러본 이후 무엇을 먹을까? 메뉴를 천천히 탐독한다. 이윽고 기다리던 음식이 내 눈앞에 도착했을 때 나를 활짝 웃게 해주는 식당이 좋다. 밥에는 순간의 마법이 담겨 있다. 밤새 아픈 상처를 위로해 준다.

　또 하나, 나의 미래를 상상하면 절로 미소가 흐른다. 어느 날 나는 비행접시를 타고 먼 섬으로 날아갈 것이다. 하루 종일 바닷가에서 해가 뜨고 지는 풍경을 찍고, 모래밭에 누워 일광욕을 한다. 우주에 별이 가득 쏟아지면 달빛을 풀어 춤도 춘다.
　작은 똑딱선이 지나가는 석양에 걸리버 같은 여행자가 표류해 온다면 해적이 감춰둔 보물지도가 있는 동굴로 안내하는 게 내 꿈이다. 나는 팡파르가 울려 퍼지는 드림 파워를 믿으며 고도를 기다린다. 그는 반드시 올 것이다.

　꿈은 행복으로 가는 기차 1호. 성공 역에 닿을 것을 예감하면 OK!
　그것으로 Meaningful. 의미 있다. 행복, 내가 원하는 것을 맘껏 할 수 있는 자유, 맘껏 베풀 수 있는 평화. Hope, 희망을 톡toc 치면 럭키의 문자가 온다.

〈책의 사용법〉

## Part1. 아주 오래된 역사, Historic 백년창업

***Historic Restaurant***   긴 세월 한결같은 메뉴와 장인정신으로 만든 음식에는 어떤 역사가 녹아있을까? 아버지가 다닌 추억의 식당에서 아들, 딸이 결혼식 파티를 하고, 더불어 손자손녀 돌잔치를 한다면 행복한 가족사진으로 영원히 기억될 것이다. History는 '역사'이자 '이야기'라는 뜻이다. 내가 주인공인 스토리로 새 역사를 만들어보자. 급하게 서두르지 말고 백년을 내다보고 창업을 하면 느긋하게 여유가 생긴다. 청춘을 다 바쳐 이룬 비즈니스. 내 자녀가 대대손손 물려받는다면 이 또한 가문의 영광이다.


## Part2. 아무나 생각 못하는 Think Tank 창업

***Power of Detail***   남들이 미처 생각하지 못한 번쩍이는 아이디어 하나가 공전의 히트작이 된다. 짭조름한 조기구이 한 마리가 순두부와 함께 소반에 오르면 정성스런 밥상이 되고, 10그램의 미소와 함께 날아온 김치찌개가 쌓인 피로를 풀어준다. 작은 '디테일의 힘'이 고객을 강렬하게 감동시켜 입소문이 퍼지면 행복한 창업을 이룰 수 있다. 따스한 말 한마디, CEO의 세심한 배려도 차별화의 전략이 된다는 것을 배워보자.


## Part3. 호기심 천국 FUN FUN 창업

***Curiosity is a Source of Creation***   끝없는 호기심은 창조의 원천이다. 스티브 잡스의 '변화에 대한 갈망'이 애플을 탄생시켰다. 이러한 호기심이 흥미와 재미를 만나면 웃음과 액션이 터지는 맛있는 창업이 된다. 남과 다른 창의성으로 개성미를 탐구해보자. 싸이는 재미와 예술을 접목하는 실험으로 전 세계를 휩쓸었다. 판을 펼쳐 놓으면 나도 춤출 수 있다는 굳은 의지가 필요하다.

**Part4. 따라올 테면 따라와 봐! 스타 벤치마킹**

***Celebrity Strategies for Success***   글로벌 세상에서는 스타 마케팅이 성공 전략이다. 셰프 그 이상의 명사반열에 오른 셀러브리티를 찾아가 그들의 정열과 탐험 정신을 맛본다. We're Not Famous. JUST THE BEST!

**Part5.  남과 다른 특별한 메뉴**

***Different and Special Menus***   메뉴 성공은 낙타가 바늘 구멍을 통과하는 것만큼 어려운 일이라고 경험자들은 고백한다. 메뉴만 잘 읽어도 창업 노하우가 보인다. 일단 메뉴에 성공하면 그 식당은 산골짜기, 사막 오지에 있어도 사람들은 먼 길 무릅쓰고 찾아간다. LA의 가장 주목받는 핫 플레이스에서 낙타도 들어갈 수 있는 Big Eye Needle을 디자인해보자.

**Part6. 유쾌 상쾌 착한 식당**

***Use the money. Feel Good***   돈을 써도 기분이 좋은 식당이 있다. 반찬 한 가지만 맛있어도 또 찾아가는 단골집은 홈스윗 홈의 편안한 분위기를 제공한다. 세상이 눈부시게 변해도 식당은 부드럽고 다정해야 한다는 것이 창업의 기초 제1장이다.

**Part7. 지구촌 살리기  Wellness for Life**

***Calls of Nature. EAT Well***   모든 생명체가 '오래오래 행복하게 살았다'는 결말을 맞을 수 있도록 미국인들은 3살부터 에코교육을 실천한다. 밥 한 그릇의 소중함이 어디에서 오는지 가르치는 윤리를 자연에서 배워보자. 친환경 창업, Farm Food, Happy Soul, 소식(Eat less), 운동으로 복잡한 세상을 이겨내는 힘을 찾는 것이 트렌드다.

**Part8. 로맨틱 예쁜 식당**

***Romantic Heart***   Art of Love는 재산증식과 함께 인류가 추구하는 영구불멸 과제이다. 로맨

틱 식당에서는 한 접시의 음식도 무드를 잡는다. 연애의 완성을 기대하며 True Love 창업 스토리를 써보자. CEO가 먼저 반해야 손님도 반색한다. Be delight. smile to welcome!


## Part9. 빵과 커피가 어우러지는 카페

**_Why can not me_**  꿈을 꾸어야 현실이 된다. 웃으며 오픈할 그날까지 카페 여행을 떠나자. '너라면 할 수 있을 거야 할 수가 있어' 노래를 부르며 주문을 걸자. 보석 같은 아메리칸 드림은 꿈꾸는 자, 나의 것이다.


## Part10. 푸짐한 바비큐(BBQ) 식당

**_Basic Instinct of Survival_**  서바이벌 정글의 에너지, 쇠고기에 대한 무한사랑은 태초부터 현재까지 ING. 여전히 진행 중이다. 고기파들의 행복한 BBQ가 영구집권이 가능한 이유다. 숯불 하나만 남다르게 사용해도 꾸준히 돈 번다.


## Part11. COUNTRY GREEN GRASS 전원 식당

**_Travel+Healing+Taste=Happy Life_**  오후의 휴식을 위해 초록들판을 바라보고 내 인생의 속도감을 체크해본다. 고향은 초심을 일깨워준다. 유명 셰프는 요리학교를 졸업하고 세계 각국으로 레시피 구상 여행을 떠난다. 가서 맘껏 즐기면서 맛보고 영감을 얻고 돌아와 결국 선택하는 접시는 나만의 Native 숟가락이다. 퓨전의 바탕에는 locality, 모유의 강이 흐른다.


## Part12. 소박한 가족 식당

**_Family's energy is precious than diamonds_**  다이아몬드보다 강한 가족의 응원. 소중한 파이팅! 엄마의 마음으로 창업하면 하늘이 돕는다. 자식에게 끝없이 주는 모정은 지상(地上) 최고의 선물이다. 힘들 때는 뒤를 돌아보자. 든든한 가족이 있다. 언제나 내편이다.

### Part13. 소규모 퓨전 Ramen Story

***Small but Strong*** 나만의 끈질긴 생명력으로 '감격의 라면'을 끓여보자. "저마다의 일생에는 그 일생이 동터 오르는 여명기에 모든 것을 결정짓는 한순간이 있다.", 장 그리니에 선생의 명문이다. 대한민국 호감 지수 팍팍 급상승시키는 라면을 창업 목록에 꼭 넣어 주머니가 가벼운 청춘들에게 희망을 주고 싶다.

### Part14. Sweet & Unique 달달한 식당들

***Perfect petit charms*** 예쁘고 시원하고 매혹적인 요리의 완성. 확고부동한 카타르시스. 나는 허전한 마음을 위로하기 위해 냉면보다 비싼 초콜릿이나 아이스크림을 사 먹는다. 밤바다가 내려다보이는 호텔 라운지에서 '플람베'를 주문하면 하얀 모자 쓴 요리사가 디저트 왜건에 과일을 잔뜩 담아 나타난다. 명품 디저트를 나를 위한 사치로 선택할 때 자부심이 분수처럼 솟구친다. 가끔은 세상에서 제일 말랑말랑한 작은 존재들을 탐닉해보자.

### Part15. 한식세계화 전통 모범식당

***Global Food*** 글로벌 푸드라고 자랑하는 파스타, 바게트, 스시 장인들은 모두 입을 모아 똑같은 말을 한다. "우리는 음식을 파는 게 아니라 고유의 문화를 전파한다."고. 무릇 사람 입에 맛있는 건 국경을 초월해 어디서든 맛있다. 건강한 한국의 대표 음식을 정갈하게 세계인의 식탁에 올리자. 한식의 다채로운 행복으로 지구촌은 한마음이 될 것이다. 세상에서 대한민국 국민처럼 강한 민족은 없다. 한식세계화도 소망하고 믿으면 반드시 이루어진다.

# Contents

## PART 01 아주 오래된 역사, Historic 백년창업

## PART 02 아무나 생각 못하는 Think Tank 창업

## PART 03 호기심 천국 FUN FUN 창업

## PART 04 따라올 테면 따라와 봐! 스타 벤치마킹



## PART 05 남과 다른 특별한 메뉴

# PART 06 유쾌 상쾌 착한 식당

# PART 07 지구촌 살리기 Wellness for Life

## PART 14 Sweet & Unique 달달한 식당들



## PART 15 한식세계화 전통 모범식당

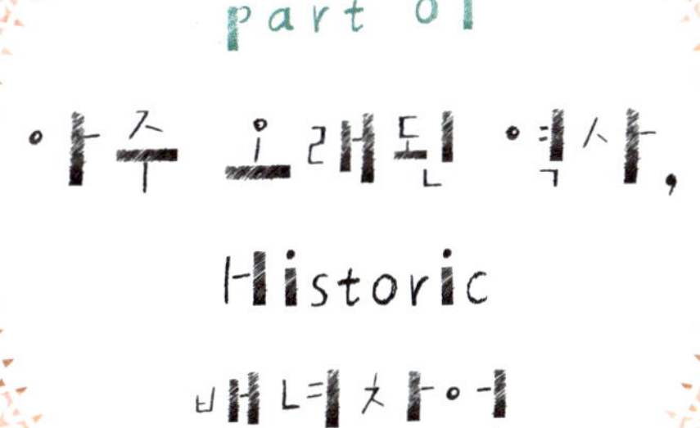
part 01
아주 오래된 역사,
Historic
백년창업

시간이 1908년
창업 그 시대에 그대로
머물러 있는 전통의 식당,
돈과 행복이
쌓여가는 식당

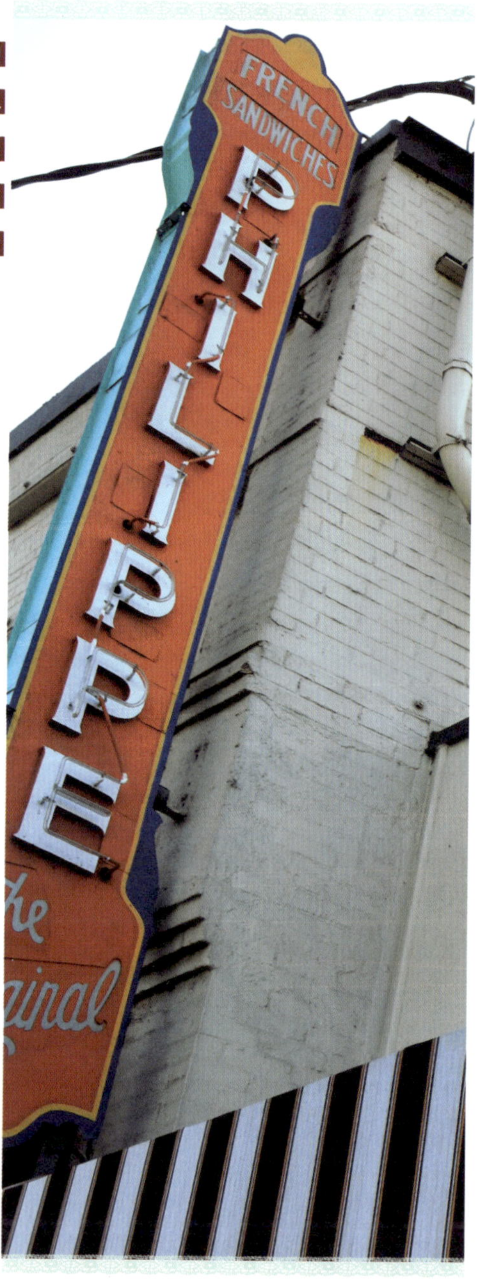


01

## 105년 전통 샌드위치

# PHILIPPE

필리페

**ADD...** 1001 North Alameda St
Los Angeles, CA 90012
**TEL...** 213-628-3781
**WEB...** www.philippes.com
**HOURS...** 6am~10pm daily
**MENU...**
*SANDWICHES* Beef Dip *$6.50* Pork Dip *$6.50* Ham Dip *$6.50* Lamb Dip/Turkey Dip *$6.50~$8.00*
TUNA SALAD *$6.50*
PHILIPPE'S HOT MUSTARD *$4.25*

1908년에 개업하여 105년을 이어온 필리페PHILIPPE에서 주문하려고 줄 서 있으면 뮤지컬 '레미제라블' 무대에 서 있는 듯한 착각이 든다.

LA 랜드마크로 지정된 필리페는 보통 50분 이상 기다려야 순서가 온다. TV 트래블 채널에 수없이 소개되어 유럽에서 가이드북을 들고 찾아온 관광객 무리도 쉽게 만날 수 있는데, 그중에는 장발장 패션도 있고 모자를 쓴 마리우스, 코제트의 모습도 있다.


누구나 열심히 일하면 배부르게 먹을 수 있는 미국으로 자유를 찾아온 프랑스인들은 자연스럽게 빵 가게를 열었다. 필리페에서는 아주 특별한 샌드위치를 제공하는데, 바로 프랑스 가정집에서 만든 촉촉한 로스트비프가 듬뿍 들어있는 French Dipped이다.

1918년에 주방장 실수로 고기 국물에 떨어뜨린 프렌치 롤이 더 맛있어 팔기 시작한 딥 샌드위치를 주문할 때면 꼭 이렇게 묻는다. "single-dip?, double-dip?(빵 한쪽만 육수에 담글래? 더블딥으로 할래?)" 대부분 사람들은 더블딥을 선택한다.

우수한 육질로 만든 딥 샌드위치는 식감이 보드랍고 담백하다. 지극히 심플한 맛이다. 고기는 잘 숙성되어 잡냄새가 없고 화덕 오븐에 구워 빵에는 불향기가 스며 있다. 마치 명품으로 오래 끓여 만든 진국 설렁탕 한 뚝배기로 해장한 느낌이다. 변함없이 105년 동안 처음의 맛을 유지하고 손님이 아무리 밀려들어도 질서 있는 분위기가 장점이다.


포근한 홈메이드 감자, 마카로니 샐러드, 양배추 코울슬로Cole Slaw, 오이 피클을 곁들여 주문하면, '빵이 없으면 파이를 먹으라'고 했다는 혁명의 소용돌

육수에 살짝 적신 빵으로 만든 French Dipped 샌드위치가 별미. 바닥에는 톱밥을 깔아 미끄러움을 방지했고 넓은 주차장도 마련되어 있다. 식당 한구석은 LA 다저스 팀 야구 선수 사인볼 등으로 장식했다.

이 속 마리 앙투아네트 왕비가 그려진다. 이곳의 디저트 애플/블루베리 파이도 안 먹어두면 서운한 명물이다.

지금은 21세기! 빵과 파이와 고기를 살찐다는 이유로 멀리하는 시대지만 필리페의 Beef Dip Pork Ham Turkey($6.50)~Lamb Dip($8), 비프스튜는 야채 듬뿍 넣어 구수함이 진진한 맛이니 사양하기가 어렵다. 특히 겨자소스 머스터드는 다이어트에 좋다고 여행자들이 "It's hot, But good!"하며 너도나도 몇 병씩 사가는 기념품이다.

개업해서 1977년까지 1센트 받던 커피 가격을 2012년 45센트로 인상했을 때는 매스컴에서 토픽으로 보도했다.

*Philippe's 9-cent coffee about to become history*
*Los Angeles landmark, Phlippe's Since 1977, Starting going up 400%?*
*to 45 cents.*

미국 로스앤젤레스 도심 명물 가운데 하나인 단돈 9센트 커피가 역사 속으로 사라진다.

— LA 타임스

4대째 레스토랑을 운영하고 있는 이곳은 신용카드도 받지 않고 오직 현금만 받는다. 바닥에는 톱밥을 깔아 손님들이 붐비는 식당 안에서 미끄러짐을 방지했다. 낡고 시대에 뒤떨어졌지만, 토박이 앤젤리노에게는 백년의 맛을 지킨 고향이다.

길 건너에 산타페퍼시픽 대륙횡단철도가 달리던 유니언 기차역이 있다. 식당 한구석에는 미니 기차박물관도 꾸며놓았고, 전설의 LA 다저스 팀 야구선수 사인볼, 각종 신문과 잡지에 소개된 기사가 오가는 사람들의 정다운 시선을 받는다.

1, 2층 넓은 식당을 한 바퀴 돌면 옛날 사진 속에서 메이플라워Mayflower호를 타고 대서양을 건너온 이민 물결이 보인다. 한참 기다리는 인내심을 발휘해 먹는 샌드위치는 신대륙을 향한 원대한 꿈과 여정까지를 느림의 템포로 아련하게 적셔준다.

이곳에서는 시간이 1908년 창업 그 시대에 그대로 머물러 있다. 돈과 행복이 쌓여가는 식당에서 일하는 사람들은 항상 미소로 사람들을 반긴다. 성공의 너그러운 모습이다. 주차장은 건물 뒤쪽으로 드넓게 확보했다. LA에서는 이것도 큰 경쟁력이다. 자동차로 이동하는 대도시에서 주차 공간이 비좁은 업소는 착한 식당에서 제외된다.

 소문난 LA 맛집 들여다보기

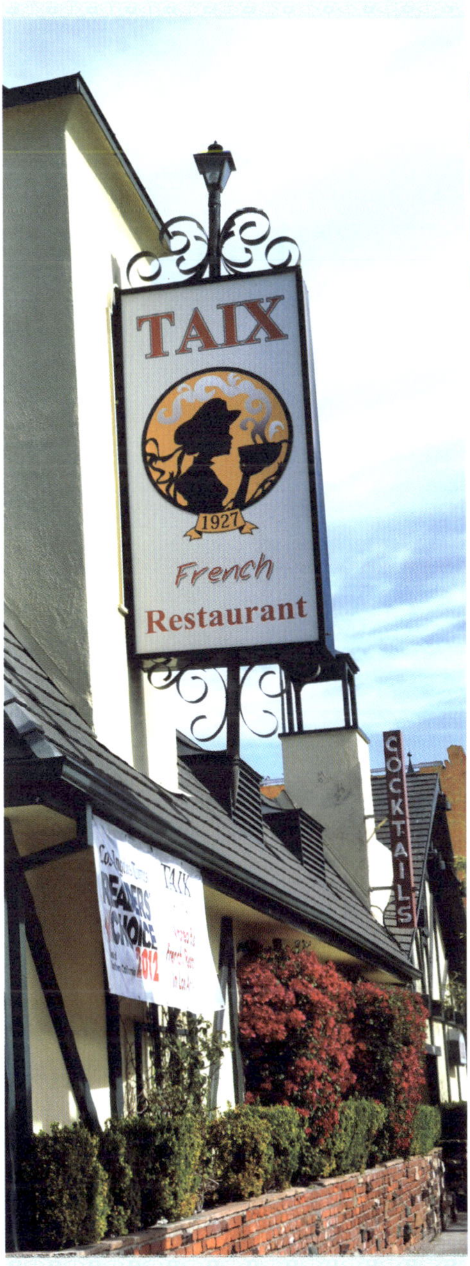


우리 '아버지'를 기억하는,

4세대에 걸쳐

식당을 운영하며

오랜 친구를 만나는

반가움이 있는 곳

02

## 아날로그 86년 느림의 미학

# TAIX 택스

**ADD...** 1911 W Sunset Blvd Los Angeles, CA 90026
**TEL...** 213-484-1265
**WEB...** taixfrench.com
**HOURS...** Mon~Thu 11:30am~10pm, Fri 11:30am~11pm, Sat 12pm(noon)~11pm, Sun 12pm(noon)~10pm
**MENU...**
*Lunch* 4 cheeses *$10.95* ½sandwiches *$9.95*
Coq au vin *$13.95* Roasted pork loin, raisin sauce *$17*
White sea bass over seafood paella, shrimp broth *$20*
*Dinner* Fanny Bay oysters(6pieces, British Columbia) *$14*
Burrata on garlic Balsamic vinaigrette, and pesto *$13*
Ox tail, mashed potatoes *$19.95*
Roasted pork loin, potatoes *$23*
**PARKING...** 발레 파킹 *$3*

1927년 오픈. 86년 전통의 자존심 높은 택스TAIX 패밀리 레스토랑은 얼핏 보면 Taxi(택시)와 스펠링이 비슷해 자꾸 '택시'로 읽게 된다.

할리우드 올드 타이머들은 미슐랭 최고 등급인 별 3개를 받은 나파밸리 토마스 켈러의 프렌치 런드리French Laundry를 제치고 비행기 타고 가서 맛볼 추억의 음식점으로 택스를 추천한다. 이유는 간단하다. 그곳에 가면 우리 아버지를 기억하는 4세대에 걸쳐 식당을 운영하는 오랜 친구를 만날 수 있다는 반가움 때문이다.

LA에서 곧 백년식당의 역사를 기록할 택스는 프로방스나 아비뇽에서 볼 수 있는 옛날 건축으로 정감 있다. 요리도 세련되고 먹기에 아까운, 멋 부린 프랑스 예술적 접시가 아니라 소박한 시골풍이라 정성을 다 쏟은 종갓집의 깊은 맛이 느껴진다.

둔중한 택스의 성곽 오크 나무문을 열고 들어가면 투명한 로스앤젤레스의 태양빛은 사라지고 밝지 않은 조명의 어둑한 파리 뒷골목 풍경이 나타난다. 클래식 명화의 한 장면 속으로 천천히 들어가 보자.


미니 에펠탑이 있고 에디트 피아프의 샹송이 흐르고 만화영화 라따뚜이 키친이 눈에 천천히 들어온다. 역시 LA에 사는 프랑스인들이 '국민 식당'이라는 칭호를 수여할 만하다.

실내는 고풍스러우면서도 중후한 디자인으로 장식했다. 고전적인 가구와 의자들은 가르니에 궁전 국립 오페라 극장 로비에 있는 가죽 소파와 닮았다. 마음이 조용히 가라앉는 분위기가 안정적이다. 주문을 기다리는 시간에 리셉션 매니저는 식당 히스토리를 들려준다. 누가 프랑스 사람 아니랄까 봐 쉴 새

 소문난 LA 맛집 들여다보기

없이 빠른 불어식 발음으로 식당 연혁을 이야기하는데 대강 간추려 들으면 이렇다.

프랑스 산간 지방에서 양을 치고 빵집을 운영하던 택스Taix 패밀리는 1870년 아메리칸 드림을 안고 LA로 이민 왔다. 1912년 현재 사장의 증조부인 마리우스 택스Marius Taix는 다운타운에 호텔을 운영했고, 15년 뒤 그의 아들이 택스Taix 프렌치 레스토랑을 오픈했다. 그때 인기 있던 치킨 디너의 가격은 50센트였다.

식당 역사를 듣고 주위를 둘러보니 LA 명소로 사교계를 떠들썩하게 주름잡았던 한 시대가 그대로 벽마다 스며 있다. 이윽고 주문받는 차례가 되었다. 주말에는 학교선생님으로 어린이들에게 프랑스어를 가르친다는 투잡Two Job의 80살 넘은 할머니 웨이트리스가 다가왔다. 방금 매니저에게 설명(Taix is proud of its vintage staff; ~ serving more than three generations.) 들은 그 전설의 빈티지 스태프였다.

택스의 성공 비결은 평생직장으로 맘 놓고 행복하게 일하는 직원들의 자부심 높은 서비스였다. 오래된 포도주가 명품으로 회자되는 것처럼 스스로 '택스의 골동품'이라고 소개하는 웨이터와 웨이트리스는 유머 백단의 고수들로 손님들의 사랑과 존경을 듬뿍 받는다.

노련한 종업원들은 자주 테이블 사이를 오가며 무엇이 부족한지 직감적으로 살피고 정통 프랑스 요리 레시피를 대대로 이어온 택스의 스페셜을 소개한다. 개구리 뒷다리 튀김, 라따뚜이가 오늘의 특별 요리다.

토마토, 가지, 호박, 허브를 넣고 은근한 불에서 끓여낸 스튜 형식의 라따뚜

아날로그 감성으로 오랜 시간 공들
여 끓인 양파 스프는 진하고 치즈
가 두꺼워 각별하고, 90년 역사의
산증인으로 일하고 있는 LA 최고
령 웨이터, 웨이트리스들은 '행복'이
란 무엇인가를 생각해 보게 한다.

이, 수요일의 특선요리 코코뱅, 생선, 고기 등 요리의 모든 것을 꿰뚫고 있는 웨이트리스는 내가 양파 스프($8)와 마카로니, 닭 가슴살을 주문하자 "아주 센스 있는 선택이야. 아무리 먹어도 살 안찌는 마드모아젤 작은 접시 요리로 특별히 대령할게 기다려요~." 느릿느릿 말한다.

"증조 할아버지가 프로포즈한 식당에서 증손자가 웨딩파티를 하는 택스는 그 자체가 LA 랜드마크이자 문화유산이다. 그렇다면 오늘 온 손님들 명단도 역사책에 기록된다."고 너스레를 떠는 79세 할아버지 웨이터가 단골들과 나누는 대화가 들려온다. 손님들을 기분 좋게 만드는 기술을 알고 있는 직원들은 정말 매니저 말대로 택스의 문화재들이다.

아날로그 감성으로 오랜 시간 공들여 끓인 양파 수프는 진하고 치즈가 두꺼워 각별하다. 프랑스에서는 스태미너 보충을 위해 첫날밤에 먹는다는 어니언 스프 한 그릇은 보양식으로 손색없다. 택스의 샐러드 소스는 86년 전과 똑같고 살이 연한 토끼요리, 마르세유 부이야베스Bouillabaisse, 부르고뉴 흰살 생선, 양고기 구이를 '죽기 전에 꼭 먹어야 할 택스 요리'로 추천받았으니 한 달에 한 번씩 택스에 가는 날을 정해서 미식가 연습을 해야겠다.

택스의 중앙 바를 장식한 와인의 신화를 이야기할 때 웨이트리스는 신명내며 'Vintage 포도주'를 찾은 스토리를 전해준다. 택스 주인은 금주령(1920~1933) 시대에 수많은 프랑스 와인을 수집했고, 의약용으로 차곡차곡 모아둔 와인 저장고에서 그 와인들은 금값으로 무르익어 최고의 와인상을 많이 받았다. 그 덕에 돈방석에 앉게 되자 선셋 대로Sunset Blvd 땅을 많이 사들여 '희귀한 와인 로또 부동산 재산가'로 신문기사를 장식했다는 대박 스토리는 금광발견 이야기처럼 흥미롭다.

아직도 진열장에는 잭팟 터질 와인들이 숙성되고, 합리적인 가격에 마실 수 있는 캘리포니아 포도주는 식탁 위의 달팽이도 춤추게 한다. 향토적인 닭요리도 흠잡을 데 없이 담백하다. 택스의 요리는 인정이 넘치는 맛이다. 매니저가 강조한 'Taix's novel food, unique service and affordable prices'는 진실이었다. 택스의 요리는 소스와 풍부한 식재료가 어우러져 맛을 살리는 건강한 조리법이다. 시간이 걸려도 전통적인 방법의 진흙 오븐 부엌과 농장 스타일을 존중한다.


이곳에서는 단골손님들이 선택하는 메뉴, 향신료 기호, 와인 취향을 머릿속에 다 기억하는 경험 많은 웨이터의 세밀한 배려와 가족 밥상에서 만나는 모성애가 깃든 집밥의 힘이 오롯하게 전달된다. 화려하지 않고 젊은 감각도 아니지만 택스만의 포근한 휴식에 잠겨보자. 유럽 가정에서 대접받은 친밀감이 고귀한 만찬에 초대받은 느낌이다.

LA 최고령 웨이터, 웨이트리스로 빈티지 와인 목록에 이름을 올린 택스 식당의 종사자들이 90년 역사의 산증인으로 일할 수 있는 식당에서 '행복이란 무엇인가'를 생각해 본다. 은퇴 걱정 없이 일할 수 있는 직장에서 하루를 활기차게 보낸다면 굳이 '행복 10계명'을 외울 필요도 없겠다.

사람을 기분 좋게 만드는 비법은 유쾌한 유머에 있다는 것! 웃음으로 행복지수를 높여주는 베테랑 직원들은 택스 와인 창고 값비싼 보물보다 더 가치 있는 재산이다.

할머니 웨이트리스에게 사진을 찍겠다고 하자 그녀는 새침을 떨며 조크한다.

"난 이제 주인공 되는 것 싫어. 그러니 정면 사진은 찍지 마. 한국 청년들이 날 너무 좋아하면 여기서 일하는 게 힘들어질 거야."

택스는 20세 청춘으로 들어와 백발이 될 때까지 일하는 직장이며 아들, 며느리 4대째 이끌고 오는 가족모임 생일잔치를 잊지 않고 베풀어주는 곳이다.

식당은 맛보다는 사람 경영이 우선이라고 성공한 CEO들은 말한다. 숙련된 경험자를 우대해 진심으로 고객을 위하는 택스의 식당 경영 방법이 배울 점이다.

한식세계화의

모범답안 같은,

'최고'라는 단어가 어울리는

LA 대표

갈비 한식당

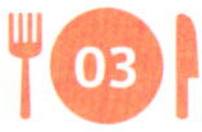

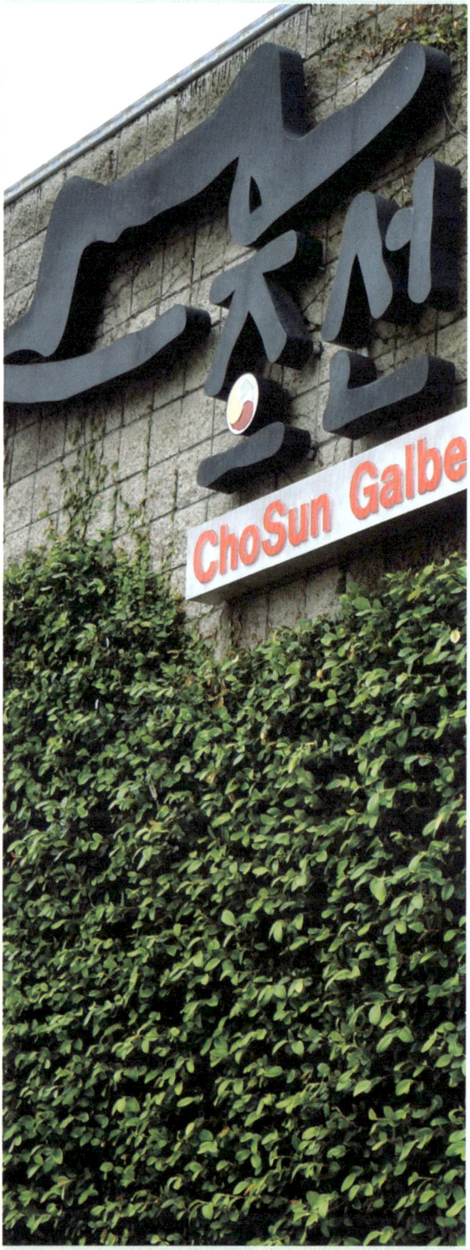


03

## 내가 조선의 갈비다!

# ChoSun Galbee 조선 갈비

**ADD...** 3330 W Olympic Blvd Los Angeles, CA 90019
**TEL...** 323-734-3330
**WEB...** www.chosungalbee.com
**HOURS...** 11am~11pm daily
**MENU...**
생갈비구이|Seng Galbee Gui *$35.99*
조선갈비|Chosun Galbee (A)*$35.99* (B)*$29.99*
불고기|Bulgogi *$25.99* 혀밑구이|Heumit Gui *$27.99*
닭불고기|Dak Bulgogi *$20.99*
차돌배기|Chadol Baegi *$20.50*
조선갈비 프라임 콤보Chosun Galbee Prime Combo (3~4인)*$99.99* (5~6인)*$139.99*
갈비찜Galbee Jjim *$27.99* 잡채Job Chae *$15.00*
물냉면Mul NengMyun *$11.00*

LA 코리아타운 올림픽 거리에서 마주칠 때마다 마음속에 풀잎 궁전을 짓는 건축이 있다. 조선 갈비 레스토랑이다. 겹겹이 담쟁이로 감싼 건물을 바라보면 애송시가 또르르르 굴러 나온다.

저것은 벽 / 어쩔 수 없는 벽이라고 우리가 느낄 때 / 그때
담쟁이는 말없이 그 벽을 오른다.
푸르게 절망을 다 덮을 때까지 / 저것은 넘을 수 없는 벽이라고 고개를 떨구고 있을 때
담쟁이 잎 하나는 담쟁이 잎 수천 개를 이끌고 / 결국 그 벽을 넘는다.

– 담쟁이, 도종환

내가 좋아하는 이 시는 조선 갈비 지붕 위에서 한국인의 강인한 생명력과 의지, 희망 깃발로 나부낀다. 미국이라는 벽을 넘어가려고 안간힘을 쓰던 나를 위로하려고 나는 당차게 식당 유리문을 열고 들어간다. 그리고는 갈비탕 한 그릇 뜨겁게 먹고! 또 다시 프리웨이를 달려간다.

로스앤젤레스에 사는 교민들이 외국인에게 손님 접대할 일이 생기면 5분도 생각할 겨를 없이 무조건 찾는 레스토랑은 조선 갈비다. 한식세계화의 모범답안 같은 LA 대표 갈비 한식당으로, 꿋꿋하게 전통을 지키는 이곳은 '최고'라는 단어가 썩 잘 어울리는 미국 속에 존재하는 한국의 얼이다.

조선 갈비. 궁정의 뜰 회랑을 돌아가는 휘감긴 담쟁이넝쿨 벽에서는 '나는 조선의 국모다!'하고 외친 총명한 명성왕후의 음성도 들리는 듯하다. 도시 속에서 시심을 안겨주는 조선 갈비의 건축과 인테리어 설계는 유명 건축가 리차드 컷츠 룽퀴스트(Studio RCL. www.rcl.net)의 작품이다. 2005년 미국건축연

조선 갈비는 모던
한 건축미와 금속
소재로 기품 있는
인테리어를 연출
하고, 고기는 주로
프라임급을 사용
하는 일류 레스토
랑이다.

구소American Institute of Architects에 의해 LA에서 가장 잘 지은 베스트 레스토랑 10곳 가운데 하나로 인정받으며 모던한 건축미와 금속 인테리어 소재들이 멋과 맛의 공간으로 손님들을 기품 있게 맞이한다.

갈대 숲 하늘거리는 직사각형 창문은 사대부가의 단정한 작은 아씨가 연두색 두루마기를 갖춰 입은 듯하고, 선과 면, 벽의 조화로움은 가히 예술이다.

RCL(리차드 컷츠 룽퀴스트)는 자연과 실내공간의 구분이 없는 자연스러운 분위기에 초점을 맞췄다. 걸을 때마다 이 정원이 좀 더 길고 넓어 비원까지 이어졌으면 하는 아쉬움을 주는 잉어 연못, 피리 부는 동자상, 대나무 길을 지나면 소의 등허리를 연상시키는 철골구조와 유선형의 목조 디자인이 높고 여유롭다. 밖에서 보던 '은둔의 왕국' 이미지의 호기심을 충분히 만족시킨다. 더 이상 정원을 꾸밀 대지가 없다면 옥상정원을 구상하는 방법도 있을 것이다.

몸과 마음을 한결 편안하게 해주는 파티오Patio는 잠시 쉴 수 있는 환경이며, 넓은 로비는 와인 바와 함께 웨이팅 기능을 수행한다.


〈LA 타임스〉, 〈LA 위클리〉, 캘리포니아 관광청, 론리프래닛에 소개된 조선 갈비의 레시피, 양념과 식당 히스토리는 삶의 신맛, 쓴맛을 다 본 것처럼 깊고 달다.

"맛이 어디서 나옵니까. 최상급 식재료를 써야지요. 같은 고깃국물이라도 프라임급이냐 초이스급이냐에 따라 그 맛은 엄청 다르거든요."

지경미 사장의 말이다. 고기는 프라임급을 주로 사용한다. 육질을 그대로 느낄 수 있는 생갈비와 생등심은 프라임, 양념갈비는 초이스로 만든다. 가장 많이 찾는 메뉴는 양념갈비. 갈비의 육질을 연하게 하기 위해 흔히 사용하는 과일 재료 등 '첨가물'을 철저히 배제한 전략이 맞아떨어졌다.

조선 갈비는 자체 정육을 할 수 있는 시설과 냉장창고를 갖추고 있어 항상 신선한 상태의 육질을 유지하고 있다. 미리 숙성시키지 않고 주문 상에 낼 때 바로바로 양념소스를 버무려 낸다. 그래야 고기 색깔이 끝까지 맛있게 살아 있다.

"주말에는 외국인 손님이 60% 정도 차지합니다. 상추와 쌈장을 얼마나 잘 먹는지 매번 서빙하며 놀랍습니다. 특히 한류스타 배용준이 앉았던 테이블은 일본 팬들이 사진 찍는 좌석입니다."

10년 근속 종업원의 증언. 〈LA 타임스〉와 일본, 중국 매스컴에 과감한 글로벌 광고 전략을 펴는 조선 갈비는 고기 다루기에 인생을 건 경영인의 혼신을 다하는 집념이 칼집마다 켜켜이 스며 있다.


조선 갈비의 역사는 1980~90년대 LA 코리아타운의 맛집으로 소문이 들끓던 소공동순두부를 운영하던 지영필Yeng Pil Ji 대표로부터 출발한다. 오늘날 조선갈비가 있기까지 이들 부부의 성공 스토리는 미주한인 식당 역사에 남을 쾌거라고 회자된다.

골드러시 금광발굴보다 더 흥미 있는 순두부의 대박전설은 아메리칸 드림의 전형으로 언제 들어도 신바람난다. 사람들이 재미 삼아 부풀려 이야기하는 카더라 통신급 '믿거나 말거나'이지만 다시 또 들어보자.

"소공동순두부는 돈을 너무 많이 벌어 다 셀 시간이 없어 베개 속에 넣고 잔다."

"돈을 넣어둘 데가 없어 벽을 헐고 쌓아두었다."

"LA 다저스에서 박찬호 선수가 뛰었을 당시, 이 집을 자주 찾았다."

"할리우드 유명 배우들까지 줄 서서 먹고 갔다."

　　1990년 초기에는 코리아타운에서 돈 벌었다하면 무조건 순두부집이 화제의 주인공이었다. 2013년에도 두부는 창업 인기 아이템으로 1순위에 있다. 지영필 사장은 1982년 홀로 미국에 왔다. 오자마자 강서회관에서 주방 일을 시작하면서 현장 바닥을 탄탄하게 다졌다. 우여곡절 끝에 산전수전을 다 겪고 1985년 소공동순두부를 개업한 그는 LA 순두부 신화를 기록한 산 증인이다.

　　미국의 대표적인 맛 평가 사이트 Yelp의 조선 갈비에 대한 리뷰를 읽어본다.

　　"LA에 사는 타인종들과 한국인들에게 골고루 인기가 많은 곳으로 직장 상사들과 가기에 딱 좋은 곳이며 품격이 있다."

　　"Architecturally beautiful and the quality food are excellent! (아름다운 건축, 좋은 음식의 탁월함!)"

　　"조선 갈비는 너무 바빠 손님에게 일일이 다 신경을 못 쓰는 종업원들 때문에 짜증을 내는 손님들도 있지만 비교적 믿을 만한 곳이다."

　　"흠이라면 한 사람에 $30~$50+(발레파킹) 나올 만큼 저녁 메뉴는 비싸다는 것"

이런 불만을 들었을까? 조선 갈비의 런치 스페셜은 실속 있다. 언제든지 부담 없이 먹을 수 있는 메뉴로 직장인들에게 인기다. 한 접시에 담긴 갈비, 불고기, 연어, 돼지불고기 세트($12.99~$14.99)가 제공된다. 갈비우거지탕은 $12.99.

조선 갈비는 한식세계화를 지휘하는 일류 레스토랑이다. 메이저리거(노모 히데오, 야오밍), 조지 클루니, 키아누 리브스 등의 영화배우와 하일성 해설위원, 박찬호, 김병현, 최희섭 등 LA를 거쳐간 한국 선수들은 물론 LA 레이커스에서 활약하는 수많은 유명 선수들이 즐겨 찾는다. 그 명성과 8,000평방피트(약 225평)에 달하는 넓은 면적도 이곳의 자랑이니 끝없이 영역을 넓혀가며 세계화에 발맞춰 국경을 초월하면 좋겠다. 점점 늘어나는 조선 갈비의 외국인 행렬을 보면 한국인으로서 어깨가 으쓱으쓱~, 뿌듯하다.

### ★ 조선 갈비의 성공 요인

❶ 유명 건축가에게 의뢰해 야심차게 선보인 멋진 건물
❷ 쇠고기에 대한 정직함, 철두철미한 집념
❸ 손님이 많아 항상 신선한 재료로 갈비를 제공할 수 있다는 장점

### ★ 조선 갈비 지대표가 말하는 미국에서의 성공 팁

❶ 미국에서 식당을 하려면 3개월마다 보건소에서 위생검사를 나오고, 5년마다 허가 갱신을 받아야 하며, 주류 판매에 대한 규정 및 노동법, 건축법 등 알아야 할 것들이 한두 가지가 아니라는 것
❷ 한국과 미국은 재료가 다르고 입맛도 달라 음식의 기본 맛도 한국보다 단맛이 강한 편이므로, 이곳에서 식당을 하려면 계절, 지역에 따른 식재료를 선별할 수 있는 능력이 있어야 한다는 것

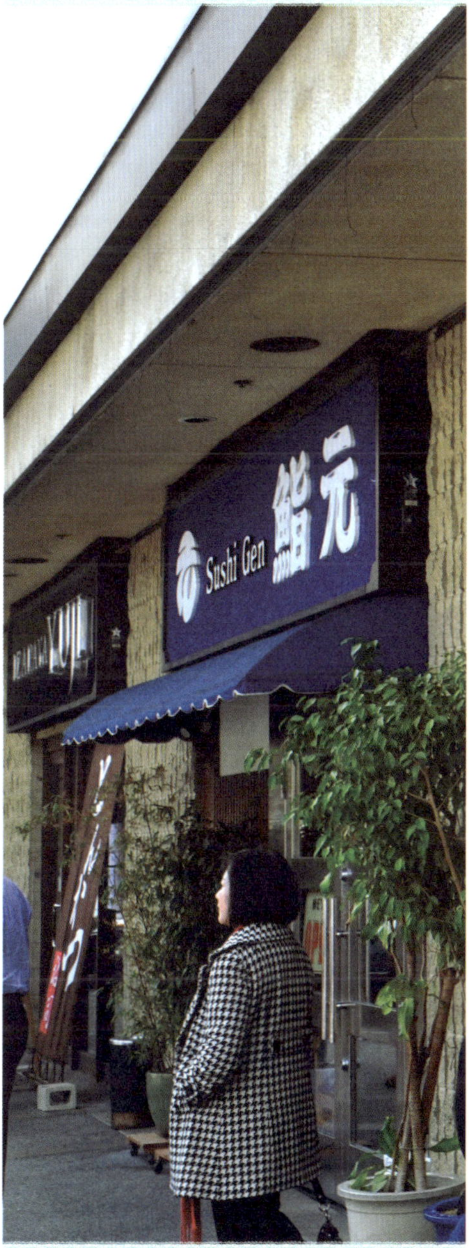


기꺼이 줄 서서

기다리는 사람이 많은

바로 그

소문난 맛집

정통 명인의 맛!

04

신선함의 지존

# Sushi Gen

스시 겐

**ADD...** Honda Plaza 422 E Second St
Los Angeles, CA 90012
**TEL...** 213-617-0552
**WEB...** www.sushigenla.com/index.html
**HOURS...** Mon~Fri 11am~2pm/5:30pm~9:30pm, Sat 5pm~9:30pm
**MENU...**
Appetizers *$7~*, Sea Cucumber *$10*
Steamed Clams *$20*
Tempura&Sashimi Combination *$30*
Deluxe Combination(런치) *$15~$35*
Chirashi Deluxe *$18~$23* Sashimi Dinner *$26~$45*

스시 겐의 맛을
보기 위해 줄 서
있는 사람들. 보는
맛을 즐기는 일본
식문화를 전파한
장인들의 진정성
이 돋보인다.

스시 겐Sushi Gen은 찾기가 쉽다. 줄 서서 기다리는 사람이 많은 장소가 바로 그 소문난 맛집 겐이다. 스시 겐은 아무리 손님이 밀려들어도 식당을 확장하지 않는다. 정말 우직한 맛집답다.

대기자 명단에 접수하고 보통 50분 이상 기다리는 겐은 사시미 세트 런치 스페셜로 유명세를 떨친다. 'Gen'의 의미는 원조라는 뜻으로 역시 이름값을 한다. 스시 겐은 재팬타운의 지존으로, 고급 일식당으로 정평이 나 있는 우라사와, 노부, 카츠야는 1인당 $60~$1,500 이상 지불해야 하지만 스시 겐에서는 전통 일식을 런치 $18~$35, 디너 $25~$50의 비교적 적은 비용으로 즐길 수 있어 줄 서서 맛볼 가치가 충분하다.

미국인이 일본요리에 홀딱 반해서 어린아이들도 젓가락 사용법을 배우고 가족 외식비로 $200~$350을 주말마다 소비하는 유행은 1960년대부터 재팬타운이 하루가 다르게 발전한 역사다.

애플 시대를 연 우상 스티브 잡스가 채식을 즐기면서도 일본 스시에 열광했고, 최근에는 초밥왕 오노 지로(小野次郎)의 꿈을 소재로 한 데이비드 겔브David Gelb 감독의 다큐멘터리 한 편으로 스시는 초절정을 맞이했다. "전 세계에 퍼진 스시맨들을 모두 음식 외교관으로 활용하면서 고급음식의 이미지를 만든 일본의 글로벌 홍보 전략은 아주 성공적이었다."는 〈LA 타임스〉 기사도 백인들의 일본 맛들이기에 기여했다.

스시 겐에서는 일본에서 생산된 식자재를 사용하는 것을 자랑하며 최상의 초밥을 전파하는 장인들이 충직하게 스시 바를 지킨다. 이곳의 런치 메뉴 성계

알 세트($39~)는 도쿄 수산시장 스츠키의 활기를 사르르 접시 위에 담았다. 항상 감질나게 아껴 오감이 놀라게 혀 위에 녹여 야금야금 먹는 우니(성게)를 한 판 다 서빙하는 일식당이 전 세계에 몇 군데나 있을까? 최고만 고집하는 스시맨들은 새벽 수산물 시장에서 가장 훌륭한 참치와 새우, 문어를 사들이고 오오마 항구 외줄낚시 어부 참다랑어잡이 옛 친구와도 교류를 계속한다.

'최상의 간단함이 곧 일본요리의 순정'이라고 말하는 예술 지향 정통파들은 손으로 1개, 1개 순식간에 빚어내면서도 혼을 다 바친다. 스시 겐의 밥알이 도톰하게 살아있는 꽃초밥 지라시는 작은 태평양이다. 좋은 재료만을 사용해 스타급 메뉴를 유지한다.


전통 일본 칠기에 담긴 지라시(ちらし, 다진 채소·회·절인 생선·김·달걀 등을 뿌린 밥)는 먹을 때마다 감동이다. 알래스카 연어, 베트남 새우, 스페인 참치까지 사용한다. 생선살의 색과 빛이 눈부셔 살살 녹아드는 싱싱한 맛은 지중해 그랑블루의 생생함까지 안겨 준다.

혼다 플라자Honda Plaza에 있는 스시 겐은 주차장이 좁고 주차요금이 한 끼 밥값보다 비쌀까봐 겁먹었지만 친절하게 스탬프를 찍어줘 2시간에 $2만 받아 그 무엇보다 기분이 좋다.

아담한 식당 스시 겐 실내는 마치 일본으로 식도락 여행을 떠나는 복작복작 들뜬 관광기차 같다. 스시 바에 앉아 먹는 사람들과 대화하며 건배를 나누는 함성이 간간이 터져나오는 이곳에서 일본인의 스시 철학을 배운다.

"돈 벌려고 스시를 만들지는 않아요. 돈은 욕심 부리지 않고 성실과 정성으로 진심을 다하면 저절로 따라오지요. 내가 만든 음식을 먹고 기쁨을 표현하는 손님과 혼연일체가 되는 순간이 스시 셰프의 보람입니다. 그것으로 만족합니다."

북태평양에서 꽁치, 고등어, 오징어를 먹은 참치는 오메가3, 머리가 좋아지는 DHA의 보고다. 기름이 응축된 참다랑어 뱃살을 가르는 스시맨은 거친 바람을 헤치고 폭풍과 사투 끝에 획득한 황금 참치 어부들에게 경의를 바치며 마구로 한 조각 한 조각을 손님 도마 위에 살며시 놓는다. 과연 명성을 얻은 일류는 남다르다. 창업하는 사람들에게 귀감이 된다.

### ★ 스시 겐의 성공 요인

❶ 30년 이상 신선한 재료로 정통 맛을 지킨다.
❷ 런치 스페셜을 제공해 많은 사람들이 일본음식을 즐기도록 배려했다.

## 05

## 쿠바의 영혼

# PORTO'S BAKERY&CAFE

포르투 빵집

**WEB...** www.portosbakery.com

**글렌데일Glendale**
**ADD...** 315 North Brand Blvd Glendale, CA 91203
**TEL...** 818-956-5996
**HOURS...** Mon~Sat 6:30am~8pm, Sun 7am~6pm

**버뱅크Burbank**
**ADD...** 3614 West Magnolia Blvd Burbank, CA
 91505
**TEL...** 818-846-9100
**HOURS...** Mon~Sat 6:30am~8pm,
Sun 7am~6:30pm

**다우니Downey**
**ADD...** 8233 Firestone Blvd Downey, CA 90241
**TEL...** 562-862-8888
**HOURS...** Mon~Sat 6:30am~8:30pm,
Sun 7am~7pm

저 멀리 카리브 해 쿠바의 명물은 무엇일까? 세계 최고라는 시가Cigar, 헤밍웨이가 즐겨 마신 모히토Mojito, 부에나비스타 소셜 클럽, 재즈와 살사댄스, 사탕수수, 커피 크리스털 마운틴, 아바나의 낙타 버스, 『노인과 바다』의 코발트 빛 해안, 카스트로……. 이것이 내가 아는 쿠바의 이미지이다.

LA에서 쿠바를 맛보려면 빵집 포르투PORTO'S에 가면 된다. 젊은이들의 가슴 속에 살아 있는 체 게바라도 반할 혁명적인 맛이다. 죽기 전에 가보지 않으면 억울해서 눈 감지 못할 포르투 디저트 진열대를 구경해보자.

미국에는 유명한 외식 모임 '로미오클럽(www.romeoclub.org)'이 있다. 은퇴자들이 주축이 되어 '은퇴하고(Retired) 나이 든(Old) 남성(Men)의 외식(Eating out)'에서 첫 글자를 따서 명명했다. 포르투는 로미오클럽 회원들이 건강 샌드위치 No.1으로 선정한 카페다.

가난해도 낙천적이고 웃음을 잃지 않는 쿠바인들의 음식에는 남미의 정서가 듬뿍 담겨 있다. 스페인 식민지이던 16세기경부터 그 일대가 해적, 모험가들의 활동 무대였기에 조니 뎁의 〈캐리비안의 해적 : 블랙펄의 저주〉에서 보듯 포르투 음식에도 자유의 바람이 빵빵하게 들어 있다.

특히 쿠바는 아프리카, 스페인의 영향을 많이 받아 올리브, 아보카도, 토마토를 곁들인 신선한 샐러드를 즐긴다. 마늘로 요리한 유카, 마카, 바나나 열대 과일과 잎 큰 야채, 트로피컬 아일랜드라 부르는 천연즙, 직접 짠 오렌지 주스와 망고 등이 포르투에서 빼놓지 않는 특급 메뉴다.

포르투에 가면 흘러간 배우 닮은 마담 포르투의 프로필 사진이 고상한 미소로 반긴다. 빵을 사려면 줄 서서 기다리는 케이크 쇼윈도로 가고, 식사를 하려

소문난 내 맛집 들여다보기

면 카페 팻말 카운터에서 주문을 한다. 줄 서는 가이드라인이 길고도 길어 삼중으로 되어 있다.

포르투 빵집에는 $0.75에 살 수 있는 포근한 고로케Potato Balls가 있다. 동글동글 앙증맞고 작아서 입속으로 쏙쏙 들어간다. 이 감자볼은 으깬 감자, 갈은 쇠고기 양념이 만두소처럼 도넛 속에서 고소하게 재롱을 부린다.

아이스 아메리카노, 쿠바 샌드위치Cuban Sandwich, 구아바 치즈 파이, 향긋한 쿠바의 디저트, 오믈렛 초리조Omelette Chorizo, 초코칩 머핀($3~$7)을 주문한다. 번호판을 받고 빈자리에 앉아 깃대를 세워놓고 기다리면 웨이트리스가 음식을 갖다 준다. 전 세계적으로 이런 캐주얼 카페 스타일이 대세다.

이곳에서는 치즈 롤, 튜나, 포테이토 롤 등이 브런치로 인기짱이다. 모차렐라 치즈, 중남미의 향기 예르바부에나Yerbabuena 민트 허브, 베이비 그린 야채, 팥이 들어간 망고 소스가 남국의 원색을 발산하며 식탐을 부추긴다. 케이크와 음식이 골고루 정직하며 샌드위치 하나도 향미와 컬러풀한 배합이 식감을 살린다. 가격도 다른 베이커리에 비해 $2~$3 낮아 LA 교민은 물론 전 세계인이 찾는 '빵집 순례지'가 되었다.

사람들은 멀리서 1시간씩 차를 타고 와서 45분 이상 긴 줄에 서서 기다렸다가 몇 상자씩 건강에 좋은 빵을 산다. 이런 진풍경이 매일 펼쳐진다. 포르투의 구운 바나나 플라타노Platano칩은 매직, 환상이다.

버터 풍미가 가득한, 결이 종잇장 같은 크루아상 속에는 치즈, 햄, 토마토, 초록 상추를 넣었다. 요리용 바나나 플라타노Platano, 엔빠나다(남미식 고기만두),

빵을 사려면 줄 서서 기다리는 케이크 쇼윈도로, 식사를 하려면 카운터에서 주문을 해야 한다. 죽기 전에 꼭 맛보아야 한다는 디저트 진열장도 눈여겨보자.

산딸기의 고명은 빨주노초 시각적인 감각을 중요시한 셰프의 멋이다. 포르투의 매니저는 샌드위치에 사용하는 모든 소스는 홈메이드라고 뽐낸다. 재료도 완전 무공해 식품으로만 만든다. 처음 LA에서 오픈할 때 소스가 비싸서 대부분 천연 재료로만 맛을 내기 시작한 게 지금의 명성을 유지하는 비결이다.

쿠바의 음식은 미국보다 가벼운 저열량이다. 건강하고 행복한 삶을 추구하는 유기농 예찬론자들이 점점 늘어나 포르투 빵집은 신세대 비타민 가족들로 언제나 붐빈다. Yelp 맛 평가단에서도 별 4.5의 후한 점수를 주었다. '너무너무 달콤하고 사르르 녹는 맛, 쿠바의 맛 샌드위치!', 'I Love Cheese Rolls!', '야미야미…….' 호평은 끝이 없다.

포르투가 싸고도 맛있는 쿠바 빵집이라는 입소문이 퍼지면서 돈을 많이 벌게 되자, 창업주 가족은 배고픈 시절 맘껏 공부를 못한 서러움에 지역 학교도 세우고 좋은 일도 많이 한다.


부지런한 이 집은 아침 6시 30분에 문을 열어 오전 11시까지 아침식사 BREAKFAST를 판다. 혹시라도 이때를 놓치면 촉촉하고 신선한 망고 컵무스와 초코 봉봉으로 위로 받을 수 있다. 내가 제일 좋아하는 구아바 치즈롤은 $3.80, 각종 샌드위치는 $5.60~$7.85로 존경스런 가격이며, 치즈롤은 굉장히 맛있기에 서둘러 아침에 가도 다 떨어져서 못살 때가 있다. 거부할 수 없는 유혹의, 죽기 전에 반드시 맛보아야 할 포르투 디저트는 보통사람들이 맘껏 파티를 즐기도록 배려한 점이 성공 노하우다. 오후 5시부터는 바게트 빵을 50% 떨이로 몽땅 처리한다.


처음엔 작은 창고에서 시작했다는 포르투의 역사에 쿠바 이민 가정의 애환이

전설로 전해진다. 빵 만드는 솜씨 있는 어머니 로사는 직업을 잃고 집에서 쿠키와 케이크를 만들어 판매하기 시작했다. 점점 이웃사람들로부터 빵 주문이 많아지자 아이들을 데리고 집집마다 배달을 했고, 빵집에서 숙제를 끝낸 아이들은 엄마를 적극 도왔다. 지금의 성공을 눈물 젖은 빵을 함께 한 가족과 고객에게 돌리는 포르투는 〈LA 타임스〉에서 '독자가 뽑은 최고의 베이커리'로 선정되었다.

미니 DANISHES, 파인애플 치즈, 살구 치즈, 아몬드, 당근 애플, 블루베리, 피렌체 쿠키, 크림 퍼프 등 아무거나 선택해도 백점만점에 3백 점이며 호텔에서는 $10가 넘는 조각 케이크가 $4~$6로 가격대비 맛은 천국, 감동 대행진이다.

쿠바 샌드위치를 먹으며 관광 상품으로 변신한 부에나비스타 소셜 클럽 Buenavista Social Club 무도회와 음악회를 그려본다. 우리나라 비빔밥도 어느 외국인이 먹으면서 경복궁, 전주 기와집, 이효석의『메밀꽃 필 무렵』을 떠올릴지 모를 일이다.

오랜 세월

한결같은

맛과 구수함으로

올드 타이머 단골이 많은,

따스한 힐링 밥집

## 미국의 맛

# The Original PANTRY

오리지널 팬트리 카페

**ADD...** 877 S Figueroa St Los Angeles, CA 90017
**TEL...** 213-972-9279
**WEB...** www.pantrycafe.com
**HOURS...** 24Hours

아침식사, 간단한 미국식 식사가 유명한 평범하고도 허름한 식당으로, 푸짐하면서 한결같은 맛으로 가진 것이 별로 없는 사람들에게 위안이 된다.

LA 다운타운 화려한 빌딩 숲속 고개 숙인 낡은 건물 앞에 사람들이 줄을 선다. 일찍 은퇴한 은빛청춘들의 점심을 책임지는 식당이다. 이곳에 가면 뭔지 모르지만 동료의식과 안도감이 생긴다. 그래도 아직 나는 가치 있고 행복하다는 느낌이랄까. 밥 한 끼 먹으면서 소외되고 쓸쓸한 군상들이 따스하게 위안받는다면 그 식당은 성공적인 경영을 하고 있는 것이리라.

팬트리 카페Pantry Cafe는 1924년 오픈한 로스앤젤레스 서민들의 푸근한 식당으로 아침식사, 간단한 미국식사가 유명하다. 베이컨, 달걀, 해시 포테이토, 콩, 토마토, 푸딩, 빵 등 음식이 푸짐하고 오랜 세월 동안 한결같은 맛과 수수함으로 올드 타이머 단골들이 많다. 오리지널 진국이 서빙되는 구수한 한물간 레스토랑이며, 그래서 오히려 인생 가을로 접어든 외로운 실버세대에게는 용기를 주기에 힐링 밥집이라고 부르고 싶다.

이곳은 LA Historical 랜드마크로 지정되었다. 전직 LA 시장이었던 리처드 리오던이 소유한 식당이며, 할리우드 스타들이 방문한 옛날 사진을 벽에 가득 붙여놓았다. 한때는 정치, 경제, 문화계의 귀빈들이 왕림했고 LA의 산증인 역할을 했다. 89년 시간의 숨결이 녹아 있는 내부는 향수를 자극하며 여전히 붐빈다.

긴 컨테이너 창고 같은 실내의 이 평범하고도 허름한 식당은 가진 것이 별로 없는 사람들에게 위로를 주는 희망의 메시지다. "세련된 식당을 꼭 창업할 필요는 없어. 은근한 정감, 진정성이 중요하다고. 고향역 구순한 맛을 간직해야 해." 소곤소곤 속삭여주는 낡은 물건들, 골동품 장치가 큰 힘을 준다. 방랑식

객, 배낭족들이 모여 유익한 정보를 나눈다.

샐러리맨, 검소한 여행자 모두 다 아메리칸 가정식 음식 닭튀김, 쇠고기스튜를 배부르게 먹는 서민식당이라 부담이 없다. 가격도 $4.89~$9.89. '$10 미만 맛집'으로 〈LA 위클리〉에 소개된 소탈한 식당이다. 엄마의 행주치마 냄새가 나는 구식 부엌으로 옛 정서 가득한 팬트리 카페는 편안함이 장점이다. 현금만 받는다.

돈이 차곡차곡 모이는 이런 식당을 한적한 골목 끝에 하나 갖고 있으면 잘 나가는 회사에서 명퇴권유를 받아도 아무 걱정 없을 것이며, 나이 먹는다는 것이 하나도 두렵지 않을 것이다.

part 02

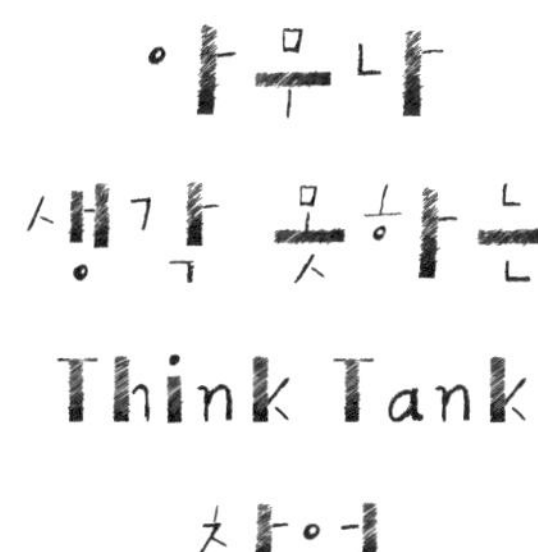
아무나
생각 못하는
Think Tank
창업

어린시절로

시간을 되돌려주는

가족 모두 둘러앉아 먹는

전형적인

미국의 맛

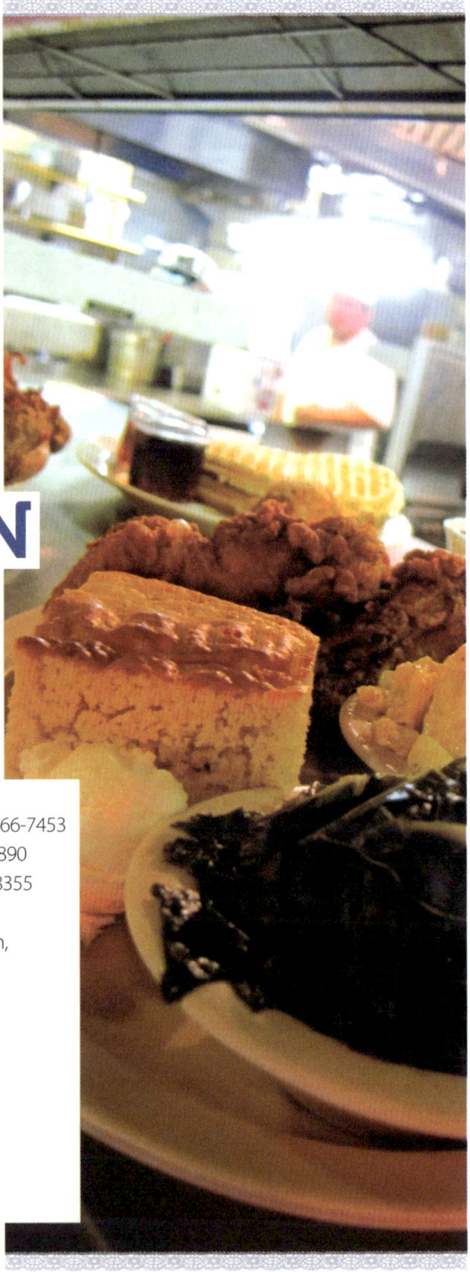

01

로스코스 콤보가 좋은

# Roscoe's CHICKEN' N WAFFLES

로스코스 치킨앤 와플

**ADD, TEL...**

**본점** 1514 N Gower St Los Angeles CA 90028, 323-466-7453

**패사디나 지점** 830 N Lake Ave Pasadena, 626-791-4890

**롱비치 지점** 730 E Broadway Long Beach, 562-437-8355

**WEB...** roscoeschickenandwaffles.com

**HOURS...** Mon~Thu 7am~8pm, Fri&Sat 8am~8pm, Sun 8am~4pm

**MENU...**

The Oscar 3 chicken wings *$8.90*

House Combos 3 Wings, Greens Or Potatoes *$9.90*

Red Beans & Rice And Corn Bread *$8.20*

Mac & Cheese, Greens & Corn Bread *$12.20*

Candy Yams, Greens & Corn Bread *$12.20*

Leg *$12.40* 2 Wings *$13.40* Breast *$14.20*

Chicken Chili Cheese Fries *$8.20*

LA를 방문한 오바마 대통령이 다녀간 로스코스Roscoe's는 전형적인 아메리칸 대륙의 맛이다. 미국인의 3대 국민음식은 햄버거, 닭튀김, 피자이며 여기에 3종류를 더한다면 샌드위치, 핫도그, 스테이크 정도다. 보통사람들이 일주일에 5번 이상 먹는 메뉴라 우리나라 밥처럼 뼛속까지 맛의 기억이 흐르는 '소울푸드'인 것이다.

'LA 대표 맛집 20에 선정된 로스코스 치킨앤 와플Roscoe's CHICKEN' N WAFFLES은 재즈가 흐르는 통나무집이다. 조지아 주와 플로리다 풍의 경쾌한 벽 그림과 인테리어가 남부 정서를 물씬 풍긴다. 1975년 오픈해 미 국민의 영혼을 위로하는 음식으로 〈뉴욕 타임스〉에서 'Beloved Soul Food Chain'이라고 인증한 이곳은 코미디 영화 〈Rush Hour and Swingers〉에도 출연한 바 있으며 노래 〈Going Back to Cali〉, 〈Call Up The Homies〉의 가사 "Let's roll to Roscoe's and grab something to Eat."으로 더욱 유명해졌다. 데이비드 베컴, 래리 킹 등 스타 단골들이 많아 행운이 따르면 사인을 받을 찬스도 있다.

이곳에서는 1+1 세트 콤보를 엄청 좋아하는 미국인들에게 〈치킨+와플+감자 샐러드〉를 소박하게 서빙한다. 특히 매시 포테이토Mashed Potato 그레이비소스Gravy Sauce는 링컨 대통령이 좋아했다고 한다. 존경하는 대통령들의 검소한 식성을 닮으려는 미국인들에게 어필하는 식당이다.

조상대대로 먹어온 친숙한 음식들을 듬뿍 얹어주는 로스코스의 후한 인심에 모두들 열량, 지방, 염분 함유량은 따지지도 묻지도 않는다. 노릇노릇 메가 크런치 닭 가슴살을 통째로 뜯을 때, 고향집에 온 훈훈한 온기는 가족 손길처럼 무한 애정이 넘친다.

건강을 1순위에 놓고 이
것저것 따져먹는 요즘이
지만, 닭다리 튀김과 와플
콤비가 만드는 거부감 없
는 맛에 이곳에서는 아무
도 열량이나 지방 함유량
을 따지지 않는다.

마틴 루터 킹 주니어 목사를 제일 사모한다는 매니저는 "로스코스는 나의 요람이다. 어린 시절 둥근 식탁에서 먹던 오두막집의 행복한 시간으로 되돌려준다. 이곳 전통 음식을 잊지 못해 부자가 된 저명인사, 배우들도 많이 온다."고 자랑이 늘어진다. 방명록에는 정말로 샤론 스톤, 브루스 윌리스, 제리 브라운의 사인이 간직되어 있다. 샌프란시스코, 애틀랜타 스포츠 팀들도 LA 게임 때는 꼭 시간을 내어 찾아온단다. 전 세계 매스컴에 소개된 유명식당이라 유럽 여행자들도 일부러 먼 길을 돌아와 사진을 찍는 명소다.

개념 있는 주방장은 Foster Farms 치킨만을 사용하고 냉동식품이나 깡통제품은 절대 반입 금지령을 내렸다. 자연 재료로 만든 음식들은 깨끗한 키친에서 알레르기를 일으키는 글루텐 없는 튀김옷을 입고 손님이 주문을 내는 즉시 튀겨져 나간다. 콘 브레드, 와플도 미리 만들어 놓지 않아 유난히 뽀송뽀송하다.

우리나라 사람들의 자장면과 짬뽕, 함흥냉면과 평양냉면을 동시에 골고루 먹고 싶은 욕구처럼 닭다리 튀김과 버터 시럽 풍부하게 얹은 와플은 기본적인 식욕을 충분히 잠재운다.

닭고기는 세계인이 거의 다 좋아하는 음식으로, 우리나라 춘천 닭갈비도 남부 프라이드 치킨Southern-Fried Chicken에 출사표를 던져도 충분히 명예로운 음식 고장으로 승부가 날 것이다. 삼계탕, 닭볶음 등 닭요리의 다양함은 우리나라가 한발 앞선 느낌을 받는다. 닭튀김옷의 양념도 파파이스Popeyes의 케이준, 켄터키 프라이드(KFC)에서 보듯 본고장 미국에서는 레시피가 단순하다. 처음 압력솥을 싣고 미 전국의 레스토랑을 찾아 나선 KFC 치킨의 도전정신과 푸짐하게 한 상 차려주는 로스코스의 콤보 경영 방식을 배운다면 닭요리의 LA 창업은 어렵지 않을지도 모른다.

# LA에서 성공신화를 쓴

# BCD TOFU HOUSE

## 북창동순두부

**ADD...** 3575 Wilshire Blvd Los Angeles, CA 90010
**TEL...** 213-382-6677
**WEB...** www.bcdtofu.com
**HOURS...** 24Hours
**MENU...**
Tofu Salad *$6.99*  Dumpling *$5.99*  Soon Tofu *$9.95*
Soon Tofu & Galbi Combo (Lunch)*$15.99*, (Dinner)*$18.50*
Hot Stone Bulgogi Combo (Lunch)*$14.99*, (Dinner)*$16.50*
Bulgogi Combo (Lunch)*$14.99*, (Dinner)*$16.9*

　LA 사람들은 아메리칸 드림, 창업 식당의 대표로 북창동순두부를 1순위로 강력하게 추천한다. LA의 명동이라고 불리는 윌셔Wilshire 한복판 고층빌딩 사이에 24시간 영업하는 북창동순두부는 한국인의 프라이드를 높였다.

　따스하고 부드럽고 포근하고 담백한 순두부는 콩으로 만들어 영양만점! 다이어트 건강식으로 할리우드 스타들도 찾아와 즐기는 음식이다. 멜팅 팟Melting Pot의 캘리포니아와 보글보글 끓어 넘치는 순두부는 그 열정이 따끈따끈 닮았다. 미국 신문에서는 '한국인의 하모니. 순한 두부의 별미'라고 특집기사로 전면을 할애했다.


　언제부터인가 LA에서 꼭 먹어야 할 음식 리스트를 적어 놓은 해외여행자들의 수첩에는 북창동순두부가 들어 있고 식당 앞에서 인증샷을 날리는 유행이 SNS를 점령했다. 마치 중국에 가면 만리장성을 배경으로 기념사진을 찍듯 북창동순두부는 LA 한국식당의 숭례문이 되었다.

　북창동순두부의 붐비는 식당 로비는 두부박물관 같다. 흰콩과 맷돌 나무틀이 고색찬연하다. 실내에 가득 찬 사람들은 오로지 순두부 먹는 데 열중하는 진풍경이 볼만하다. 돌솥 비빔밥은 지글자글 맛있는 냄새를 풍기며 타인종들이 대부분인 식탁 사이를 넘나든다.


　이제 미국에서 북창동은 꿈을 이룬 '성공한 동네'의 대명사가 되었다. 모든 것이 밝고 긍정적인 에너지로 가득 차 있다. 세계각지에서 모여든 손님들은 끓어 넘치는 두부뚝배기를 들여다보며 호기심에 가득 차 뺨이 홍조로 붉게 물든다.

　북창동순두부 전체 고객 중 40% 가량이 한국인이 아닌 타인종이다. 식당에서는 한국어뿐만 아니라 영어와 중국어, 스페인어와 베트남어가 함께 들린다. 미국에서 대박친 식당은 이제 전 세계인의 이목을 집중시킨다. 줄 서서 기다리는 동안 벽에 붙은 〈LA 타임스〉 큼직한 제목의 기사를 읽어본다.

**코리아타운 순두부의 여왕 이희숙 사장, 평범한 한국 요리로 세계적 제국 구축하다.**

*1996년 이희숙 사장이 코리아타운 한 구석에 처음 북창동순두부 식당을 열었을 때만 해도 특별히 주목할 만한 것은 없었다. 하지만 '비밀 조리법'과 가족도 친구도 미처 알지 못했던 기업가적인 마인드로 이희숙 사장은 불과 몇 년 만에 북창동순두부를 한국으로 역수출하면서 작은 제국을 구축했고 이를 모방한 많은 유사업체도 생겨났다.*

*1996년 첫 식당을 오픈한 이래 이희숙 사장은 LA, 시애틀, 도쿄, 서울에 이르기까지 총 17개 매장을 보유하고 직원도 400명에 달한다. 이희숙 사장은 인터뷰에서 '지점이 10개냐 100개냐 하는 것이 중요한 게 아니'라면서 '식당일을 하는 것은 한국 음식을 세계에 알리는 일종의 민간 외교'라고 밝혔다.*

*북창동순두부의 성공으로 이희숙 사장은 2006년 세계한상대회에 초청되어 외식산업 성공사례 발표를 했다. 또한 그녀의 성공 스토리는 KBS 라디오에서 미니 시리즈로 제작되어 12회에 걸쳐 한국 전역에 방송되기도 했다.*

*— 2008년 〈LA 타임스〉 기사 참조*

이희숙 사장은 1989년 세 아들 중 두 아이와 함께 처음 LA에 발을 디뎠다. 그때는 물론 영어도 거의 할 줄 몰랐다. 5살, 7살 된 두 아들 교육을 위해 18개월짜리 막내는 남편과 함께 한국에 남겨두고 미국에 온 것이다.

미국에서 보기 힘든 돌솥밥+갈비+순두부 조합의 콤보 메뉴와 함께 나오는 밑반찬에 외국인들은 눈이 휘둥그레진다. 북창동 순두부는 식당 창업의 로망이자 대명사다.

이희숙 사장은 주방에서 밤을 새우며 조리 실험을 해 12가지 각기 다른 고기 맛과 야채 맛의 순두부를 개발해냈다. 또한 매운 맛의 정도를 4가지로 나누어 고객들이 직접 선택할 수 있도록 하고 화학조미료 첨가 유무도 직접 선택할 수 있도록 했다.

매일 새벽 2시면 다운타운 도매시장에 나가 직접 재료를 사왔다. 개업 후 3개월 만에 가족들은 빠른 영주권 수속을 위해 라스베이거스로 이사를 했지만, 그녀는 식당 운영을 위해 매일 비행기로 LA까지 출퇴근을 해야 했다.

"애들이 학교에서 돌아오는 시간에 맞춰 집으로 가고 싶었습니다. 아무리 바삐 달려가도 애들은 엄마를 기다리다 지쳐 잠들어 있고……. 그때를 생각하면 지금도 가슴이 아픕니다." (이희숙 사장 신문 인터뷰에서)

북창동순두부 식당을 처음 오픈한 뒤 10개월 만에 코리아타운에 2번째 지점을 열었다. 그리고 사업 2년 만에 이희숙 사장은 북창동순두부를 한국으로 역수출했다. 북창동순두부가 대박을 치자 유사 업체들이 속속 생겨났다.

2006년 7월 이희숙 사장은 창업 이후 최악의 어려움에 직면한다. LA 보건 당국에 식중독 제보가 들어간 것이다. 이로 인해 윌셔 지점이 9일 동안 문을 닫았고 한인 언론들은 연일 그 내용을 대서특필했다. 위생 위반이라는 소문은 한인 사회에 급속히 퍼졌고 손님은 급속히 줄었다. 이 사장은 이 위기를 자숙의 시간으로 삼으며 더욱 청결에 심혈을 기울였고, 본격적인 리모델링 공사에 들어갔다. 이 사장은 이 쓴 경험이 좋은 약이 되었다고 회상한다. 그것이 직원들과 더 똘똘 뭉치는 기회가 되었으며 고객들에게 한층 높은 서비스를 제공하고자 유기농을 내세워 건강식에 초점을 맞추고 있다고 말했다. 그녀는 순두부 창업으로 출발해 라티노 고객들을 위한 치킨 전문점 Pollo Pillo와 미국 대형 매장에 유통하는 김치 희리스(Hee Lee's)까지 사업을 확장했다.

CD TOFU HOUSE
북창동
순두부

“새 사업장을 연다는 것은 엄마가 아이를 가지는 것과 같습니다. 아기를 낳는 일은 힘들고 고통스럽지만 그래도 금세 그 고통을 잊고 다시 새 아이를 가지게 되는 것처럼 새 사업장을 여는 일도 비슷한 과정을 겪습니다.” 이희숙 사장의 말이다.

이희숙 사장은 매일 특별 양념을 만들어 미국 내 전 지점에 공급한다. 그녀는 지점을 방문하여 식탁 위에 아무렇게나 내려놓는 그릇 덜거덕거리는 소리에 귀를 기울이고, 손님들이 구석에서 오랫동안 기다리며 서빙을 받지 못하고 있는지 살핀다. 순두부를 처음 접하는 고객들을 위해서는 어떻게 먹는지 손수 먹는 법을 가르쳐주기도 한다.

LA 코리아타운에는 북창동순두부 이전부터 우리나라 교민들의 애환을 달래주는 맛집 베버리순두부와 소공동순두부가 있었다. 이제 순두부 3총사가 된 LA 순두부의 역사는 1986년부터 시작된다.

가장 뚝심 있는 베버리순두부와 소공동순두부는 사실 한국인 입맛에 순하게 더 잘 맞는다. 이에 비해 북창동순두부는 미국인 입맛에 맞춰 간이 강하고 맛이 진하다. 그래서 LA에 사는 토박이들은 북창동순두부에 손님접대 이외에는 잘 가지 않는다. 하지만 외국에서 창업하려는 초보 창업자들은 이런 것 즉, 로컬리티, 대중의 입맛, 메뉴, 고객 연령대, 경제 수준, 가격 정책 등을 미리미리 분석해두면 도움이 될 것이다.

그런데 왜 상호명을 ‘북창동순두부’라고 했을까? 〈LA 중앙일보〉 기사에서는 “북창동은 조선시대에 쌀, 소금, 돈을 관장하던 선혜청의 북쪽 창고가 있었다는 데에서 연유한다. 북창동순두부는 모든 재물을 모으겠다는 의미로 붙여진 상호다. 또 재물을 봉사단체와 함께 나누겠다는 '사회 환원'의 경영철학도 내포됐다."고 밝히고 있다.

보글보글 끓는 뚝배기 속 붉은 고춧가루의 홍건함은 한국인이 매일 즐기는 기본 밥상이다. 화끈하게 힘을 주는 역동적인 식탁 위에 미국인들이 엄청 좋아하는 콤보 메뉴 〈갈비+순두부($15.99)〉에 덧붙여 밑반찬이 5가지 이상 주르르 나열되어 처음 본 외국인들은 눈이 휘둥그레진다.

콤보는 왠지 모르게 덤으로 2배 이상 먹는다는 보너스 인상이 깊다. 남으면 무조건 다 포장해가서 1끼를 간단히 해결하는 싱글들이 많은 미국에서 김치, 된장양념고추, 날계란, 오이피클 반찬에 불고기, 닭구이, 갈비 콤보는 대히트를 쳤다.

북창동순두부는 주류언론의 집중보도도 성공 요인이다. "매운 육수에 비단 같은 두부, 양파와 쇠고기, 해물의 조화로움"이라고 〈LA 타임스〉가 극찬하자 문전성시를 이루었다. 활기찬 북창동순두부 식당은 '두부 하나로 한국과 미국 사이에 따스한 강을 만들었다'고 표현해도 과언이 아니다.

로스앤젤레스가 자랑하는 한국인의 소울푸드가 된 북창동순두부의 장점은 나 자신만을 위한 밥을 먹는 기쁨이다. LA의 외로운 사람들은 24시간 북적대는 동대문시장 같은 이 집으로 모여든다.

미국인 가정에서 한국 음식 순두부는 낯설지 않다. 폭스 TV와 ABC는 이곳의 식당 주방을 연결, 이원화 생방송으로 순두부와 각종 반찬을 미국 전 지역으로 생생히 중계했다. TV 요리시간에도 방영되어 금발의 주부들은 순두부 재료를 사러 한국 마켓으로 원정을 온다.

그 누가 알았으랴, 우리나라 시골음식 순두부가 북미대륙 LA에서 놀라운 성공신화를 쓸 줄을! 북창동순두부의 성공 노하우는 무엇일까? 〈LA 타임스〉 인터뷰 기사를 읽어보자.

"맛의 표준화입니다. 물론 지속적으로 맛을 업그레이드시키기 위해 노력했고 또 모든 매장에서 같은 맛이 나올 수 있도록 규격화 했습니다. 이것이 북창동이 성장할 수 있는 원동력이 됐습니다."

"북창동 순두부가 맥을 유지하고 지속적으로 성장해 올 수 있었던 것은 단순하지만 '정성' 덕입니다."

"무엇에든지 성공하기 위해서는 자신이 가진 모든 것을 쏟아 부어야 합니다."

– 이희숙 사장

북창동순두부의 성공을 보면서 창업을 준비하는 청춘들에게 '생각은 글로벌하게, 행동은 지역 현실에 맞게 (Think globally, Act locally)', 성공한 식당 멘토를 찾아가 집중 탐구해보라고 권하고 싶다.

### ★ 북창동순두부 성공 요인

❶ 갓 지은 돌솥밥이 고슬고슬 맛있다. 미국에서 보기 드문 돌솥에다 검은 콩을 넣어 밥을 지어낸다.

❷ 센스 있게 손바닥만 한 조기구이를 바삭하게 구워준다.

❸ 짭조름한 젓갈, 오이지가 입맛을 살려낸다.

❹ 잘 훈련된 유능한 웨이트리스가 일당백 한다. 밀려드는 손님으로 피곤한 웨이터도 있지만 경험 많은 종업원의 센스 있는 서비스가 식당의 인상을 바꾼다.

❺ 드넓은 주차장을 확보했다.

❻ 집으로 돌아가 나만의 힐링 밥상을 차리는 데 도움이 되는 반찬을 판다.
참조개젓 $7.50~$10.50/겉절이 $7/오이지 $2/김치 $4~$13

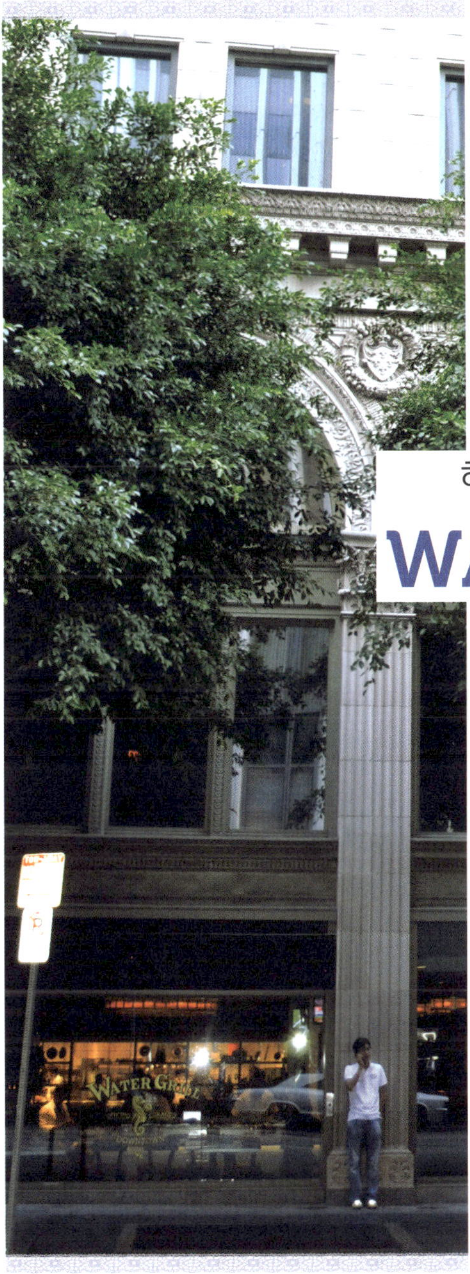


가족과 연인을 위한
서프라이즈 파티를
즐기는 곳.
LA 다운타운에 위치한
럭셔리 레스토랑

03

해산물 쟁반이 바다로 초대하는

# WATER GRILL

워터 그릴

**ADD...** 544 S Grand Ave Los Angeles, CA 90071
**TEL...** 213-891-0900
**WEB...** www.watergrill.com
**HOURS...** Mon~Thu 11:30am~10pm, Fri 11:30am~11pm, Sat 5pm~11pm, Sun 4pm~10pm
**MENU...**
WILD ATLANTIC TRUE COD FISH &CHIPS *$24*
WILD BAJA CALIFORNIA YELLOWTAIL *$20*
WILD WILLAPA BAY KING SALMON *$29*
COLORADO CATCH STRIPED BASS *$27*
8 OZ FILET MIGNON *$33*
1 POUND PRIME RIB EYE *$39*

얼음 쟁반 위에서 춤
추는 듯한 게, 도발적
으로 S라인을 뽐내는
새우, 우윳빛 생굴 등
신선한 재료와 우아한
분위기, 정중한 서비
스로 빛나는 멋진 레
스토랑 워터그릴은 진
정한 아메리칸 퀴진이
무엇인지를 발견한 듯
하다.

워터 그릴WATER GRILL은 LA 다운타운의 럭셔리 레스토랑이다. 1908년에 건축한 옛날 빌딩을 리노베이션하여 1989년 해산물 식당으로 오픈하였다.

1년에 한두 번 찾아오는 좋은 날! 가족과 연인을 위해 서프라이즈 파티를 열고 싶다면 미슐랭 1스타 영예를 안은 이곳을 추천한다. 평범한 날에도 외식비용을 1인당 $20 정도로 예상한다면 거기에 $5~$10 더 투자해보자. 감동이 100배 물 폭포로 쏟아지는 워터 그릴은 스테이크와 파스타를 $29~$39에 즐길 수 있다.

이곳에 오면 Executive Chef 데이먼 고든Damon Gordon이 세계 각국의 미식 감각을 도입한 요리를 먹으면서 지구촌을 여행하는 느낌이 든다.

일본, 멕시코, 남미와 동아시아 소스를 결합해 오묘한 맛을 창조한 워터그릴의 추천 메뉴는 ICED SHELLFISH PLATTERS($39, $75, $145). 쟁반 가득 얼음을 놓고 그 위에 바다 생물을 2층으로 정성스레 옮겨다 놓았다.

아이스 쟁반 위에서 게는 스케이트를 타고 새우는 S라인으로 심히 도발적이다. 조개들은 타우린과 함께 기쁨 호르몬 도파민을 뿜어내고, 생굴은 오대양·육대주 생산지명 이름표를 달고 자신의 출생지를 대표해 우유 빛깔로 바닷물 향기를 발산하며, 로브스터 꼬리는 북태평양에서 붉은 살을 더욱 탄력 있게 단련시켜 쫄깃하고 탱탱하다.

그뿐이랴! 대합, 던지니스 크랩, 성게알, 야생 플로리다 점보 게, 롱아일랜드산 체리스톤 조개, 멕시칸 화이트 새우와 구운 오이스터 모두 다 비행기를 타고 온 귀한 시푸드로 워터 그릴의 바Bar 얼음 위에 가지런히 누워 있다가 손님의 부름에 아낌없이 몸을 바친다.

이 밖에도 대서양에서 잡힌 대구로 만든 생선요리와 오징어, 멕시코 베이 가리비 구이, 그리스 차지키(Tzatziki, 요구르트에 오이·마늘·허브 등을 넣어 만든 그리스 전통요리)와 야채샐러드 메들리, 크랩 케이크는 게살과 하리사 Harissa소스가 들어 있어 청춘 데이트족들이 잊지 않고 주문한다. 고귀한 사랑을 고백하기에 이보다 더 쿨한 레스토랑은 찾기 힘들다.

멋진 레스토랑의 기본은 맛의 풍미와 우아한 분위기, 신선한 재료, 정중한 서비스다. 워터그릴은 이 모든 것이 음악처럼 하모니를 이루며 손님에게 소중한 시간을 제공한다. LA의 독창적인 '아메리칸 퀴진'이 무엇인가를 발견한 워터그릴은 찬 바다 물속으로 사람들을 초대한다.

심해를 옮겨온 정적 속에서 결혼기념일이나 생일날 아이스 해산물 플래터를 주문하면 당신과 나 사이에 저 바다가 뛰노는 다이내믹 리듬으로 인생이 더욱더 맛있어진다. 레스토랑이란 이렇게 사람과 사람 사이에 추억과 사랑을 놓아주는 순수한 다리가 아닐까? 두고두고 기억에 남는 참 좋은 레스토랑이다.

태평양의 석양을 감상할 수 있는 산타 모니카 지점도 있다. (**ADD.** 1401 Ocean Ave Santa Monica, CA 90401  **TEL.** 310-394-5669)

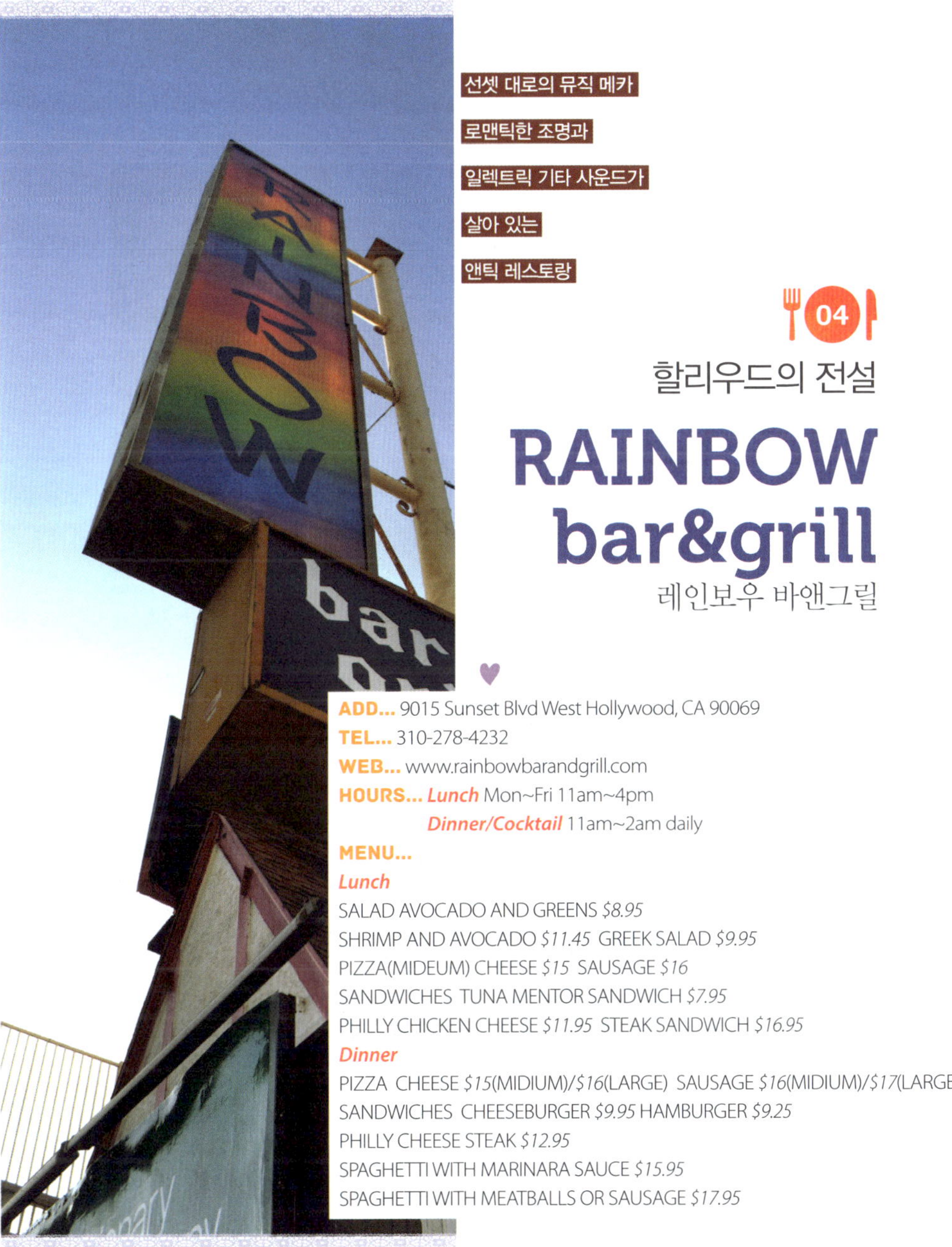




**04**

할리우드의 전설

# RAINBOW
# bar&grill
레인보우 바앤그릴

**ADD...** 9015 Sunset Blvd West Hollywood, CA 90069

**TEL...** 310-278-4232

**WEB...** www.rainbowbarandgrill.com

**HOURS...** *Lunch* Mon~Fri 11am~4pm
*Dinner/Cocktail* 11am~2am daily

**MENU...**

*Lunch*

SALAD AVOCADO AND GREENS *$8.95*

SHRIMP AND AVOCADO *$11.45*  GREEK SALAD *$9.95*

PIZZA(MIDEUM) CHEESE *$15*  SAUSAGE *$16*

SANDWICHES  TUNA MENTOR SANDWICH *$7.95*

PHILLY CHICKEN CHEESE *$11.95*  STEAK SANDWICH *$16.95*

*Dinner*

PIZZA  CHEESE *$15*(MIDIUM)/*$16*(LARGE)  SAUSAGE *$16*(MIDIUM)/*$17*(LARGE)

SANDWICHES  CHEESEBURGER *$9.95* HAMBURGER *$9.25*

PHILLY CHEESE STEAK *$12.95*

SPAGHETTI WITH MARINARA SAUCE *$15.95*

SPAGHETTI WITH MEATBALLS OR SAUSAGE *$17.95*

오래된 앨범으로 벽장
식을 하고 밴드 음악
이 연주되는 이곳에서
는 로브스터와 스테이
크는 물론 착한 가격
의 샐러드와 파스타를
맛볼 수 있다.

영화 〈선셋 대로(Sunset Blvd)〉는 1950년 개봉한 필름 누아르 영화이다. 미국 영화 연구소에서는 이 영화를 '100대 걸작 영화'에 선정했고 매년 기념상 영회를 개최힌다. 글로리이 스윈손Gloria Swanson이 이 영화로 골든 글로브 여우 주연상을 수상하였으며 한상저인 스토리가 두고두고 기억에 남는다.

이 신화의 거리 선셋 스트립Sunset Strip in Hollywood에 한 시대를 풍미했던 레인보우 바앤그릴RAINBOW bar&grill에서는 아직도 언더그라운드 영화인, 음악인들이 모임을 갖는다. 긴 역사를 증언하는 사진들이 벽과 출입문에 다닥다닥 붙어 있다.

건물은 낡고 허름하지만 음식은 기대보다 훨씬 맛있다. 바텐더나 종업원들도 20년 이상씩 일한 경험으로 정중하게 서비스하며 웃음을 잃지 않는다. 예술가들이 모여드는 식당을 평생 일터로 긍지를 가지고 일하는 모습에서 프로정신을 배운다.

1층은 스테이크와 파스타, 피자 등을 파는 레스토랑이며, 2층은 댄스 플로어가 있어 옆집 헤비메탈 록클럽 록시에 갔던 청춘, 음악 애호가들이 몰려와 주말에는 자리가 없을 정도로 붐빈다. 선셋 스트립에서 클럽 Whisky-A-Go-Go와 함께 독보적인 존재다.

음식은 옛 고향 맛으로 포근하게 정성을 담아 서빙한다. 길 건너 개성 있는 레스토랑보다 깊은 맛인데 가격은 피자 $15~$25, 샐러드/파스타가 $10.59~$13.99 정도로 착하다. BEST 로브스터상과 스테이크상도 받았다.

엘튼 존Elton John도 자주 왔던 이곳은 그의 노래 〈Over the Rainbow〉에서 이름을 따왔다. 엘튼 존의 노래 속에서 무지개는 평화를 의미했고, 자유를 구가하던 히피들이 모여들어 때때로 할리우드 저명인사들은 부엌에서 식사를 했다. 아직도 1층 키친 속에는 그때 그 시절 테이블이 3개나 있다.

존 벨루시John Belushi가 그의 마지막 식사를 테이블 #16에서 콩 스프로 마쳤기에 더욱 유명해졌고, 1952년에는 메릴린 먼로Marilyn Monroe가 조 디마지오Joe DiMaggio를 만나 이곳에서 비밀 데이트를 했다.

Sunset and Babylon, Vampire, Peach Kelli Pop 앨범으로 벽장식을 했고 DJ 부스에서는 레인보우 밴드 음악이 연주된다. 그들은 이 클럽의 이름을 따서 뮤직 그룹을 명명했다. 레인보우 간판은 새로 작명해 1972년에 새 주인이 다시 걸었다. 레인보우 이전에는 '빌라 노바 레스토랑'이었다.

레인보우의 단골 명단은 다음과 같다. 존 레논, 그레이스 슬릭, 링고 스타, 닐 다이아몬드, 제니스 조플린, 레드 제플린, 앨리스 쿠퍼 등 너무나 화려해 믿기 어렵다. 그들의 광팬들은 톱스타들을 보려고 웨이트리스와 바텐더로 일했다는 기록도 있다.

레인보우는 선셋 대로의 뮤직 메카로, 로맨틱한 조명과 일렉트릭 기타 사운드가 여전히 살아 있다. 레스토랑 자체가 앤틱이다. 때때로 오랜 시간 이곳에 앉아 있고 싶다. 나도 당신도 이곳에서는 〈선셋 대로〉 배우가 된다.

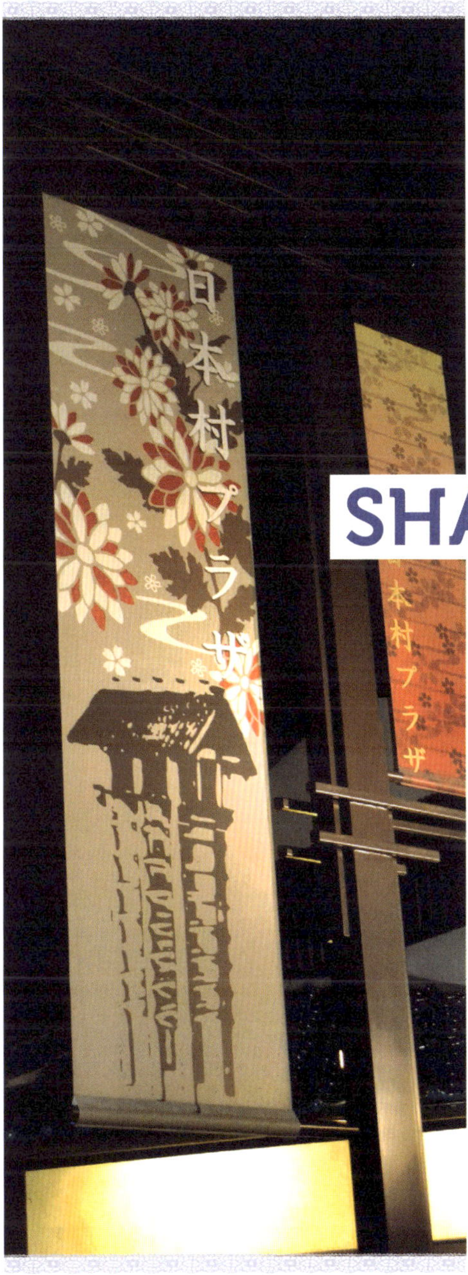


건강하게

고기를 즐기려는

사람들이 즐겨 찾는

현금만 받는

자신만만 레스토랑!

05

소고기가 살랑살랑 속삭이는

# SHABU SHABU HOUSE

샤브샤브 하우스

**ADD...** 127 Japanese Village Plz Mall, Los Angeles, CA 90012

**TEL...** 213-680-3890

**WEB...** shabushabuhouse.menutoeat.com

**HOURS...** Tue~Sun 11:30am~2pm, 5:30pm~9:30pm

**MENU...**

*Lunch* SHABU SHABU (A)10 Sliced Beef Set *$11.25*
SHABU SHABU (B)15 Sliced Beef Set *$13.98*

*Dinner* SHABU SHABU *$15.49*
Sliced Beef Set *$17.98*

이곳 주인은 세계 최고의 고기를 사용한다며 너스레를 떤다. 고기와 소스를 따로 팔아 부수익도 올린다.

LA 도심 속에서 재팬타운은 동양적 정서로 특히 밤이 아름답다. 마치 신주쿠의 어느 뒷골목을 옮겨 놓은 듯한 분위기가 다이내믹하다. 이국적 취향의 앤젤리노들이 좋아하는 에조틱Exotic함을 모두 다 갖추고 주말야행을 부추긴다.

기온이 뚝 떨어지는 사막의 반공기는 따스한 국물요리를 찾게 한다. 1991년부터 담담한 맛과 변함없는 서비스로 샤브샤브의 진수에 흠뻑 빠지게 하는 고기 장인이 오너인 이 집 앞에서 내가 처음 왔던 23년 전을 더듬는다. 내 신발의 기억 코드는 샤브샤브 하우스SHABU SHABU HOUSE를 정확히 알고 있다.


〈LA 타임스〉에서는 이곳을 테이블에 앉아 10분 안에 완성하는 요리집으로 소개하며 '맥도날드보다 더 빨리Quicker than McDonald's' 나오는 장점으로 배고픔을 못 참는 성미 급한 사람들에게 참 좋은 식당이라고 추천사를 썼다. 또한 '샤브샤브는 종잇장 같은 고기가 쉭쉭 소리를 낸다. 냄비 속으로 재빨리 젓가락을 움직여 얼른 건져서 먹어야 한다. 이 집 특유의 폰즈소스에 찍어 먹으면 별미다. 꼭 경험하라'고 귀띔한다. 이 문구를 읽고 찾아온 손님들이 문 앞에서 3,40분씩 기다린다.


창업주 마루야마Maruyama는 재팬타운에 맨 처음 샤브샤브 식당을 오픈한 긍지와 미국에 일본문화를 소개하는 주요 목적을 달성한 것이 가장 큰 기쁨이라고 말하며, 육수가 끓으면 2초 안에 건져야 맛이 최고라고 먹는 방법을 미국인에게 설명한다.

마루야마는 USDA Choice Black Angus ribeye 고기만 제공한다. 세상에서 최고라고 과장하지만, 그의 '자신만만'이 밉지 않고 보기 좋다.

배추, 국수, 두부와 구색이 잘 맞는 샤브샤브는 징기스칸의 고향 몽고에서 유래되었지만 일본에 와서 보다 깔끔하게 완성되었고 LA 샤브샤브 하우스에서 완전 심플하게 정돈되었다. 그를 본받은 샤브샤브가 하와이에서도 성업 중이다.

이 집은 24석을 보유하고 있는 좁은 가게다. 원형 카운터에서 반짝 반짝 빛나는 슬라이스 은빛기계를 감상할 수 있으며, 모락모락 김이 나는 냄비에 찰랑거리는 앵거스 립아이 고기의 유혹은 인어의 꼬리 같다. 코리아타운에 이 가격으로 얼마든지 무제한 고기를 먹을 수 있지만, 건강하게 고기를 즐기려고 많은 사람들이 샤브샤브를 선택한다.

소스와 고기를 따로 판매하기도 하는 돈 버는 창업이다. 현금만 받는다.

 또 다른 샤브샤브 식당

*** Kushi Shabu**

  **ADD.** 123 Astronaut E S Onizuka St Los Angeles, CA 90012　**TEL.** 213-621-0210

*** 신정 NEW SHIN JUNG**

  **ADD.** 3450 W 6th St Los Angeles, CA 90005　**TEL.** 213-386-9552

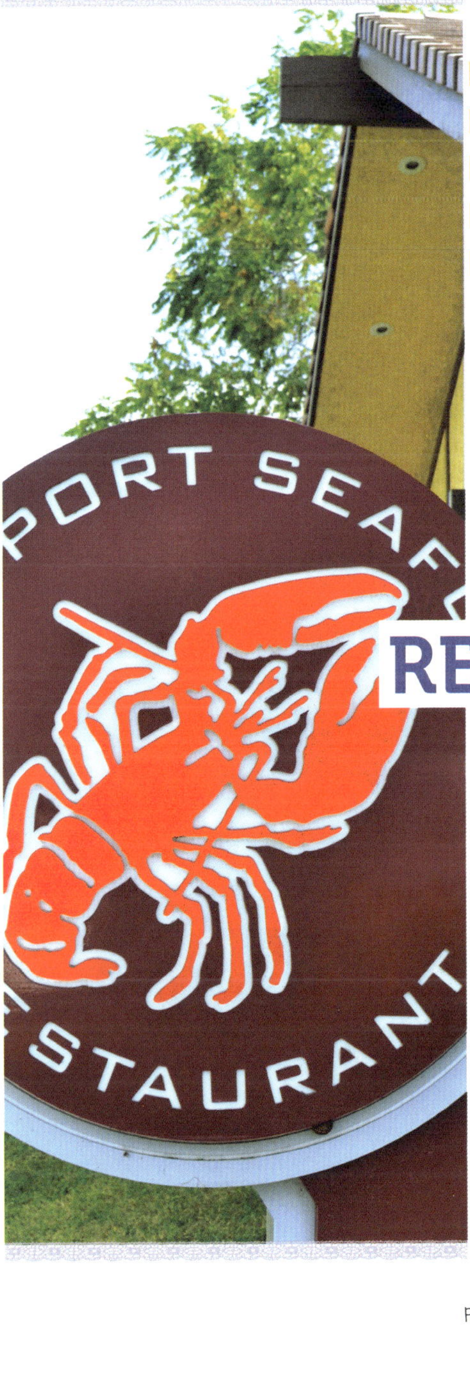

베트남 해산물 식당

# NEWPORT SEAFOOD RESTAURANT

뉴포트 시푸드 레스토랑

**ADD...** 518 W Las Tunas Dr San Gabriel, CA 91776
**TEL...** 626-289-5998
**WEB...** www.newportseafood.com
**HOURS...** Sun~Thu 11:30am~9:30pm,
Fri&Sat 11:30am~10pm
**MENU...**
런치 스페셜 *$6.25~$16.99* 디너 *$9.59~$24.99*
로브스터 1파운드 *$15*

베트남 식과 중국 식이 혼합된 해산물 요리집으로, '요리의 황태자' 바닷가재를 적합하고도 지당한 가격에 맛볼 수 있다. 소스가 진하고 향신료가 다채로우며, 인기 있는 맛집답게 예약도 받지 않는다.

뉴포트Newport, 즉 새로운 항구라는 말은 베트남어로 'tân'cang(한자: 新港)'으로, 사이공 강을 품은 호치민의 항구가 LA에서도 이름을 내걸고 돈을 엄청 벌어들인다. 베트남 스타일의 Vietnamese+Chinese 해산물 요리로 로브스터를 짭조름히게 찜해 파는 뉴포트 시푸드 레스토랑은 유명 음식 평론가이자 맛 칼럼니스트 조나단 골드Jonathan Gold가 '99 Essential L.A. Restaurants'에 소개했다. LA의 엄선한 맛집답게 예약은 받지도 않고 항상 줄 서서 기다려야 한다.

이곳의 수족관에는 캐나다 동부 대서양에서 공수해온 바닷가재와 알래스카 킹 크랩이 찰랑찰랑 채워져 있다. 손님이 주문하면 산 채로 주방으로 직행해 도마 위에서 집게발을 바동거리며 마지막 안간힘을 쓴다. 이어서 열혈강호 무림고수 주방장이 한방에 내려친 나무망치에 늘씬하게 기절하고 특제 베트남 마늘 양념을 뒤집어쓴다.

부엌에서는 로브스터의 야들야들한 맛을 온전히 살리기 위해 무쇠 솥의 화염이 넘실거리고 전광석화처럼 재빠르게 센 불로 달달 볶아 불 맛이 화다닥 살아 있다. 갖은 양념으로 둔갑한 게와 로브스터 찜. 두 눈이 번쩍해지도록 변신하는 미식요리는 언제나 맛있다. 그냥 삶아도 좋고, 버터 구이나 회로 먹어도 OK! 그래서 해산물 중 메르세데스 벤츠 격인 로브스터는 '요리의 황태자' 자리를 고수한다.


LA의 정통 차이니스 식당과 차별화된 이곳의 맛은 베트남이 프랑스 영향을 받아 더 화려하고 소스가 진하고 향신료가 다채롭다. 마늘, 후추, 고추에 캄보디아 주민들이 잘 먹는 허브까지 넣는다.

이곳은 광둥 식으로 요리하는 편이다. 바닷가재는 파운드 당 약 $15이며 보통 로브스터 1마리는 5파운드(약 2.3Kg)가 넘는다. 2, 3인이 충분히 먹을 양이다. 북적거리는 식당 안 손님들은 너도나도 게와 오동통한 로브스터를 즐긴다. 기대했던 맛에 적합하고도 지당한 가격이란 표정들이다.


로브스터잡이 잠수부와 북미의 노바스코시아(캐나다의 한 주), 베링 해의 킹 크랩 잡는 다큐멘터리를 TV로 본 사람들은 파도와 얼음선박을 뚫고 온 대게와 바닷가재를 해산물 왕좌에 올릴 수밖에 없다.

그들은 1세기 전에 이용했던 방법대로 로브스터를 심해에서 한 번에 한 마리씩 통발에 잡아 올린다. 때문에 온몸은 상처로 긁히고 그 노고와 극한 상황은 상상을 초월한다. 로브스터는 잡힌 즉시 저장 탱크로 들어가고 신선도와 육질의 향미를 보존하기 위해 혁신적인 수송 방법을 연구했으니 먹거리 진화과정과 자연의 식재료, 식탐의 관계는 정말로 경이롭다.


별 4개를 받은 Newport Special Lobster, Clams with black bean sauce($11.99), Baked Shrimp with salt and pepper($12.99)의 리뷰는 'fantastic & fresh!', 'As all of the food was excellent'. 환상적이고 훌륭하고 잊지 못해 또 다시 가겠다는 칭찬일색이다.

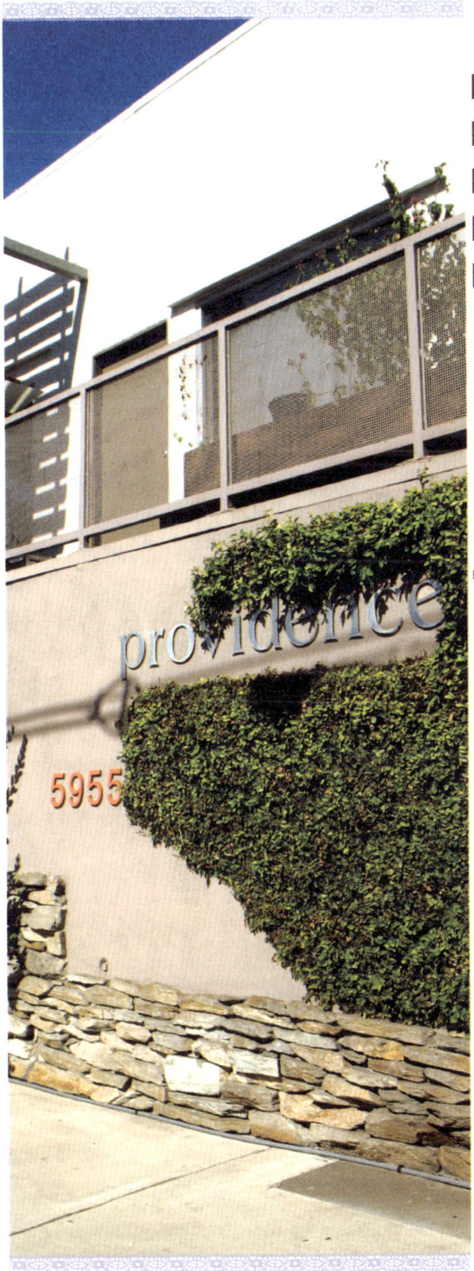


섬세한 미학에

임팩트를 준 요리 구성과

클래식의 풍모를

완벽하게

갖춘 곳

07

## 미식이란 이름의 행복

# providence

프로비던스

**ADD...** 5955 Melrose Ave Los Angeles, CA 90038

**TEL...** 323-460-4170

**WEB...** providencela.com

**HOURS...** Mon~Thu 6pm~10pm,
Fri 12pm(noon)~2pm, Sat 5:30pm~10pm,
Sun 5:30pm~9 pm

**MENU...** 단품 *$50~* 9코스 *$95~$250*

프로비던스의 화려하면서도 절제 있는 분위기와 세련된 요리들. 미식가들이 아무 주저 없이 최고라고 엄지손가락을 세워주는 명품 레스토랑에서 아름다운 복합 문화도시 LA와 4계절 온화한 캘리포니아의 맛을 음미해보자.

‘프로비던스providence’는 신의 자비로운 섭리(God's merciful providence)라고 이름 붙인 로드 아일랜드Rhode Island 프로비던스 강가에 있는 미국 최초의 도시에서 이름을 따왔다. 이 도시는 ‘Creative Capital’이란 별명이 있다. 창조적으로 아메리카 대륙 산업화를 주도한 역사 깊은 곳에서 영감을 받은 덕분인지 프로비던스는 클래식의 풍모를 완벽하게 갖추었다.

풀리처상을 수상한 저명한 음식 평론가 조나단 골드Jonathan Gold가 뽑은 ‘LA 레스토랑 101’ 중에서 베스트 오브 베스트, 제1위로 뽑힌 프로비던스는 미식가들이 아무 주저 없이 최고라고 엄지손가락을 세워주는 명품 레스토랑이다. 조나단은 아름다운 복합 문화도시 LA와 4계절 온화한 캘리포니아의 맛을 창의적인 방법으로 전달하는 데 부족함이 없다는 점을 이곳을 1위로 선정한 이유로 밝혔다.

또한 프로비던스는 별 하나 받기도 어렵다는 미슐랭Foodie Bible Michelin에서 별 2를 받은 그야말로 별이 찬란하게 빛나는 스타급 레스토랑이다.


섬세한 미학에 임팩트를 준 요리 구성을 살펴보면 귀한 송로 버섯, 캐비어, 로브스터, 프랑스산 가자미, 오리 가슴살, 천도복숭아, 산타 바바라 성게알Sea Urchin, 프라임 뉴욕 스테이크로, 세계 최고의 식재료를 유명 요리사 마이클 시마루스티Michael Cimarusti와 트리스탄 애치슨Tristan Aitchison이 동양과 서양을 잘 조율했다.

화려하면서도 절제 있는 분위기와 세련된 요리들은 명예로운 제임스 비어드James Beard 재단에서 주는 ‘베스트 뉴 레스토랑’ 후보에도 올랐으며 로스앤젤레스 관광청에서 ‘죽기 전에 먹어봐야 할 음식’으로 프로비던스의 시푸드Seafood 9코스를 추천했다. 그럼, 프로비던스의 시푸드 9코스를 자세히 알아보자.

코스1. 로브스터 : Maine Lobster(black truffle vinaigrette, haricot vert, artichoke, baby tomatoes)

코스2. 매사추세츠 뉴 베드포드에서 온 가리비 회 : Live Scallop Sashimi(sea lettuce, toasted sesame, caviar, lemon crème fraîche, brioche)

코스3. 레몬 크림을 살짝 버무린 양상추 샐러드 : The Ugly Bunch(abalone, geoduck, uni, ikura, smoked crème fraîche panna cotta)

코스4. 우니(성게)와 전복 : Frutti Di Mare(a collection of finfish and shellfish, israeli cous cous, abalone vinaigrette)

코스5. 야생 게요리 : Wild Dungeness Crab(young coconut, green papaya, lychee, lime vinaigrette)

코스6. 새우 타타르 : Spot Prawn Tartare(red fresno chili, fingerlime, agretti, prawn cracker)

코스7. 민물장어 : Japanese Freshwater Eel(grilled shiitake mushrooms, farm fresh egg, eel glaze)

코스8. 파스타 : Pasta Con Sarde(wild japanese sardines, fennel, pine nut, nori bread crumbs)

코스9. 차우더 : Chowda'(lardo de bellota, weiser farms fingerling potatoes, manila clams, leeks)


식당을 창업하려는 청춘들이 꼭 답사해 보아야 할 머스트해브 아이템Must-have item Hot Spot 10 Providence, Bestia, Gjelina, Lukson, Sugarfish, Ink, Fig&Olive, Melisse, Son Of a Gun, Animal 중에서도 단언컨대 Top1이다.

단품 요리는 $50, 9코스 $250 이상이지만 꼭 가보아야 할 이유가 12가지가 넘으며 큰돈을 내고도 배울게 많은 환상적인 레스토랑이라 벤치마킹 수업료를 지불할 가치가 충분하다.

 소문난 LA 맛집 들여다보기

part 03

# 호기심 천국 FUN FUN 창업

미국인의 대표 음식
햄버거로
1위를 차지한
1.5세대 한인 셰프
윤상이 경영하는 레스토랑

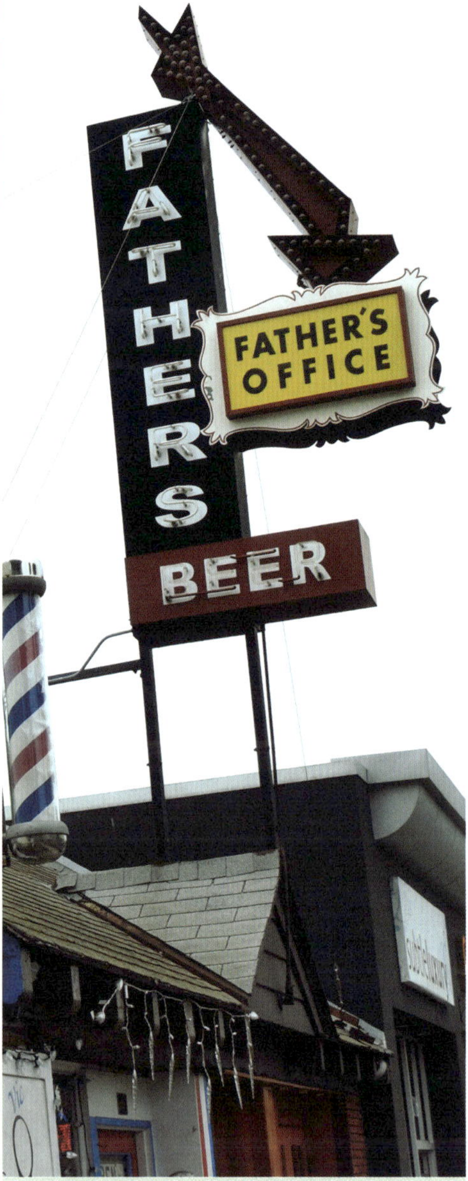


01

LA BEST 1위 햄버거

# FATHER'S OFFICE

파더스 오피스

**산타 모니카 ADD...** 1018 Montana Ave Santa Monica, CA 90403
**컬버 시티 ADD...** 3229 Helms Ave Los Angeles, CA 90034
**TEL...** 310-736-2224
**WEB...** www.fathersoffice.com
**HOURS...** Mon~Thu 5pm~1am, Fri 4pm~2am, Sat 12pm(noon)~2am, Sun 12pm~12am(midnight)(21세 이상만 출입)
**MENU...** Beer, Wine, Burgers, Potato fries

미국인의 대표 음식 중 No.1은 뭐니 뭐니 해도 햄버거다. 그렇다면 LA 베스트 햄버거는 어떤 햄버거일까? Food TV 채널에서 찾아낸 5순위 중 당당하게 1위를 차지한 식당은 한인 1.5세대 Sang Yoon(윤상) 셰프가 경영하는 파더스 오피스FATHER'S OFFICE다.

파더스 오피스, 아버지의 사무실. 이름도 좋다. 식당 창업을 하려면 유행의 흐름을 읽고 호감 가는 상호를 먼저 작명해두는 것도 성공 센스다. 엄마의 부엌Mom's Kitchen과 아빠의 사무실Father's Office에는 어린 시절의 달콤한 기억이 모락모락 따스하게 피어난다. 〈LA 위클리〉 기자가 Father's Office 상호가 괴상하고 기상천외하다고 했는데 어린 시절 아빠의 사무실에 가보았던 기억이 남아 있는 사람들은 향긋한 채소를 듬뿍 넣고 커피색으로 잘 구운 오피스 버거를 먹으며 유년의 추억에 잠길 것이다. 영국인과 아일랜드인 조상을 둔 LA 사람들은 '아버지 손을 잡고 자주 놀러 갔던 펍에서 아빠 친구가 사준 소시지와 생선튀김의 별미가 잊지 못할 소울푸드'라고 회상한다.

미국 최고의 맛있는 햄버거를 만드는 이곳은 햄버거 독재자로, 입맛이 다양한 LA 로컬들의 입을 막아버려, 셰프 레시피로 닥치고! 주는 대로 먹어야 한다. 토마토케첩은 안 주는 집으로 유명하며 지중해 레몬 올리브, 아이올리 소스가 맛깔스럽다. 바Bar에는 'Beer Makes You Strong'이라고 적혀 있다.


L.A 베스트 1위 햄버거를 맛보려면 낮부터 기다려야 한다. 주중에는 저녁만 열고 주말에는 12시부터 오픈하는 이곳에서는 햄버거와 콜라대신 맥주와 햄버거가 찰떡궁합을 이룬다. 파더스 오피스는 시원한 야외 테라스에서 가스트로펍Gastropub(맥주는 물론 음식도 훌륭한 펍) 분위기의 다채로운 유럽 맥주와 예술적 햄버거로 세상을 더 재미있게! 더 맛있게! 더 자유롭게! 즐길 권리가

셰프 윤상은 누구나 먹는 패스트푸드 햄버거를 업그레이드해 페티 속에 푸아그라를 넣는 기지를 발휘하며, 유럽식 펍 문화와 캐주얼 레스토랑 콘셉트를 조합하였다.

있다고 강조한다.

산타 모니카Santa Monica 1호점은 그야말로 아버지가 다니시던 단골 이발소 옆에 점잖게 붙어 있으며, 평화로운 휴식처로 소문이 자자하다. 핫라인 생맥주 바Bar에 앉아 산타 모니카 멋쟁이들이 할리우드 정보를 나누며 편안하게 한잔하는 명소로, 스티븐 스필버그와 브룩 쉴즈의 단골집이다. 영화계 거물들이 들락거리자 오피스 버거($12.50)로 햄버거의 신화를 쓴 윤상에게 고객들이 '버거 나치Burger Nazi'라는 별명을 붙여 주었다.

그렇다면 텔레비전과 〈LA 타임스〉에 자주 출연하는 윤상은 누구인가? 〈LA 타임스〉는 한국의 대표적 음식인 갈비찜 만드는 방법을 푸드 섹션에 소개했는데 바로 이 갈비찜 레시피를 소개한 한국인이 윤상 셰프다.

푸드 섹션 '위대한 셰프의 마스터 클래스MASTER CLASS-Great chefs' 연재물은 유명 셰프들의 요리법을 배울 수 있어서 인기가 높다. 주부들은 물론 타인종 요리사들도 주목하는 특집이다. 푸드 섹션에 소개된 셰프들에는 토머스 켈러Thomas Keller, 낸시 실버튼Nancy Silverton, 탐 콜리끼오Tom Colicchio 등 미국 최고 스타급 셰프들이 있다.

미국 매스컴에 소개된 그의 프로필을 읽어본다. 윤상 셰프는 서울에서 태어나 어린 시절 LA로 이민 왔다. 캘리포니아의 다채롭고 싱싱한 식재료를 이용해 동서양을 넘나드는 창조적 요리를 만들어내는 열정이 대단한 그의 요리사에 대한 꿈은 10대부터 태동했다. 그가 최초로 함께 일했던 셰프는 샌프란시스코에서 가장 유명한 제레미아 타워Jeremiah Tower, 줄리안 세라노Julian Serrano였다. 사춘기 시절부터 식당 최전선에서 바닥부터 일하고 미국 요리학교

FATHER'S
OFFICE
FATHER'S
BEER
FATHER'S
OFFICE
FO 50

CIAThe Culinary Institute of America에 입학했다. 졸업 이후 이태리와 프랑스로 떠나 유럽 요리의 진수를 탐색하고 무한한 영감을 받았다. 마침내 미슐랭 3스타에 빛나는 Jamn 레스토랑의 셰프 조엘 로부숑Joël Robuchon에 입문해 솜씨 있는 셰프로 인정받는다. 또한 윤상 셰프는 LA 레스토랑 '마이클스'에서 수석 요리사로 일한 경험을 살려 글로벌 요리감각과 탁월한 경영으로 파더스 오피스 2호점과 바로 그 옆 위치 좋은 장소에 럭숀LUKSHON 레스토랑을 오픈해 슈퍼 셰프 반열에 오른다. 윤상의 햄버거가 1위를 차지한 데는 이런 긴 여정이 있었다.

누구나 다 같이 공통적으로 먹던 패스트푸드 햄버거를 업그레이드해 패티 속에 푸아그라까지 넣는 놀라운 아이디어의 윤상 셰프는 2000년부터 산타 모니카에 유럽식 펍 문화와 캐주얼 레스토랑 콘셉트를 조합한 파더스 오피스를 오픈, 세계 각국 생맥주에 잘 맞는 럭셔리 음식을 제공해 사람들의 마음을 사로잡았다. 맥주는 30여 종류가 넘으며 진열장에는 생맥주 탭이 박물관처럼 귀한 몸값으로 잘 모셔져 있다. 가장 많이 찾는 맥주는 단연 헤페바이젠 Hefeweizen이다.

이곳은 정말로 햄버거가 압권이다. 드라이 에이징(Dry aging, 말리면서 숙성시키는 방법)으로 숙성시킨 최고급 고기를 사용한 패티는 육즙이 풍부하고 시금치를 듬뿍 넣어 2끼를 연달아 먹어도 질리지 않는다. 튀김 바구니에 담아주는 양파도 바삭하니 끝없이 손이 간다. 스페셜 훈제 장어 요리Smoked Eel도 맥주와 썩 잘 어울린다. 사람들은 스파이시 양고기 꼬치구이, 고구마 튀김 Sweet Potato Frites($7.50)도 잊지 않고 주문한다.

산타 모니카 예쁜 동네에 있는 가게 건물은 1953년에 오픈한 긴 역사를 간직하고 있다. 캘리포니아의 첫 번째 양조장으로 앵커 양조(전통 미국식 맥주 양조)의 맥주를 모두 제공하는 최초의 바Bar 중 하나였으며, 시에라 네바다Sierra Nevada, 앤더슨 밸리Anderson Valley와 함께 앵커 맥주 역사는 시작되었다. 이곳을 윤상이 매력적인 펍Pub으로 개조했고 맥주와 햄버거의 결합이 대성공을 이루자 헬름 베이커리의 건물에 2008년 2번째 파더스 오피스를 열었다.

영화인들이 몰려드는 컬버 시티Culver City에 바로 그 2호점이 있다. 2호점 광장에 들어섰을 때 파더스 오피스의 음악은 모든 사람들을 펑키타운 셔플댄스 리듬으로 한껏 들뜨게 한다. 이곳에서 뿜어져 나오는 토요일 오후의 열기는 독일 맥주 축제 옥토버페스트 현장과 다름없다. 와우! 환호성이 뒤덮은 파더스 오피스 주변은 온통 맛있는 빵 냄새와 호프 향기, 젊음의 혈기왕성함으로 온천지가 찬연하다.

할리우드와 더불어 미국 영화산업의 출발지인 컬버 시티의 명물 파더스 오피스는 소니 픽처스 엔터테인먼트에 종사하는 멀티미디어 아티스트들의 아지트로 바텐더를 '오즈의 마법사'라고 부른다. 생맥주 기계에서 풍만한 거품을 가득 차게 뽑아내는 기술은 그 누구도 따라 하기 어렵다. 기차처럼 길게 늘어선 공용 테이블이 있는 고전미가 살아 있는 컬버 시티 타운 파티오에는 젊음이 마그마로 끓는다.


영어 선생님이셨던 나의 아버지의 사무실은 학교였고 아버지는 학교 앞 중국집에서 월급날 맛있는 요리를 실컷 사주셨다. 그때 처음 먹어본 전가복, 샥스핀, 희귀한 광둥사천 식 중국 요리 향연이 아직도 나를 행복하게 하는데 아버지는 이제 세상에 안 계시다.

아버지가 그리운 날 파더스 오피스로 달려가 풍성한 생맥주 거품을 바라보면 뗏목을 타고 미시시피 강을 거슬러 올라가는 『톰 소여의 모험』을 읽던 시절로 되돌아 갈 수 있을까?

 〈LA 타임스〉 푸드 섹션 햄버거 No.5

일주일 동안 채식 위주로 생활했다면, LA 대표 햄버거5를 골고루 찾아가서 맛볼 만하다.

1위 FATHER'S OFFICE 햄버거

2위 Apple Pan : 캐주얼한 햄버거

    **ADD.** 10801 W Pico Blvd　**TEL.** 310–475–3585

3위 Carney's Restaurant : 1920년대에 오픈한 역사 깊은 햄버거

    **ADD.** 8351 W Sunset Blvd　**TEL.** 323–654–8300　**WEB.** www.carneytrain.com

4위 The Counter : 패티, 치즈, 번즈, 소스 등을 하나씩 골라먹는 오리지널 햄버거

    **ADD.** 2901 Ocean Park Blvd Santa Monica　**TEL.** 310–399–8383

    **WEB.** www.thecounterburger.com

5위 Pie n' Burger : 1963년에 개업한 볼륨 있는 햄버거

    **ADD.** 913 E California Blvd Pasadena　**TEL.** 626–795–1123　**WEB.** pienburger.com

## 낭만 고양이랑 가고 싶은 곳

# the hungry cat

### 헝그리 캣

**ADD...** 1535 N Vine Hollywood, CA 90028
**TEL...** 323-462-2155
**WEB...** www.thehungrycat.com
**HOURS...**
<Mon~Wed> 12pm(noon)~10pm, Lunch 12pm(noon)~3pm,
Dinner 5:30pm~10pm
<Thu~Fri> 12pm(noon)~11pm, Lunch 12pm(noon)~3pm,
Dinner 5:30pm~11pm
<Sat> 11am~11pm, Brunch 11am~3pm, Dinner 5:30pm~11pm
<Sun> 11am~10pm, Brunch 11am~3pm, Dinner 5pm~10pm
**MENU...**
Snow crab legs 1/2lb $20  Maine lobster1/2 $25  whole $50
Marinated mussels1/2 lb $8  Seafood platters $45, $85, $145
Slow cooked king salmon, corn cake $17
Maine lobster roll on a butter toasted roll $25
<Brunch> Market lettuces with egg, avocado, shallot $10

세계 각국에서 LA에 도착한 청춘들은 신나게 야호! 외치며 할리우드 Hollywood에 입성. 영화인의 거리에서 잠깐 발자국 찍고 점심과 저녁을 먹을 그 럴듯한 식당을 찾아 로스앤젤레스 관광청 사이트를 검색한다. 그리고 발견한 헝그리 캣the hungry cat은 연인과 설레는 여행지에서 첫 추억을 남기기에 따 좋 은 우아한 레스토랑이다.

식당 이름과 간판이 지나가는 사람들 시선을 잡아끈다. 귀엽고 애교 있는 헝 그리 캣은 톱스타들의 밀회장소로 이곳에서 사랑이 시작되고 완성된다. 파라 솔과 나무그늘로 덮인 골목 끝 구석자리에 전략적으로 숨어 있는 이곳은 팬들 의 시선을 가려주어 인기 연예인들이 단골로 점 찍어둔 만남의 명소다.

깍듯한 매니저의 안내를 받아 입장하면 생선들이 얼음 쇼윈도 위에서 인사 하며 싱싱하게 눈을 반짝인다. 연어와 대구, 참치, 도미, 새우, 알래스카 대게 가 줄맞춰 스노보드를 타는 바에 앉아 상쾌한 바다 냄새에 젖어보자. 기분이 저절로 업그레이드되는 물 좋은 집이다. 나도 모르게 'Sweet little kitty~, 내 두 눈 밤이면 별이 되지…….' 낭만 고양이 노래를 흥얼거리게 된다.


음식 진행 속도나 운영팀의 균형이 꽉 잡힌 품위 있는 레스토랑에서는 맛있 는 생선 요리로 돈을 좀 써도 후회가 없다. 레몬즙을 뿌려 신선도를 높인 크랩 칵테일Crab Cocktail을 주문하고 생선 진열대를 천천히 감상한다. 성게 알이 검 은 태양으로 노랗게 뒹굴고, 산타바바라 해변에서 직송한 조개, 굴도 새파랗 게 투명한 빛을 뿜는다. 로맨틱 코스를 섭렵하는 닭살 커플들의 해산물 전문 점으로 세심한 장치들이 하나하나 빈틈없이 다 예술이다.


이곳은 〈로스앤젤레스 매거진〉 선정 TOP10 레스토랑이며 〈LA 타임스〉에

현대적인 인테리어에 돈
을 좀 써도 아깝지 않을
로브스터, 크랩, 오이스터
등 신선하고 고급스런 음
식이 나오는 이름도 재미
있는 헝그리 캣

서는 이렇게 소개했다.

"Absolutely terrific, Service was perfect! Food is delicious. Jump for joy, Great Experience. (절대적으로 너무나 훌륭하고 서비스는 완벽했다! 맛있는 음식은 기쁨으로 폴짝 점프할 지경. 좋은 경험이었다.)"

"동부 지역에서 온 시푸드와 오이스터 바가 있다. 심플하지만 드라마틱하고 현대적인 공간은 도회적 분위기가 넘친다. 100년 넘는 매릴랜드Maryland 오리지널 레시피 그대로 만드는 크랩 케이크는 필수 시식 메뉴. 오렌지 버터 게살도 좋다."


리뷰어들은 '로브스터 롤은 맛있지만 양이 너무 적어 비싼 편'이라거나 '창의적인 요리의 조합이 똑똑하고 남다르다'고 평가한다.

창업의 꿈을 실현하려면 식당 여행이 최우선인데 헝그리 캣은 답사순례 제 1호에 반드시 올려야 한다. 스타의 거리(Hollywood walk of fame) 핫 플레이스로 다운타운에 있는 특급식당 워터 그릴처럼 어마어마하게 크지 않아 자본금이 부족한 예비 창업자에게 용기를 주는 최적의 장소다. 인테리어 디자인도 모던의 아름다움을 갖추었다. 유럽 식으로 디스플레이한 와인 바의 격조와 안락한 휴식을 즐기도록 조용히 배려하는 경영진의 친절함은 초보 창업자가 교과서로 삼으면 성공할 확률을 높인다.

헝그리 캣은 고급취향이면서도 위화감을 주지 않는 강점이 있다. 셀러브리티 인맥이 화려한 CEO의 마케팅, 차분한 대화 솜씨와 에너지를 주는 칭찬 효과를 배워 출사표로 삼고 내 고객에게도 실천하면 한 번 온 손님은 또 다시 방문할 예감이 든다.

**03**

## 패스트라미|Pastrami|의 명가

# Langer's
# DELICATESSEN

### 랭거스 델리

**ADD...** 704 South Alvarado St Los Angeles, CA 90057
**TEL...** 213-483-8050
**WEB...** www.langersdeli.com
**HOURS...** Mon~Sat 8am~4pm. Closed Sundays
**MENU...**
PASTRAMI, SWISS CHEESE & COLE SLAW Russian Style Dressing *$15.20*
HOT PASTRAMI with Cream Cheese and Sliced Tomato *$15.20*
HOT ROAST BRISKET of BEEF PLATE *$24.00*

LA 대표 음식 20선에 뽑힌 랭거스 델리Langer's DELICATESSEN는 미 요식업계 최고 권위의 제임스 비어드James Beard상을 2001년에 받은 패스트라미Pastrami의 명가다.

패스트라미Pastrami는 Seasoned Cured Beef, 양념한 소고기를 훈제하여 차게 식힌 것이다. 패스트라미는 훈제된 소의 가슴살과 양지머리Brisket로 만드는 과정에서 기름기와 노폐물이 쫙 빠져 일단 맛있다. 장조림 같은 찰진 육질에 양념으로 으깬 코리앤더(Coriander, 미나리과의 한해살이풀) 씨앗과 흑후추를 섞어서 겉에 골고루 입혔다. 고기 향은 훈훈하게 살리고 느끼하지 않아 한국인 입맛에 착착 감긴다.


1947년 Langer Family가 개업한 이래 오랜 역사를 자랑하는 랭거스 델리는 개점 65주년을 기념해 식당을 찾는 모든 고객에게 무료 패스트라미 샌드위치를 제공하는 등 지역사회를 위해 봉사하는 식당이며, 주문하면 페덱스FedEx로 세계 각국 어디든지 항공 배달도 하는 글로벌 시스템을 갖춘 기업형 요식업소이다.

뜨거운 훈제 쇠고기를 찜한 이곳의 패스트라미는 진심이 담긴 장인의 손맛으로 전형적인 델리의 옛날 맛을 그리워하는 단골들에게 사랑받고 있다. 또, 가정집 스타일의 편안한 맛집이라 소문 듣고 찾아온 손님으로 나날이 승승장구다.

사람들이 꽉 찬 식당에서 너도나도 주문한 샌드위치는 19번, 44번, 65번이다. 이 번호가 이 집의 대세이자 히트 메뉴($15.50~$16.20)이다. 조금 비싼 편이지만 먼 곳에서 일부러 찾아와 먹는 패스트라미는 육즙에 후추 향이 은근하다. 오이피클, 양배추와 칠리를 곁들이면 더욱 아삭! 식감이 좋다.

이곳 패스트라미는 햄 스타일의 다른 집보다 짜지 않고 순한 맛이다. 브런치로 먹으면 든든 하고, 샐러드와 함께 먹 으면 다이어트할 때 단 백질 섭취원이 된다.

　1800년대 루마니아에서 건너왔다는 패스트라미는 대표적인 유대인 음식에 속한다. 알맞게 증기로 쪄낸 랭거스 델리는 햄 스타일의 다른 집보다 짜지 않고 순한 맛이다. 랭거스 델리만의 노하우가 켜켜이 쌓인 패스트라미 결에서 양지고기 진미에 흠뻑 젖는다. 브런치로 먹으면 히루 종일 든든하다.

　빵 대신 야채 샐러드 위에 패스트라미를 함께 먹으면 다이어트 할 때 충분한 단백질을 섭취할 수 있다.


　패스트라미가 유대인 음식이라니 탈무드의 명언이 생각난다.

　"항아리 속에 든 한 개의 동전은 시끄럽게 소리를 내지만, 동전이 가득 찬 항아리는 조용하다."

　랭거스 델리의 패스트라미 맛이야말로 군말 없이 촉촉한 품질의 내공으로 승부한다. 미국은 매년 1월 14일을 '내셔널 패스트라미 데이'로 정해 지켜오고 있는데 이날은 랭거스 델리의 매상이 최고로 올라가는 명절이다.

## 04

### 해산물은 내 친구

# 로브스터 & 게 요리 전문점

### ❶ The Crab Pot

**ADD...** 215 N Marina Dr Long Beach, CA 90803
**TEL...** 562-430-0272
**WEB...** crabpotlongbeach.com
**HOURS...** Sun~Thu 11am~9pm, Fri&Sat 11am~10pm
**MENU...** The Crab Pot *$29.95~$39.99*  Crab&Shrimp in the Shell *$31.95*  Crab&Crab&Crab *$36.95*

### ❷ The Boiling Crab

① **ADD...** Koreatown 3377 Wilshire Blvd Los Angeles, CA 90017
   **TEL...** 213-389-2722
② **ADD...** Alhambra 742 W Valley Blvd Alhambra, CA 91803
   **TEL...** 626-576-9368
**WEB...** www.theboilingcrab.com
**HOURS...** Mon~Fri 3pm~10pm, Sat&Sun 12pm(noon)~10pm
**MENU...** Crab *$12~$29.99*

### ❸ Crab Hut
**ADD...** 4646 Convoy St Ste 106A San Diego, CA 92111
**TEL...** 858-565-1678
**WEB...** crabhutsd.com

### ❹ Pacific Fish Center(한국횟집)
**ADD...** 131 Fisherman's Wharf Redondo Beach, CA 90277
**TEL...** 310-374-8420
**MENU...** 크랩 2마리+매운탕+모듬튀김 *$100~$120*

### ❺ Spicy CRAB SHACK
**ADD...** 123 Astronaut Onizuka St #302 Los Angeles, CA 90012
**TEL...** 213-928-0906
**HOURS...** Mon~Thu 3pm~11pm, Fri&Sat 12pm(noon)~1:30am, Sun 12pm(noon)~11pm
**PRICE...** *$29~$45*

### ❻ Full House Seafood Restaurant
**ADD...** 963 N Hill St Los Angeles, CA 90012
**TEL...** 213-617-8382
**PRICE...** *$12~$35*

### ❼ Yang Chow
**ADD...** 819 N Broadway Los Angeles, CA 90012
**TEL...** 213-625-0811
**PRICE...** *$6.95~$19.95*

### ❽ Mayflower
**ADD...** 679 N Spring St Los Angeles, CA 90012
**TEL...** 213-628-0116

1990년 초 롱비치 항구에는 샌프란시스코 피어 39처럼 커다란 사각 나무통에서 펄펄 김을 올리며 게를 삶는 광장이 있었다. 달빛에 잠긴 퀸메리호를 바라보면서 크랩 망치를 두드릴 때, 아메리카 대륙을 노크하며 두드림DO-DREAM하는 듯한 짜릿한 느낌을 게들은 알랑가몰라~.

LA에서 제일 잘 나가는 크랩 레스토랑은 바닷가를 보면서 나무망치로 게 등껍질을 두들겨 먹는 스트레스 제로 존 크랩 팟The Crab Pot과 매운 맛으로 줄 서는 보일링 크랩The Boiling Crab이다.


크랩 팟에서 홍합, 굴, 옥수수까지 얹어주는 모둠 해산물을 주문하면 테이블 위에 커다란 종이를 깔아준다. 애피타이저 생굴로 입맛을 살리고, 살리고! 스위트 포테이토 튀김을 야금야금 먹다 보면 게와 새우는 커다란 비닐봉지에 담겨져 나온다. 장난기가 발동한 웨이터가 뜨거운 비닐봉투를 마구 흔들어 주면 케이준 양념 섞인 김이 확~ 번지면서 후추, 고추 냄새가 모두를 휘어잡는다. 체면 다 벗어던지고 하염없이 즐기는 핑거 푸드 노 스푼! 마냥 흥겨워 신난다.

바닷속 해조류를 잡아먹고 제 몸을 오동통하게 살찌워 옆으로, 옆으로 모래밭을 방랑하다가 결국은 사람들에게 유려한 살맛을 제공하는 게의 삶. 달큰한 알라스카 대게 다리와 아삭아삭 새우 머리를 들고 미각의 유희를 맘껏 탐닉하는 시간은 푸른 낭만이다.


보일링 크랩은 케이준 향과 매운맛이 매력 포인트다. 해산물 냄비 속에는 스노우+블루 크랩, Crawfish(가재), 생선살이 그득하다. 크랩 하우스의 왕자 붉은 게가 탁자 위에 올라오면, 눈을 반짝 뜬 로브스터가 집게발을 허우적거리며 구원의 신호를 보낸다. 여전히 펄럭이는 꼬리는 죽는 순간까지 생을 포기

아삭하고 싱싱한 새우, 센 불
에 튀겨낸 짭조름한 블랙 빈
소스 위에 생파 송송 뿌린 크
랩, 탄력이 있어 횟감으로도
훌륭한 탱글한 로브스터!

하지 않는다.

　요즘 코리아타운에서는 생선회($99)에 로브스터와 소주를 공짜로 서비스하지만 젊은 친구들과 직장인들은 보일링 크랩에서 청춘 파티를 한다. 테이블마다 〈게+새우〉 콤보 메뉴 한 봉지씩 받아들고 좋아서 소리치며 어쩔 줄 모른다. 탱글한 로브스터는 횟감으로도 탄력 있어 훌륭하다. 게는 양념 없이 맥주와 함께 끓여낸 스팀, 와인찜이 최고다.

　우리 집에서 외식을 할 때는, 게가 내 밥 친구라 0순위로 올라온다. 센 불에 튀겨낸 짭조름한 블랙빈 소스 위에 생파 송송 뿌린 크랩은 나를 춤추게 하는 맛의 음악이다. 나는 못 말리는 크랩 체질이라 간장게장도 엄청 좋아한다. 짜지 않은 생강 맛 간장에 푹 잠긴 게딱지의 알들은 내가 유일하게 탐하는 향락이다.
　온몸으로 게딱지 집을 지키려 애쓴 크랩 가장은 마침내 나에게 마지막 남은 키토산 진액을 다 퍼주니 사랑해서 미안하다.

꽃게가 간장 속에/반쯤 몸을 담그고 엎드려 있다

등판에 간장이 울컥울컥 쏟아질 때/꽃게는 뱃속의 알을 껴안으려고/../

살 속에 스며드는 것을/../꽃게는 천천히 받아들였으리라

껍질이 먹먹해지기 전에/가만히 알들에게 말했으리라

저녁이야/불 끄고 잘 시간이야

– 안도현, 스며드는 것

## 줄 서는 딤섬식당

# EMPRESS PAVILION & King Hua Restaurant

임프레스 파빌리온과
킹화 레스토랑

**❶ EMPRESS PAVILION**

**ADD...** 988 N Hill St #201 Los Angeles, CA 90012
**TEL...** 213-617-9898
**WEB...** www.empresspavilion.com

**❷ King Hua Restaurant**

**ADD...** 2000 W Main St Alhambra, CA 91801
**TEL...** 626-282-8833

약 900가지의 다채로운 맛과
모양의 딤섬은 작고 투명한 것
은 교(餃), 껍질이 두툼하고 푹신
한 찐빵 스타일은 빠오(包), 통만
두처럼 윗부분이 뚫려 속이 보
이는 것은 마이(賣)라 부른다.

왜 여자들은 임프레스 파빌리온EMPRESS PAVILION 딤섬에 열광할까? 가격은 $2.99~$3.99로 착한데 맛은 자금성, 황궁 맛이기 때문일 것이다. 딤섬을 먹을 때는 삼국지의 초선이처럼 입을 오물거리며 새초롬히 맛을 본다. 대나무 바구니에 앙증맞게 2개, 3개 냠냠! 마음에 점찍어 보는 정통 광동 식 딤섬은 살찔 것 같지 않은 얇은 투명 만두피가 우선 안심이다. 1알 1알 먹는 내내 작은 소쿠리 앞에 놓고 소꿉장난하는 동심으로 되돌아간다.

딤섬은 그 안에 담긴 정성스러운 맛과 멋이 마음을 어루만져 준다는 의미로 'Touch Your Heart'라고 부른다. 중국 고대 농경사회에서 농사일을 마치고 차를 즐길 때 가볍게 즐기게 된 음식이 딤섬의 유래다.

스몰 비즈니스 창업 아이템으로 강력하게 추천받은 킹화 레스토랑King Hua Restaurant의 딤섬도 만만치 않다. 예쁘게 먹기 좋게 담긴 찹쌀 딤섬 접시가 훨훨 바쁘게 날아다닌다. 속이 알차게 들어 있는 버섯의 향기, 탱글탱글한 꽃새우 슈마이로 감탄사가 터지다 보면 어느 새 3판이나 후다닥 먹었다.

기름진 요리의 대명사로 중국요리는 되도록 멀리하려고 애쓰지만 증기에 쪄낸 김이 모락모락 피어나는 딤섬 바구니는 여전히 그 인기가 식을 줄 모른다. 〈LA 위클리〉가 뽑은 '미국인들이 좋아하는 딤섬 베스트 7'에 오른 킹화 레스토랑의 새우 딤섬Shrimp Dumpling, 게살 샤오롱빠오Crab Xiao Long Bao는 시진핑 주석을 초대해도 손색이 없을 만큼 깜찍하게 잘도 빚었다.

로스앤젤레스 드넓은 대지를 마음껏 차지한 중국인들은 샌 가브리엘 밸리San Gabriel Valley 일대 알함브라, 몬트리 파크 주변 도시에 해산물 레스토랑을 커다랗게 차려 놓고 맛있는 문화를 즐기는 데 시간과 돈을 아낌없이 투자한다. 깔끔하고 부드럽고 말랑한 딤섬 메뉴는 사색교, 하가우, 금어교, 토교이며, 샥스 핀으로 만들었다고 하는 어혈교, 천하진미라는 제비집 요리도 있다.

　작고 투명한 것은 교(餃), 껍질이 두툼하고 푹신한 찐빵 스타일은 빠오(包), 통만두처럼 윗부분이 뚫려 속이 보이는 것은 마이(賣)라 부른다. 고수가 빚은 것일수록 주름이 많은 샤오롱빠오(小龍包, 소룡포)는 육즙이 가득 들어 있어 너무 뜨거울 때 먹으면 화상을 입을 정도라 조심조심 국물부터 먹으라고 친절한 웨이트리스는 빨대를 꽂아 준다.

　약 900가지의 다채로운 맛과 모양의 딤섬은 1천 년 전 중국의 랴오닝에서 비롯된 음식으로 지구촌 미식가들의 사랑을 독차지하고 있다. 가격도 비싸지 않아 1바구니에 $3, $5, $7 정도 하며 요것저것 골라먹는 재미가 깨소금 맛이다.

　킹화King Hua는 소동파가 즐겨먹었다는 오겹살 돼지찜 동파육(東坡肉)도 입 안에서 쫀득거리면서도 완전 잦아들게 잘한다. 이안 감독의 음식향연이 펼쳐지던 영화 〈음식남녀〉가 오버랩 되는 균형 잡힌 딤섬이다.

　집 근처 동네에 아담 사이즈의 딤섬 집을 오픈하는 실버 창업 고수들이 늘어난다. 〈뉴욕 타임스〉에서 미국 10대 소룡포 작은 만두로 유명한  딘타이펑DIN THAI PUNG도 기록해 두자. (**ADD.** 108 S Baldwin Ave Arcadia, CA 91007 **TEL.** 626-574-7068) 또, 중국인들이 LA 최고 딤섬으로 손꼽는 레스토랑은 Shanghai No.1 Seafood이다. (**ADD.** 250 W Valley Blvd San Gabriel, CA 91776  **TEL.** 626-282-1777)

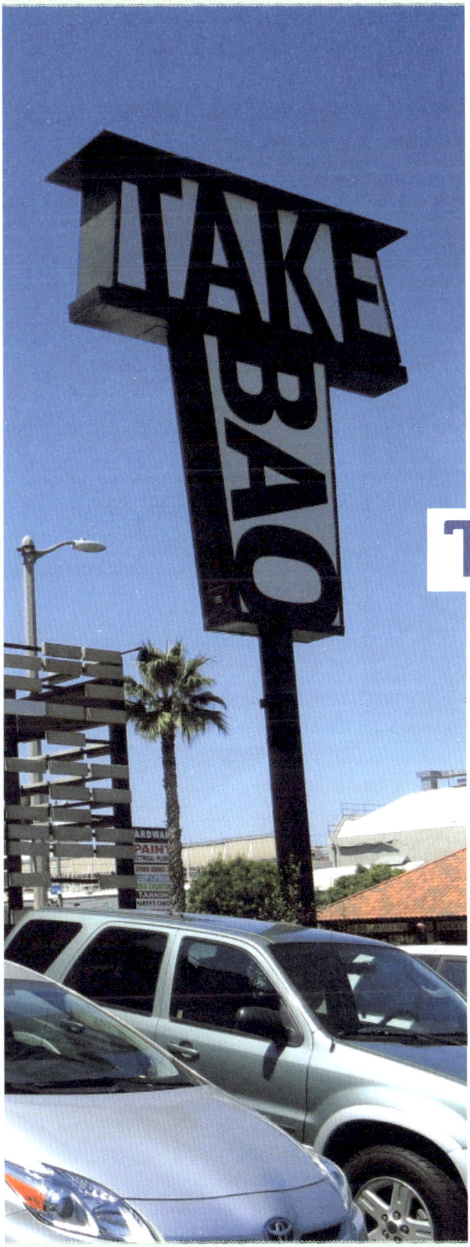


두부 팝콘이 맛있다고
네티즌들이 야단법석을 떠는
전통 중국음식을
미국적으로 변형시킨
모던 글로벌 퓨전

06

오리엔탈 모던 퓨전의 챔피언

# TAKE A BAO

테이크 어 바오

❶ **ADD...** 11838 Ventura Blvd Studio City, CA 91604
**TEL...** 818-691-7223
❷ **ADD...** Westfield Century City 10250 Santa Monica Blvd Los Angeles, CA 90067
**TEL...** 310-551-1100
**WEB...** takeabao.com
**HOURS...** Mon~Sat 11:30am~10pm, Sun 11:30am~9pm

두부를 깍두기로 썰어 작게 튀
김한 두부 팝콘, 최선의 레시
피로 선택한 비빔밥, 캐슈너츠
를 넣은 작은 찐빵 빠오, 과연
오리엔탈 모던 퓨전의 챔피언
답다.

센추리 시티와 스튜디오 시티 세련된 도시 중심에 있는 테이크 어 바오TAKE A BAO는 캘리포니아 태양 아래 은빛 포스가 작렬한다. 럭셔리 딤섬으로 유명한 바오BAO 레스토랑의 또 다른 브랜드로, 전통 중국음식을 가장 미국적으로 변형시킨 모던 글로벌 퓨전이다. BAO는 딤섬의 包(포, bao)에서 이름을 따왔다.

총괄 요리 장인 개빈 포츠머스Gavin Portsmouth는 런던과 LA, 뉴욕을 오가며 7개의 레스토랑을 경영한다. 그는 테이크 어 바오TAKE A BAO에서 미국의 맛 Tastes과 아시아의 영감Inspired, 프랑스 기술Technique을 혼합했다고 인터뷰에서 말했다. 다문화 멜팅 팟 LA에서 최상의 선택! 현명한 창업 콘셉트다.


이곳은 최고의 건축 설계로 아름다운 식당상을 받았다. 정서적으로 안정된 분위기 속에서 양조 맥주, 칵테일, 와인과 함께 참신한 요리를 탐닉하는 멋진 휴식 공간이다. 화장실에도 중국 궁궐 내실처럼 도자기 미니 진열장을 귀엽게 Cutie Platform으로 설치했다. 섬세한 인테리어가 레스토랑의 기품을 더한다. 자연히 비즈니스맨, 영화인들이 만남의 장소로 자주 이용한다.

바오BAO에서 중국요리와 타이요리 팬들을 사로잡은 비결은 개성이 뚜렷한 국제적인 맛과 부담스럽지 않은 가격($5~$25)이라고 맛 탐험대들은 호평한다. 별점 4점 이상을 받아 퓨전의 챔피언이 된 테이크 어 바오를 〈LA 타임스〉 음식 평론가 조나단 골드Jonathan Gold는 "변화와 혁신, 세계적인 물결에 동승한 스마트한 레스토랑"이라고 높은 점수를 주었다.


캐슈너트를 넣은 버거 스타일의 작은 찐빵 빠오와 매혹적인 실란트로 라임 소스를 곁들인 두부 팝콘이 맛있다고 야단법석을 떠는 네티즌의 소문을 듣고 선택한 두부 팝콘은 성공이었으나, 빠오 버거는 평범했다. 두부를 깍두기로

썰어 작게 튀김한 두부 팝콘은 고소하고 말캉해서 정말 1접시 더 주문해 집에
가져가 간식으로 먹어야겠다. 치킨 팝콘, 두부 팝콘, 현미 땅콩 팝콘, 캐러멜
마시멜로 초코 팝콘. 다음엔 무슨 팝콘이 나올까?

'TAKE A BAO' 식당 이름도 잘 작명했다. 점심 한 그릇 먹고 저녁까지 테이
크 아웃하는 식당이다. 경험이 풍부한 요리사가 메이플 농장의 진흙 오리구이
쇼를 선보인다. 페이퍼보다 더 얇게 예술적으로 구운 오리고기 껍질을 접시
위에 올려놓으니 갈색 투명 젤라틴 이파리는 호랑나비처럼 팔랑팔랑 하르르
떨린다.


창조적인 메뉴를 개발할 때 수많은 톱셰프들을 초청해 시식회를 열고 최선의
레시피로 선택한 비빔밥은 한국인 입맛에는 짭짤하고도 강렬한 맛이다. 한마
디로 비빔밥의 '폭탄' 버전이다. LA 대표 셰프 로이최의 비빔볼과 거의 비슷한
맛이다. 한식세계화 대박 식당을 꿈꾸는 창업주들은 타인종들이 선호하는 '비
빔밥의 전형'이 무엇인지 탐구해 보기에 적당한 모델이다.

대유행하는 점심 가볍게 먹기(Small Bites) 작은 접시 메뉴에 자꾸 낚인다.
튀김 국수요리, 샐러드, 스프, Rice Bowls, 쿵파오 치킨 등($7~$18) 다양하
게 골고루 먹는 즐거움이 있다.

part 04

# 따라올 테면 따라와 봐! 스타 벤치마킹!

언론들의 과찬이 쏟아지는
윤상의 레스토랑
코스모폴리탄적 미식과 향기가
해물들과 결합해
기막히게 절묘하다

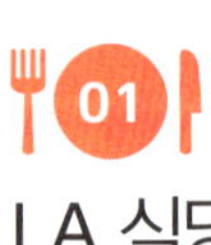

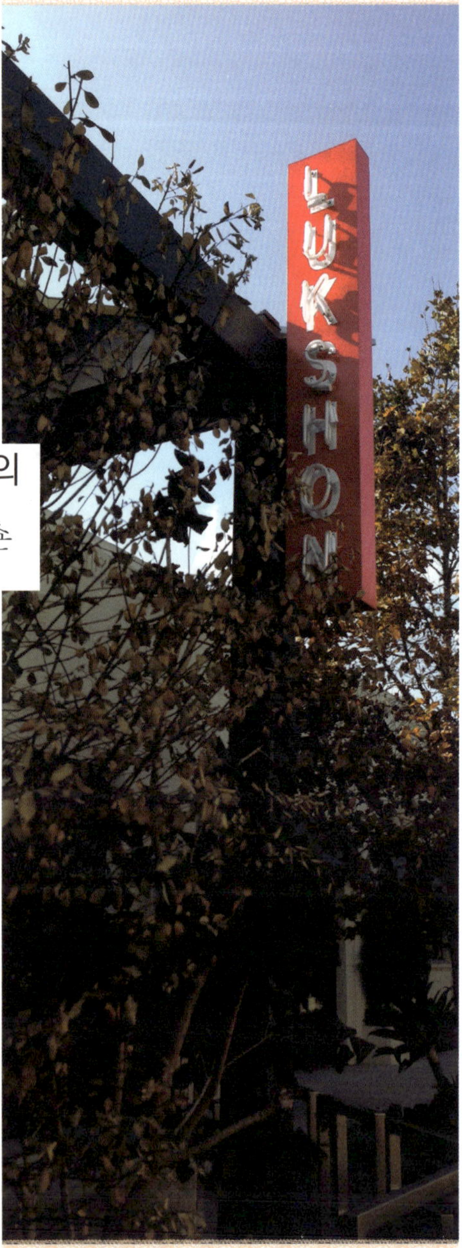


01

LA 식당 창업의 롤 모델, 윤상의

# LUKSHON 럭숀

**ADD...** 3239 Helms Ave Culver City, CA 90034
**TEL...** 310-202-6808
**WEB...** www.lukshon.com
**HOURS...**
*Lunch* Tue~Fri 12pm(noon)~3:00pm
*Dinner* Tue~Thu 5:30pm~10:00pm,
Fri&Sat 5:30pm~10:30pm

영화인들의 모임 장소 윤상의 럭숀LUKSHON은 창업을 꿈꾸는 사람들의 멘토링 역할을 하는 성지다. 영화사 소니 픽처스Sony Pictures가 있는 컬버 시티는 전 세계에서 스타와 프로듀서들이 모여드는 멋쟁이 도시다. 자연히 다운타운에는 파리 스타일의 코지 레스토랑이 많고 첨단 유행이 그 어느 지역보다 빨리 퍼지는 곳이다.

그냥 곁에서 지나치면 모르지만 윤상의 럭숀이 자리 잡은 광장 코너 프랑스 카페에서는 한껏 치장을 한 하라주쿠 일본 소녀들과 베레모를 쓴 크리스티앙 디오르, 샤넬 추종자들을 쉽게 만난다. 그들은 레이디 가가, 마돈나의 섹시미에 도전장을 내밀며 길거리 캐스팅을 갈망하는 탤런트 지망생들이다. 보다 영리한 견습 배우들은 영화감독들의 아지트 럭숀에 가서 미리 진을 치고 윙크한다.

1930년대 현재 소니 건물에는 미국의 대표적인 영화제작사 MGM이 있었다. MGM은 주옥같은 영화를 쏟아내며 당시 할리우드 영화의 중흥기를 이끌었다. 지금도 컬버 시티에는 향수를 자극하는 옛날 건축과 오래된 명소가 곳곳에 숨어 있다. LA 카운티의 시범 도시답다. 이곳에는 로하스족LOHAS이 늘어났는데, 로하스는 Lifestyles Of Health And Substantiality의 줄임말로 개인의 웰빙을 넘어서 인류 모두의 웰빙을 추구하는 사람들을 말한다. 보다 차원 높은 지성인들이 모여드는 도시라는 자긍심이 대단하다.

남들과 다르게 좀 더 이상적인 삶을 실천하고 싶다면 럭숀 레스토랑 은색 창틀 테라스에 앉아 한껏 사치를 부려도 좋으리라. 다정한 말벗이 있어도 좋고, 책을 읽으며 혼자 앉아 있으면 옆자리에 앉은 사람이 미소를 보내주는 예절 바른 공간이다.

큰 접시에 숭어가 보트
타듯 누워 있고, 남태평
양 허브를 사용한 하와
이 생선요리가 이채롭다.
메기찜은 풀잎 향긋한
디스플레이를 자랑한다.

〈뉴욕 타임스〉와 주류 언론의 과찬이 쏟아지는 윤상의 레스토랑에서는 코스모폴리탄적 미식과 향기 나는 채소가 생기 찬 해물들과 결합해 기막히게 절묘하다. 동서양의 퓨전메뉴로 식도락가들을 감동시킨다. 먼저 숭어가 이탈리아 북부 야생초원에 덮여 마치 보트 타듯 누워 있는 큰 접시가 보인다. 말레이시아와 사천요리의 매운맛을 바탕에 깔고 남태평양 허브를 사용한 하와이 생선요리도 이채롭다. 풀잎 향긋한 디스플레이의 메기찜 요리가 도착한 테이블에서는 서프라이즈! 탄성과 카메라 셔터가 터진다.

멋 부린 예술적 음식은 눈에서 즐겁고, 후각에서 행복하고, 입에서 감미롭고, 마음에서 감사하는 인류의 큰 행복이다. 아름답고 폼 나는 샤이니 실내장치에서는 와인 잔도 반짝반짝 눈부시다. 럭숀에서 우아하게 데이트를 하며 대화를 나누면 냉전 중인 그 어떤 관계도 살그머니 풀릴 듯하다.


까다롭다고 소문난 〈LA 타임스〉 레스토랑 평론가 이렌 비르빌라Irene Virbila도 후한 점수를 줄 정도로 호평 받는 럭숀은 식당업계의 뉴 트렌드 선봉에 서 있다. 어디 그뿐이랴! LA 명사들이 윤상을 극찬한 보도내용이 줄줄이 이어져 다 열거하기가 벅차다.

"오늘 밤 당신이 나를 디너에 초대한다면 럭숀을 잊지 마세요!"

애교 넘치는 문자 메시지가 뜨는 컬버 시티의 윤상은 이미 요리계의 우상이 되었다. 칭찬이 쏟아진 잡지와 매스컴은 다음과 같다.


*Zagat rates Lukshon one of the best restaurants in Culver City*

– Culver City's 5 Best Restaurants
Posted January 1, 2012(www.zagat.com)

*If you were going to take me out to dinner tonight, these are the 10 places I am wholeheartedly recommending right now.*

– Brad Johnson

*Check out the recipe in the LA Times Magazine*

–Angeleno magazine awards Lukshon

〈LA 위클리〉지에서는 럭숀에 대하여 '에지Edge 있는 콘셉트의 대명사'라고 표현했다. 요리나 인테리어나 심플함을 최우선으로 실천한다는 윤상 셰프는 물컵, 냅킨, 도자기 그릇까지도 최고급으로 마치 음식영화 명장면 속에 앉아 있는 기분을 내준다. 멋진 요리가 완성되려면 색과 향, 맛, 테이블 세팅까지 '완벽함을 추구해야 한다'고 말하는 그는 후배들에게 수많은 창업 아이디어를 제공한다.

"모든 것 다 보여주고 공감하겠습니다."라고 말하는 자신만만한 럭숀의 활짝 열린 부엌에서는 디너를 준비하는 셰프팀이 일사불란한 침묵 속에서 엄숙하다.

니크롬 스틸 우주선 같은 식당 내부는 상당히 철학적이다. 베스트 뉴 레스토랑 디자인상을 받은 럭숀의 밝은 투명 유리 오픈 키친에는 엄마들의 신주단지 압력솥이 있다. 윤상 셰프는 〈LA 타임스〉에서 압력솥을 이용한 한국식 슬로 푸드Slow Food 갈비찜 만들기 방법을 공개해 미국에서 압력솥 바람을 몰고 왔다.

비린내를 없애기 위해 생선요리에 추가하는 베트남 허브 '라우 람'과 수박 오이 피클, 아삭한 순무의 상긋함이 그 어느 세계에서도 맛볼 수 없는 발랄한 맛이다. 이것은 럭숀의 캐치프레이즈와 같다.

"We keep it fresh, seasonally motivated. Menus may change. (우리는 계절 재료를 신선하게 유지하며 메뉴는 변경될 수 있습니다.)"

럭숀의 메뉴를 살펴보면 한국 김치와, 사근사근한 배, 싱가폴 민트, 인도네시아 땅콩소스와 베트남 피시Fish소스, 태국 새우소스, 중국 쓰촨의 알알하게 매운 향초를 골고루 고명으로 얹는 국제적인 감각이 돋보인다. 아마도 그것은 윤상 셰프가 유럽일주를 하는 동안 실습하며 터득했고, 고향 봄산에 지천인 나물을 맛본 한국인이라 가능할 것이다.

포도주 마니아들이 홀딱 반할 스펙터클 바Bar의 화려한 와인 리스트도 럭숀의 패션이다. 요즘 핫 트렌드에 맞춘 타파스Tapas(Little Plates)로 조금씩 냠냠 맛보는 럭숀을 벤치마킹하는 새로운 레스토랑이 많다.

닭고기와 유기농 흑미는 마늘과 중국 소시지의 숨겨진 조각을 발견하는 기쁨을 준다. 토핑으로 나오는 흰색 계란과 빨간 새우는 눈을 즐겁게 하고, 셔벗과 망고 디저트는 디너를 완벽하게 끝내준다.

윤상이 스트레스가 쌓인 날에 찾아가는 식당은 진짜 중국 본토 음식의 맛을 지닌 운남雲南(구 영규) 가든이며 그곳에서 주문하는 메뉴는 엄청나게 매운 페퍼 치킨 디시Dish란다. 손님에게 맛깔스런 요리를 제공하다 보면 셰프 자신은 입맛을 잃기 쉬워 매콤한 요리가 당기는 것은 당연지사. 몬트리 파크에 있는 그의 야식집도 가보고 싶다. (Yun Chuan Garden : 301 N Garfield Ave Monterey Park)

## ★ 럭숀의 성공 요인

❶ 10대부터 청운의 꿈을 품고 식당일에 뛰어들어 현장에서 배웠다. 기초를 탄탄하게 체득한 이후 요리학교에 들어갔다.

❷ 유럽 미식문화를 샅샅이 섭렵하고, 문하생으로 실습과정을 지독하게 차곡차곡 밟았다. 많은 노하우로 동서양을 넘나드는 퓨전요리 대가로 급부상했다.

❸ 스타 마케팅을 잘한다. 매스컴에 출연, 능수능란한 예능 쇼맨십으로 시청자를 압도한다.

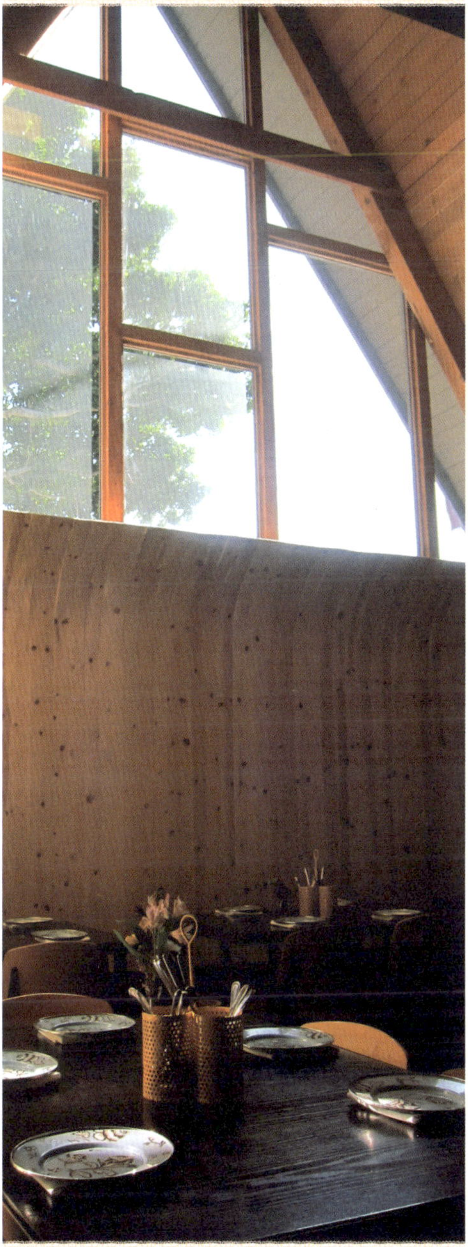

어떻게 만들까,

어떻게 먹일까,

어떻게 영혼을 풍성하게 할까를

항상 생각하며 요리하는

프로페셔널 셰프

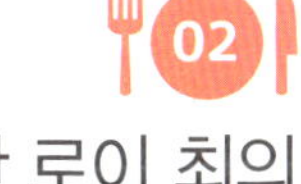

02

# 용감한 로이 최의 A-Frame

에이 프레임

**ADD...** 12565 Washington Blvd Los Angeles, CA 90066

**TEL...** 310-398-7700

**WEB...** www.aframela.com

**HOURS...**

*Happy Hour* Mon~Fri 5pm~7pm

*Lunch* Sat&Sun 12pm(noon)~3pm

*Dinner* Sun~Thu 5pm~11pm,
Fri&Sat 5pm~12am(midnight)

파와 바질로 장식한 갈비찜을
비롯해 통닭과 정사각형 무,
맵싸한 특제소스와 계란 장조
림이 어우러진 메뉴는 신선하
다 못해 기상천외하다.

로이 최의 에이 프레임A-Frame이 오픈할 때 〈월스트리트저널(WSJ)〉은 "The King of Streets Moves Indoors. (거리의 왕, 실내로 가다.)"라고 대서특필했다. 2010년 컬버 시티에 문을 연 로이 최의 에이 프레임 레스토랑이 기대된다.

대학촌의 호프집을 생각하고 구상했다는 에이 프레임의 모닥불이 피어오르는 테이블에서는 한국적인 통닭과 하와이, 태국의 영향을 받은 이국적인 메뉴가 선풍적인 인기 요리로 대박 대행진 중이다.

미국 음식문화를 길거리로 끌어낸 로이 최는 한국인의 고추장 힘과 김치의 매운 맛을 팍팍 풍기는 용감한 요리사다. 식당과 음식에서 새로운 패러다임을 제시한 그는 2009년 본 에프티상을 수상한 히트작품 제조기답다.


랩과 일렉트릭 사운드, 신나는 하우스 음악이 흐르는 에이 프레임은 지붕을 A형 나무 액자틀로 꾸며 외딴 숲속 산장의 멋을 냈다. 식탁 위 노란 수저통과 작은 꽃병, 희귀한 문양의 중동 스타일 법랑 접시도 독특하다. 검은 깨소금과 김 가루 섞인 오키나와 조미료를 뿌린 팝콘의 변신, 한국 식 양념을 사용한 도가니 수육 샌드위치를 신 메뉴로 개발해 젊음의 아이콘으로서 트위터에서 검색어 1위로 자주 오른다.

토요일 밤에는 뜨거운 열기가 테라스의 비닐텐트를 녹여낸다. LA의 자유로운 영혼들로 북적이는 아담한 식당에는 하이트 맥주도 판다. 바에서 손님을 반기는 소녀시대를 갓 넘은 모델급 예쁜이들의 웃음소리가 꾸밈없이 상큼하다.

정성스런 요리와 서비스는 물론 손님들이 식사하는 동안 산뜻한 분위기를 연출하려고 치밀하게 배려했다. 고객을 대하는 종업원들의 공손하고도 상냥한 매너에서 로이 최의 코스모폴리탄 브랜드를 느낄 수 있다. 아기자기한 레스토랑 뒤뜰에까지 쿵작거리는 힙합뮤직의 출렁임이 마치 지도에 없는 비밀스런 가상공간에 합류한 느낌이다.

'99 Essential L.A. Restaurants 2011'에 선정된 에이 프레임은 하와이에서 영감이 떠올라 만든 일본 양념 뿌린 달고 짭짤한 Furikake Popcorn, 오이 해초 샐러드, 조개 수프와 새우, 레몬그라스 향기가 나는 Crabcakes, 구운 양 갈비, 고추장소스에 맛낸 베이비 립, 돼지 등갈비 요리가 짭짤하게 입맛을 매료시킨다.

우리나라 전기구이 스타일의 기름기 쫙 뺀 튀긴 통닭과 정사각형 무, 맵싸한 특제 소스도 있다($13~$22). 로이 최는 이 통닭을 손으로 뜯어 먹으면 포크를 사용할 때보다 '더욱 따뜻하고 온유하고 친밀한 느낌'이 있다며 강추한다.

다음은 LA 푸드 섹션의 로이 최 인터뷰 내용이다.


질문1 "당신에게 요리는 무엇인가요?"

로이 최 "요리는 무술(Martial Art)을 배우는 것과 같아요. 끝없이 정진해야 하는 점에서 말이죠. '어떻게 만들까, 어떻게 먹일까, 어떻게 사람들 영혼을 풍성하게 할까?'를 항상 생각하며 뭔가를 보여줘야 할 때 쓰려고 한 손을 뒤에 감춰둔 권투선수처럼 요리합니다."


질문2 "성공 비결은 무엇인가요? 로이 최를 알리고 나서 달라진 게 있나요?"

로이 최 "TV에 나온 이후 사람들이 알아보고 사인해 달라고 합니다. 매일 오전 6시에 일어나 자정까지 하루 16~18시간씩 일하는 것은 똑같습니다. 유명해지고 상 받고 돈 잘 버는 것은 처음부터 내 목표가 아니라서 별로 관심이 없어요. 다만, 우리 식당에서 손님들이 만족하면 그것으로 OK! 음식이 완벽하게 잘 전달될 수 있도록 요리과정부터 서빙까지 모든 것을 지켜보고, 손님들이 어떻게 만들었느냐고 질문할 때 최고로 행복합니다."

 소문난 LA 맛집 들여다보기

로이 최는 〈뉴욕 타임스〉에서 '독창성의 상징'이라고 표현했듯 이 시대 '최고의 떠오르는 신예 셰프'답게 미국인들이 한 번도 듣도 보도 못한 신세계 요리로 초대한다. 아시아 허브와 서양의 식재료를 맘껏 버무리는 로이 최의 음식들은 한국 잔칫상에서 보던 갈비찜 위에 새파란 파와 바실로 장식했다. 진한 양념 속에는 남미 향신료에 톡 쏘는 청양고추까지 혼합해 실험적인 동료 셰프들도 깜짝 놀란다.

프라임 립, 도가니 샌드위치 미트볼, 스테이크, 태국 바질, 중국 브로콜리, 칠리 볶음밥, 두부, 버섯, 아스파라거스와 밥, 계란 장조림 등 창조적 요리 아이템이 신선하다 못해 기상천외하다.

그는 에이 프레임A-Flame 이외에도 대중식당 최고Chego를 운영한다. '고기', '최고' 등 한글도 적절하게 전파하는 그의 창의적 변화를 LA는 주시한다. 오대양·육대주 지구촌 음식재료를 총집합시키는 로이 최의 도전정신, 아무 것도 겁내지 않는 당당함이 성공 비결이며 가장 큰 매력이다.

새로운 스타일의 식당을 창업하려는 사람들에게 조언을 아끼지 않으며 아이언 셰프에 도전하는 청춘들에게 로이 최는 '울트라 파워'를 가진 슈퍼 히어로 역할을 한다. 고기 타코Kogi Taco, 맥주집 통닭에 이어 그의 다음 히트작이 기대된다. 로이 최의 요리 킹King 꿈은 계속 진행 중이다.

2013년 11월 자서전 겸 한식 레시피 북인 『L.A. Son: My Life, My City, My Food』를 발간한 그는 매스컴의 스포트라이트를 집중적으로 받고 있어 한국인들은 신명난다. 축하한다. 로이 최, 참 멋있다.

록과 맥주와

이벤트의

절친한 만남을 콘셉트로

버라이어티한 무대를

신바람 나게 도입한 레스토랑!

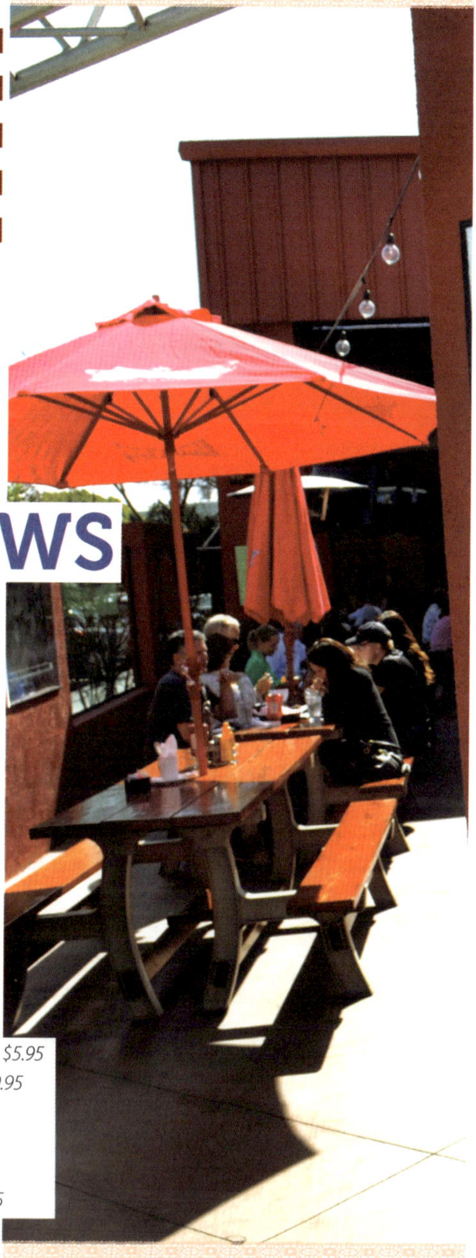

03

록스타 감성 충만한

# ROCK&BREWS GARDEN

록앤브루 가든

**ADD...** 143 Main St El Segundo, CA 90245
**TEL...** 310-615-9890
**WEB...** rockandbrews.com
**HOURS...** Mon~Fri 11am~11pm,
Sat 11:30am~11pm, Sun 11:30am~10pm
**MENU...**
Giant Soft German Pretzel *$5.95* Garlic Cheese Fries *$5.95*
London Calling Calamari *$9.95* Rockn Hot Wings *$9.95*
Rock'n House Salad *$9.50*
Coachella Chopped Italian *$8.95*
Tequila Sunrise Steak Salad *$9.95*
Hand Crafted Burgers & Sausage Sandwiches *$10.95*

록앤브루 가든ROCK&BREW GARDEN은 완전 콘서트 분위기의 레스토랑이다. 글로벌 창업에는 거부할 수 없는 재미Irresistible fun가 있어야 한다. 단순히 맛있는 음식만 가지고는 승부가 안 된다. 이곳은 록과 맥주와 이벤트의 절친한 만남을 콘셉트로 익사이팅Exciting 그 이상이 버라이어티한 무대를 레스토랑 마당에 신바람 나게 도입했다.

빨간 파라솔 아래 긴 나무 의자로 하나가 되는 식탁은 흥에 겨워 'We are the World, We are the children' 합창을 한다. 온가족이 야구장에 가는 것처럼 일요일 아침을 기다렸던 꼬마들의 행렬이 식당 앞에서 줄을 선다. 록앤브루에서는 어린이 동반 브런치 타임이 하나도 낯설지 않다. 마치 우리나라 유원지의 김밥 피크닉 풍경처럼 LA 사람들에게는 정다운 일상이다. 아이들과 함께 텔레비전 풋볼경기를 즐기며 맘껏 음악 스피릿에 젖는다. 창업주의 소망대로 가족들에게 록뮤직의 영혼을 선사할 수 있는 곳이다.


록앤브루는 메탈계의 전설이라 불리는 세계적인 그룹 키스KISS의 리더 진 시몬즈Gene Simmons가 경영하는 식당 체인이다.

"I have all the music in the world I want to change to metal! (세상의 모든 음악을 메탈로 바꾸고 싶어요!)"

포효하는 록의 명언이 보드에 현란하다. 시몬즈의 엄청난 혀 길이는 기네스북에 오를 정도라 만화가들이 그린 풍자화도 있다.

한 시대를 풍미한 비틀스Beatles, 레드 제플린Led Zeppelin, 밴 헤일런Van Halen의 첫 번째 음반과 영화 〈스쿨 오브 록〉을 판도라 3D 영상으로 감상한다. 강렬한 스타 로커 모습은 물론, 헤드윅의 목소리가 360도 서라운드 스피커를 쩌렁쩌렁 울리면 리듬에 몸을 맡기자. 잔뜩 쌓여 있는 스트레스를 다 날려 보

수제 햄버거와 피시&칩스, 감자튀김과 맥주가 자랑인 이곳은 로큰롤 스피릿이 충만한 곳이지만, 가족끼리 식사를 즐기는 모습 또한 낯설지 않다.

내고 모든 체력을 다 쏟아 관습의 중력을 벗어나는 스테이지가 바로 이곳이기 때문이다.

다른 레스토랑에서 몸에 좋은 음식으로 미식을 탐닉했다면 록앤브루에서는 기름진 치즈 마카로니와 피자, 핫칠리덕 햄버거, 소시지 등의 기운찬 음식을 즐기며 록 페스티벌의 개방적 무드로 진입하자. 가든에는 효모 향기 쌉싸래한 양조 맥주가 있는데, 발효 탱크 속에서 갓 뽑아낸 맥주 거품의 풋풋함은 이 식당의 경쟁 무기다.

키스는 1972년 진 시몬즈에 의해 결성된 그룹으로 파격적인 가부키 스타일의 화장을 감행해 특이한 그룹으로 팬들의 시선을 집중시켰다. 가죽 의상과 짙은 화장을 통해 멤버 개개인의 캐릭터를 표현했고 라이브 공연의 인기는 가히 폭발적이었다. 1996년 오리지널 멤버들로 재결성된 키스는 다시 분장을 시작하고 무대 장치를 한껏 활용하는 모습을 보이며 전 세계 투어에 돌입, 인기몰이에 성공해 노장 밴드의 진면목을 보였다.

자연히 식당 인테리어는 마스크를 쓴 록스타의 포스터로 도배를 했다. 실내 분위기는 압도적이다. 로큰롤 축제 야외 공연에서 남은 여운을 그대로 가져와 파워급 에너지를 충전시킨다.

진 시몬스는 영국 클래식 음악학교에 가서 록에 거부감이 있는 아이들에게 밴드 그룹을 결성해주는 리얼리티 TV 다큐 프로그램 록스쿨에서 또 다른 모습을 보여주기도 했다. 그는 그룹 키스를 결성하기 전에는 역사 교사였다. 교사를 했던 가장 큰 이유는 '무대에 설 수 있기 때문'이라고 한다.

인생은 변화한다. 록 가수는 식당을 창업했고 CEO 스타가 경영하는 레스토랑은 계속 고공행진 중이다. 그는 항상 패밀리 식당을 오픈하는 게 꿈이었다고 한다. 가족들이 다함께 모여 뜨거운 화덕에서 구운 피자 한판을 나눠 먹으며 그들의 음악을 즐기는 모습을 상상했고 그것을 실현한 게 멋있다고 오픈 인터뷰에서 말했다.

록앤브루 레스토랑의 자랑은 수제 햄버거와 피시&칩스, 감자튀김과 맥주다. 한 접시 추가로 주문하면 웨이터들이 "Rock & Roll All Nite"을 열창한다. 아기를 위한 키스의 자장가를 들으며 맥주 양조장 마니아들은 '이제는 잠자리에 들 시간'으로 화답한다. 그리고 마지막 원샷으로 갈증을 잠재운다.

음악도, 맥주도, 음식도 '장인'의 경지에 다다르면 누구의 가슴에서나 촉촉이 스며들고 녹아드는 예술이 된다. 록앤브루에서는 록의 거장들, 레코드 콜렉터들과의 조우를 기대해도 좋다. 제임스 딘, 메릴린 먼로, 엘비스 프레슬리의 사진과 브로마이드를 모으는 Rock'n Roll 마니아 옆자리에 앉으면 모르는 사람들끼리도 음악에 대한 이야기로 날밤을 새운다.

음식값으로 $7~$18 정도 투자해 오감이 풍요로워지니 나를 위한 카니발이 따로 없다. 록앤브루는 단순한 유행으로 지나갈 식당이 아니다. 식품생물공학을 전공한 학생들이 발효공학 강의를 통해 배운 양조 맥주에 관심을 갖고 찾아오기도 한다. 청춘들이 록과 맥주를 열창하고 즐기는 한 록앤브루 스타일은 오래 지속될 것이다.

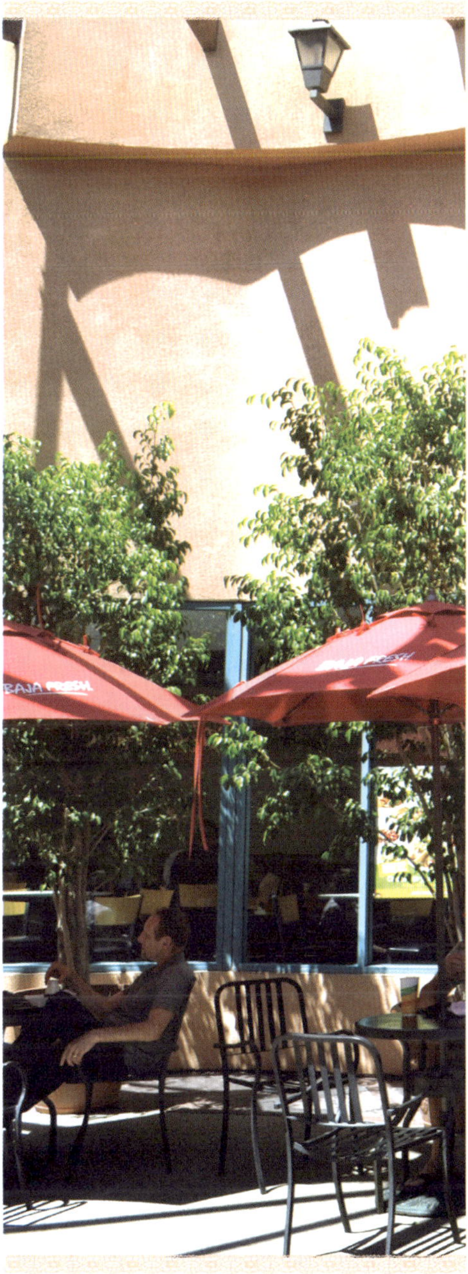


만만하고 가벼운
점심식당이지만
재료의 신선도를
최우선으로 여기는
프랜차이즈 멕시코 식당

04

## 성공 노하우를 배우자

# BAJA FRESH

바하 프레시

❶ **ADD...** 8495 W 3rd St Los Angeles, CA 90048
**TEL...** 310-659-9500
❷ **ADD...** 5757 Wilshire Blvd #103 Los Angeles, CA 90065
**TEL...** 323-549-9080
**WEB...** www.bajafresh.com
**MENU...** Burritos, Tacos&Taquitos, Salads *$6.99~$14.99*

4계절 뜨거운 도시 로스앤젤레스와 가장 잘 어울리는 프랜차이즈 식당 바하 프레시BAJA FRESH에 들어가면 말할 수 없이 상쾌하다. 바하 프레시는 신선한 캘리포니아 반도라는 뜻이다. 이름 참 잘 지었다. 인테리어도 청신하다. 초록색과 붉은색의 조합이 하얀 벽과 깨끗한 키친, 청결한 살사 테이블에서 잘 전달된다. 한번 들어오면 시원해서 나가기가 싫다.

만만하고 가벼운 점심식당으로 샐러리맨들이 1위로 뽑은 이곳에서 $7~$11에 다이어트 런치를 먹고 나면 몸을 새롭게 재정비, 리폼Reform한 느낌이어서 내일 다시 또 오고 싶다. 마음에서 머리까지 미국인들이 자주 표현하는 리프레시Refresh! 상긋한 바람이 스쳐가며 경쾌한 리듬이 춤춘다.

바하 프레시는 미국 내 가장 인기 있는 TV 리얼리티 쇼 〈언더커버 보스 Undercover Boss(평범한 사람으로 변장한 보스라는 뜻으로 회사 대표가 일반인으로 변장해 출연하는 프로그램)〉에 등장해 더욱 가까워졌다.

CBS에서 오랫동안 인기몰이를 한 언더커버 보스에는 MGM Grand, NASCAR, Subway 등의 유명 CEO가 출연했다. 바하 프레시로 성공한 한국인 김욱진 CEO도 이 프로그램에 출연해 스타가 되었다. 스크린 속으로 들어가 보자.

그는 누구보다 먼저 출근한다. 주방 바닥 청소, 막힌 화장실 뚫기 등 시키는 대로 온갖 일을 하며 일하는 모습이 눈물겹다. 계산원으로 일하다가 너무 늦어져서 손님들에게 한 명 한 명 돌아가며 사과하는 장면도 보인다. 빨간 종업원 티셔츠를 입고 뿔테안경을 쓰고 턱 수염을 붙여 변장한 대표 김욱진을 동료들은 아무도 못 알아본다.

방송에 출연한 바하 프레시에서 일하는 매니저들 대부분은 이민 온 가정의 자녀다. 멕시코, 필리핀, 요르단 등에서 온 이들은 모두 자신만의 가난한 스토리를 가지고 지금보다 나은 삶을 위해 열심히 일한다. 그 모습은 김욱진 사장의 청춘 시절과 똑같이 닮았다. 이런 부분이 그의 마음을 움직인다. 엔딩부분이 무척 감동적인데, 자신이 일하는 동안 눈여겨본 인재들을 발견해 큰 선물을 준다. 장학금을 수여하기도 하고 자신의 사업을 경영하는 것이 꿈이라고 말한 직원에게는 라스베이거스 지점 매니저의 역할을 맡겼다.

생각지 못한 깜짝 선물을 받고 직원이 울기 시작했다. 그를 얼싸안고 등을 두드려주며 격려하는 김 사장은 자신의 20살 모습을 보는 것 같다고 말한다. 시청자들도 따라 울었다. 사장이 스파이처럼 매장에 진입해 좌충우돌 해프닝을 벌인 콘텐츠가 불황에 빠져 직장을 졸지에 잃은 미국인들에게 진한 감동을 전했다.

김 사장은 매니저가 된 직원의 가족들을 만나는 자리에서 "아들 교육을 참 잘 시켰다."고 어머니께 칭찬했다. 이 장면에서 모든 엄마들이 또 따라 울었다. 미국 사람들은 이 프로그램을 보면서 바하 프레시를 더욱더 사랑하게 되었으며 이런 스토리텔링을 자랑스러워하는 바하 프레시는 400개가 넘는 프랜차이즈로 고속 성장한다.

그는 종업원들과 애환을 나누면서 그들에게 희망을 주려 했지만 끝나고 나올 때는 자신이 직원들에게서 '무한한 희망을 선물 받았다'고 울먹였다. 더불어 함께 일하는 직원으로서 똑똑한 사람보다 신의를 지키는 믿을 수 있는 사람이 훨씬 더 소중하다고 강조한다.

이 프로그램의 하이라이트는 보통 사람들이 꿈을 잃지 않고 성실하게 일하면 반드시 보상받는 장면이다. 시청자들은 큰 용기를 얻었다. 체인점 직원들이

주인정신을 가지고 헌신적으로 프로페셔널하게 일하는 점도 배울 점이다.

　식당은 무엇보다 청결유지가 제일 중요하다. 김 사장은 직접 화장실 점검도 자주 한다. 손님들이 무엇이 필요한지 눈여겨 살펴본다. 고객 한 사람이라도 불편하지 않도록 세심하게 신경 쓰고 배려한다. 김 사장은 매일 음식 보관 서랍을 열고 상한 재료가 없나 일일이 살펴보고 화장실 휴지 체크도 솔선수범한다.

　인스턴트 햄버거에 빠진 캘리포니아 사람들의 라이프 스타일을 프레시하게 바꿔 놓은 멕시코 음식점 바하 프레시! 과연 얼마만큼 신선도가 높을까?

　바하 프레시 각 지점은 요리한 지 5분이 지난 음식은 버릴 만큼 신선도 유지에 많은 노력을 기울인다. 깡통식품, 화학조미료 MSG, 맛의 신선도를 떨어뜨리는 전자레인지를 사용하지 않는다. '주문받으면 5분 내에 완성한다', '손님이 떠날 때 다시 오고 싶도록 해야 한다'는 것이 바하 프레시의 모토다.

　고객을 위한 행사도 자주 개최한다. 부리토($1.99) 데이Burrito Day도 있고 코로나 맥주, 마가리타 등 주류를 파는 매장도 있다. 먹는 순간의 기쁨을 만족시켜주는 바하 프레시는 끝없이 노력하는 식당이다. 김 사장은 바하 프레시뿐만 아니라 라 살사 프레시 멕시칸 그릴, 스위트 팩토리, 시너본 베이커리 등 7개 레스토랑 체인을 갖고 있다.

　바하 프레시의 농장에서 방금 도착한 싱싱한 재료로 만든 음식들은 다양한 풍미가 있고 각 메뉴는 500칼로리가 넘지 않는다고 일일이 표시해 놓았다. 캐주얼한 분위기에서 멕시코 음식을 즐기다 보면 잠시 아카폴코나 칸쿤 해변에 다녀온 느낌이다. 살사 바에서는 아보카도 소스와 매운 고추를 맘껏 갖다 먹을 수 있다.

바하 프레시 김욱진 회장의 성공 스토리는 KBS 1TV 〈글로벌 성공시대〉에도 소개되었다. 김 회장의 이야기는 이렇게 시작한다.

한국인의 DNA와 글로벌 감각이 빚어낸 성공 스토리! 벼룩시장에서 팽이 팔던 소년, 멕시칸 푸드왕이 되다! 미국인들의 심금을 울린 한국인 CEO 미국 최고의 멕시칸 푸드 프랜차이즈 '바하 프레시'의 김욱진 회장을 만나다.

2011년 7월 23일 방송 편에서 들려준 김욱진의 어록을 수첩에 옮겨본다.

"아직 성공을 이룩했다고 생각하지 않아요. 계속 이뤄나가는 것, 이게 성공입니다. 게으르지 말고, 열심히 일해야 합니다. 극복하지 못할 실패는 없어요. 망하지 않으려면 무조건 허리띠를 졸라야지요."

"Never give up! 절대 포기하지 마십시오! 저는 무슨 일이 있어도 포기 안 하고 아무리 실패를 해도 내일은 하루가 더 있으니까 다시 시작합니다."

"저 같은 스타일의 CEO는 미쳤다고 그럽니다. 한번 집중을 하게 되면 옆에 있는 게 들리지가 않고 보이지가 않습니다."

그가 소유한 레스토랑을 보고 사람들은 '타코의 King'이라고 부르지만 사실 그는 턴어라운드Turnaround(기업회생) 전문가다. 망해가는 회사를 인수해 흑자를 내고 기업 가치를 끌어올리는 실전형 CEO를 말한다.

1990년 창업한 바하 프레시는 미국 레스토랑 체인 계의 거인 웬디스가 2002년 2억 7,500만 달러(약 2,940억 원)에 사들였다. 하지만 웬디스가 인수한 이후 바하 프레시의 매출은 계속 떨어졌고, 결국 4년 뒤 웬디스는 김 사장이 이끄는 컨소시엄에 단 3,100만 달러(약 330억 원)를 받고 팔았다.

 소문난 LA 맛집 들여다보기

현재 캘리포니아를 중심으로 치폴레Chipotle와 함께 대대적인 성공을 거둔 멕시코 프랜차이즈 바하 프레시는 맥도널드 같은 이미 조합된 인스턴트 음식이 아니라 모든 것을 생생하게 준비해서 그날 파는, 항상 신선한 재료만을 이용해서 만드는 식당이다. 바하 프레시의 최대 강점은 가격도 부담 없고 맛있는 재료가 살아 있어 건강한 음식이란 이미지다.

그가 젊은 나이에 비즈니스의 귀재가 된 것은 일찍 비즈니스를 시작했기 때문이다. 볼리비아, 파라과이 대사를 지낸 부모를 따라 12세의 나이에 미국에 이민 온 그는 14세이던 어느 날 새벽 장사를 나가는 부모를 따라 애너하임의 벼룩시장에 도착했다. 그곳에서 장난감을 파는 부모의 모습을 보면서 눈물을 흘렸고, 그날 하루 종일 시장 바닥에서 팽이를 돌리며 $132를 벌었다. 그는 "그때 그 돈은 나에게 너무 컸고 눈물이 났다."고 말하며 그날을 떠올린다.

그는 그날부터 학교가 끝나면 아르바이트를 했고, 주말에는 장사를 했다. 고등학교 때 인도네시아 부자 친구와 함께 집을 뜯어 고쳐 새로 파는 사업도 했다. 그는 "캄캄할 때 집에서 나오고 들어갔던 기억밖에 없다."며 "안 해본 일이 없고, 그래서 내겐 사춘기가 없었다."고 말했다. 캘 스테이트 풀러튼 California State University, Fullerton 경제학과에 입학했지만 실제 비즈니스 대신 이론만 가르치는 교수들을 보고 3학년 때 자퇴했다. 김 사장은 "내가 보고 경험한 것과 완전히 딴판이어서 견딜 수 없었다."고 회상한다.

그는 꽃 소매상, 비디오 대여 체인, 개인 비행기 운영회사, 부동산 개발업 등 30여 가지 비즈니스를 하다 마침내 미국 유명 레스토랑 '데니스'를 동양인 최초, 최연소로 오픈하며 외식업계에 화려하게 등장한다. 하지만 오픈만 하면 장사가 잘 될 거란 기대와 달리 음식장사는 쉽지 않았다. 그동안 모은 돈을 모

청색과 붉은빛이 조합된 청신한 인테리어의 바하 프레시. 맥도날드 같은 이미 조합된 인스턴트 음식이 아니라 방금 도착한 싱싱한 재료로 만드는 멕시코 음식을 맛볼 수 있다. 만든 지 5분이 지난 음식은 버릴 만큼 신선도 유지에 노력을 기울인다.

조리 쏟아 부은 사업이 휘청거리고 빚더미에 앉자 그는 죽을 생각까지 하게 되었다.

하지만 힘들 때마다 자신을 믿고 지지해 준 부모님의 도움으로 김욱진 CEO는 포기하지 않고, 다시 시작하기로 마음먹었다. 그는 다양한 M&A를 통해 11개 계열사의 최고 경영자가 되었다. 대학 졸업장보다 사회에서의 경험이 그에게 큰 열매를 안겨준 것이다.

김 사장은 회사를 인수하자마자 회계·구매·판매·인사 시스템을 모두 바꿨다. "쓰러져가는 회사를 바꿀 때 가장 중요한 것은 속도입니다. 빠르게 진행하지 않으면 나태해지죠."

그는 '망해가는 회사에서도 매출은 일어나는데, 결국 비용 관리가 안 돼 앞으로 남고 뒤로 밑진다'며 '안 되는 회사에선 직원들이 출장 가서 5성급 호텔에 머물면서도 회사 일은 등한시하는 등 썩은 기업문화가 드러난다'고 날카롭게 지적했다.

LA에서는 김 사장을 초빙, 프랜차이즈 경영 세미나를 자주 개최한다. 이민 2세들이 그에게 큰 꿈을 갖고 도전하는 정신을 배우고 싶어 하면 아무리 바빠도 달려간다. 대학 강의실을 찾아가 마케팅 전략을 알려주고 미국사회를 헤쳐나가는 지혜와 용기를 얻는 데 도움이 되기를 바라는 마음으로 『이그나이트 (Ignite)』 비즈니스 안내서까지도 펴냈다. 이 책은 제목(불을 붙인다는 뜻) 그대로 젊은이들의 창업에 불을 붙이는 참고서 역할을 톡톡히 한다.


그가 강조하는 성공은 돈이 아니다. 함께 일하는 동료들의 신뢰와 믿음을 얻고, 가족을 책임지는 행복한 가장이 되는 것에 성공 포커스를 맞춘다. 돈 버는 것보다 사람을 먼저 생각하는 휴먼기업이 된 바하 프레시는 김욱진 사장의 열정으로 밝고 깨끗한 환경에서 기분 좋게 일한다. 자연히 고객들에게 최선의 서비스를 진심으로 제공한다.

바하 프레시로 성공한 자랑스러운 한국인 김욱진 CEO를 보면 어려서부터 빈손으로 출발해 재벌이 된 미국 백만장자들이 떠오른다. 그들은 대부분 기초부터 발판을 튼튼하게 다졌다. 14살에 팽이를 팔던 소년과 12살에 '델 스탬프'란 회사를 만들어 우표를 판 컴퓨터 회사 창업자 마이클 델의 첫 발걸음이 닮았다.

그들은 사춘기 시절에도 오로지 관심사는 Money! 돈 버는 방법뿐이었으니 또래의 친구들이 아버지의 자동차를 빌려 타고 여학생과 영화관에 갈 때 $1의 귀중함과 돈 벌기의 어려움을 체득했다. 그들은 돈에 모든 관심을 집중하고 그를 위해 전력투구한다. 그것이 그의 성공 비결이다. 지금 현실이 답답한 사람은 그의 좌우명 Never give up!을 생각해보자. 윈스턴 처칠의 짧지만 명확한 외침. 네버 기브 업! 실패 앞에서 주저앉으면 성공은 결코 오지 않는다.

## 코리안 퓨전 타코, 칼비 트럭

최근 새로운 맛, 색다른 맛을 찾는 푸드 트렌드에서 한식이 부각되고 있다. 바하 프레시는 안옥주 씨가 창업한 칼비 트럭에도 합자했다. 다른 프랜차이즈에 비해 소자본으로 창업이 가능한 점이 칼비 트럭의 매력이다. 칼비 트럭에서는 한국 고유의 떡갈비, 햄버거, 갈비살, 김치 양념 등 한식 재료로 만든 타코, 부리토, 케사디아 등을 판매한다. 코리안 퓨전 타코 칼비 트럭은 바하 프레시와 함께 내추럴 콘셉트로 아메리카 대륙을 맘껏 달려간다. (www.calbi.com)

★ 참고자료 : 글로벌 성공시대 '경제 한류'의 주인공들

프렌치 쿠킹법과

캘리포니아 식재료를

미식에 결합한

로스앤젤레스의 새로운

식당 랜드마크

**05**

# 아침 미소가 예쁜 톱모델 브런치

# FOODLAB

### 푸드랩

**ADD...** 7253 Santa Monica Blvd West Hollywood, CA 90046

**TEL...** 323-851-7120

**WEB...** www.foodlabcatering.com

**HOURS...** Mon~Sun 8am~8pm

**MENU...**

Breakfast Belgian Waffle *$8.00*

Fresh Organic Fruit Salad *$4.00*

Organic European Style Yogurt&Berries *$6.00*

Paris Ham&Gruyere Sandwich *$7.50*

Smoked Salmon *$12.00*

Organic Turkey Breast *$9.75*

Austrian Meatloaf *$10.50*

Chicken Arugula Salad *$12.00*

Crispy Prosciutto &Fig Salad *$13.00*

Fresh Juices *$4.00*

귀리, 과일, 건포도 등 이곳의 메뉴와 재료들은 다른 전문 요리사들의 오가닉 교본이 된다. 잼과 쿠키를 진열한 컨트리풍의 선반 인테리어도 마음에 든다.

'LOVE EAT DRINK SMILE' 문구를 유리창에 새겨 넣은 Food+LAB, 푸드 랩은 LA 시크한 멋쟁이들이 찾아가는 카페 스타일의 자그마한 식당이다. 명문 꼬르동 블루(오랜 전통의 프랑스 요리학교)에서 요리수업을 받은 셰프가 만들어준 영양 수프와 향긋한 샐러드 소스, 러브사인이 우윳빛으로 퍼지는 비엔나 커피가 알프스 산마을 맛이다.

유기농 채소에 대한 싱그러움을 이야기하는 뒷마당은 가족 분위기로, 가만히 앉아 있기만 해도 푸른 물감이 스며든다. 연인들이 애견을 안고 대화에 열중하고 담쟁이 잎 파란 테이블 위에서 문자 보내기에 정신없는 싱글들은 방금 만든 야채 주스로 몸속 독소를 청소한다.


〈뉴욕 타임스〉에서는 'Food+Lab=health&happiness meet taste', 즉 '건강과 행복이 맛을 만나는 연구소'라고 2번이나 소개했다. LA에 가면 잊지 말아야 할 장소라는 매스컴 기사를 읽으면 절로 미소가 번진다. 뉴요커들이 좋아하는 카페에 앉아 특별한 아침을 맞이한 기쁨!

1981년부터 Gourmet Breakfast를 유행시켜 로스앤젤레스의 새로운 식당 랜드마크로 자리 잡은 푸드 랩의 창업주 에스더Esther는 패션, 영화계에서 활약한 미모의 요리 스타다. 그녀는 열정적으로 프렌치 쿠킹법과 캘리포니아 식재료를 미식에 결합했다. 더불어 창조적인 이벤트를 진행해 내로라하는 할리우드 가든 파티에서 박수갈채를 수없이 받았다. 에스더와 함께 푸드 랩을 운영하는 이는 그녀의 아들 니노Nino다. 니노는 레스토랑 산업의 부흥기를 예견하고 코넬 대학에서 호텔 비즈니스를 공부했다.


유러피안 요리와 클래식 카푸치노, 신선한 녹즙이 이 집의 명물이며 베이글

훈제 연어는 자가트ZAGAT에서 '장인이 만든 샌드위치'라는 칭호를 수여했다. 잼, 쿠키를 진열한 선반은 컨트리풍이고, 딘&델루카Dean&Deluca(고급 식재료업체)와 손잡은 에스더는 비타민 듬뿍 든 샌드위치 요리책을 집필 중이다.

발사믹 아티초크Artichoke, 고르곤촐라Gorgonzola(이탈리아의 대표적 블루치즈)와 살라미 소시지들은 샌드위치를 대담한 맛으로 안내한다. 올리브와 미니 오이절임의 메들리, 삶은 달걀과 말린 토마토 식감이 우수하고, 채식주의자들의 샐러드, 바질과 함께 볶은 채소 모두가 각각 한 접시에서 오묘한 조화를 연출한다.


세련미를 과시하지 않는 수수한 인테리어도 맘에 든다. 오픈 부엌 유리 진열대 위에는 예술을 가미했다지만 보기엔 더할 나위 없이 소탈한 음식들이 편안히 숨 쉬고 있다.

피크닉을 위한 런치 바구니($20~)가 인기를 끌면서 엔터테인먼트회사에서 대량 주문이 쏟아졌다는 뉴스도 흥미 있다. 애인에게 선물하고 싶어지는 소담한 도시락이다.

텔레비전에서 방영한 에스더의 '음식으로 에너지 회복' 강연은 유명하다. 그녀는 항상 몸에 좋은 음식을 '먹고 사랑하고 웃으며 인생을 즐기라'고 강조한다.

LOVE EAT DRINK SMILE을 보장하는 Food+Lab Cafe. 한번 가면 흠뻑 정드는 작은 마당 테라스가 뜰 안의 행복을 안겨준다. 전문 요리사들은 이 카페의 메뉴를 오가닉 교본으로 삼는다. 귀리, 과일, 건포도, 우유와 혼합한 크림 너트, 디저트, 수제 치즈로 맛을 낸 음식들 하나하나 다 생글생글하다.

## 06
### 여행에서 배운 레시피

# Susan Feniger's STREET

수잔 페니거의 스트리트

**ADD...** 742 N Highland Ave Los Angeles, CA 90038
**TEL...** 323-203-0500
**WEB...** eatatstreet.com
**HOURS...** Mon~Thu 5pm~11pm,
Fri 12pm(noon)~3pm/5pm~12am(midnight),
Sat&Sun 11am~3pm/5pm~11pm

수잔의 스트리트에
서 맛볼 수 있는 카
야 토스트는 마치 우
리나라 길거리 포장
마차에서 파는 계란
토스트와 비슷하다.
달걀 프라이 위에 새
콤한 폰즈소스가 별
미다.

셰프들의 로망은 멋진 레스토랑을 갖는 것과 요리책을 출판하는 것이다. 친애하는 팬들과 좀 더 가까이 다가가기 위한 가교로 톱스타 요리사 수잔 페니거 Susan Feniger의 스트리트STREET는 할리우드 길 위에서 손님맞이를 한다.

여행을 많이 다니면 여행작가, 사진작가가 되고 요리사도 된다. 그 대표적인 예가 수잔이다. 그녀는 여행지에서 많이 먹어본 길거리 음식에서 영감을 얻어 레스토랑을 오픈했다. 그리고 간판에 식당 이름을 'STREET'라고 새겼다. 영화 같은 이야기다.

수잔은 스페인, 프랑스, 로마, 피렌체, 터키, 인도, 중국, 일본, 남미를 수시로 여행하며 그 지역의 향신료와 식문화에 매료되었다. 시장 좌판에서 맛본 음식이 맛있으면 집까지 따라가 만드는 법을 배우는 바람에 그녀에게는 'Passion Susan'이란 애칭이 따라다닌다. 길 위의 산천초목 재료들을 수집하고 기록한 여행 레시피 노트는 한 권의 책이 되고 꿈꾸던 식당까지 창업했다. 그래서 그런지 스트리트의 실내 장치는 뒷골목 포장마차처럼 오렌지 비닐창도 있고 어두운 다락방도 있다.

포장마차에서 팔면 1,500원에 먹는 노상음식도 수잔의 스트리트에서 팔면 $10가 넘는 요리가 되고 달걀부침조차 Art Food로 달리 보인다. 사과, 호두와 메이플 시럽을 넣은 브뤼셀 콩나물 샐러드와 수잔 버거는 단순하게 달걀 프라이가 얹어 나온다. 아마도 우리나라 지하철 입구 길거리 토스트 가게에서 힌트를 얻은 듯하다. 사각 접시 위에 달걀 노른자가 탱글거리는 버거는 검은 일본 간장+폰즈소스가 일품이다.


복잡한 타국 시장에서 영감을 얻고 순박한 삶이 녹아 있는 시골 농부를 찾아가 채소의 약효를 배운 수잔의 도전도 멋있다. 낯선 오지의 부엌 바닥에 쪼그리고 앉아 농부의 아내가 절구에 찧어 만든 참깨 빵이 얼마나 맛있었나를 TV 토크쇼에서 이야기하며 생전 처음 '농사와 수확의 기쁨을 함께 경험했다'고 고백한다. 멕시코 유카탄 반도 알로에농장에서 찍은 다큐 프로그램이 소개된 이후 수잔의 '노천시장 Too Hot Tamales 농촌요리'는 대학생들의 여름 캠프 메뉴로 사랑받고 있으며, 『Susan Feniger Cookbooks』 요리책은 베스트셀러가 되었다. 제비꽃이 만발한 정원에서 요리하는 보헤미안 수잔은 채식요리의 발전을 위해 더욱 광범위하게 여행할 계획을 밝혔다.

스트리트 식당 앞에서 발레파킹을 기다리는 가로등, 램프 아래 연인의 달빛 데이트는 신윤복의 '월하정인(月下情人)'을 닮았다.

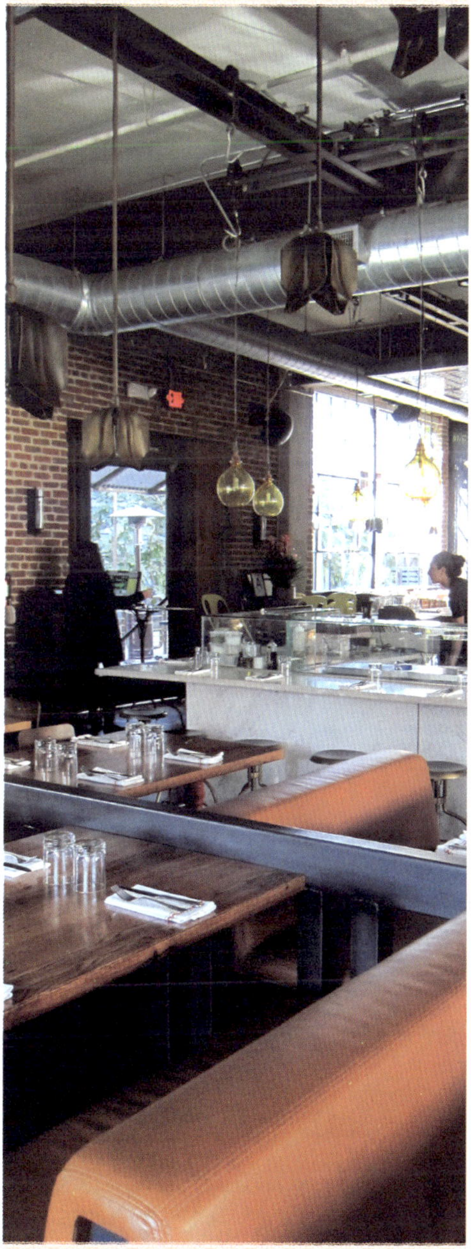

수석 요리사
오리 메나시와
파티셰 주느비에브
부부의
환상적인 결합

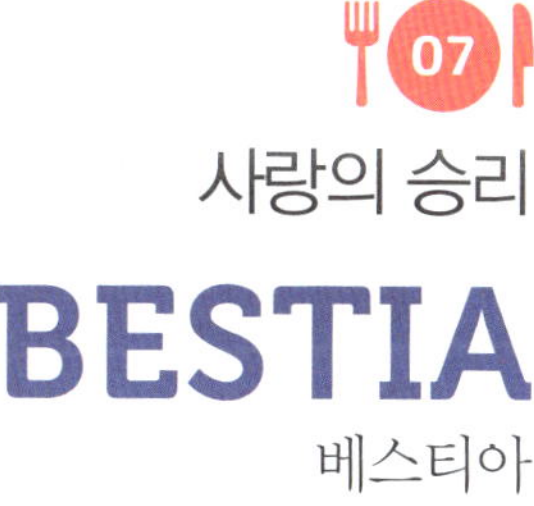

07

사랑의 승리

# BESTIA

베스티아

**ADD...** 2121 E 7th Pl Los Angeles, CA 90021
**TEL...** 213-514-5724
**WEB...** bestiala.com
**HOURS...** Mon~Thu/Sun 6pm~11pm,
Fri&Sat 6pm~12am(midnight)
**MENU...**
Grilled Cuttlefish *$16* Crispy Lamb Pancetta *$13*
Grilled Octopus&Calamari *$16*
Mussels and Clams *$15*
Sea Urchin Crudo *$24*

이곳에 오면 고급스런
음식을 통해 맛있는 신
세계를 경험할 수 있고,
붉은 벽돌 벽과 은빛
금속 파이프 천정, 오픈
키친으로 비주얼을 강
조한 수준 높은 인테리
어도 감상할 수 있다.

로스앤젤레스 다운타운에 형성된 신 예술촌 재팬타운 인근지역은 미국 매스컴이 주목하는 신예 아티스트의 산실로 레스토랑 문화도 강렬한 아우라Aura를 뿜는다. 최근 가장 핫한 장소로 뜨거운 화제를 몰고 온 베스티아BESTIA는 이탈리아어로 '짐승'이란 뜻이다. 그래서인지 Yelp 리뷰를 읽어보면 "난 베스티아에서 꽤 괜찮은 짐승남을 찾았어!"라고 일부러 코믹 코멘트를 달고 홀로 미소 짓는 싱글족이 많다. 사전 예약 없이는 좌석확보도 어렵다는 베스티아의 바Bar에는 빈틈이 없다.

이곳의 인테리어는 알루미늄, 주물, 고철 재활용 건축 장인으로 유명한 그레그 블리어Greg Bleier의 작품으로 그의 작업실 'Studio Unlimited' 이름처럼 무한공간을 느낌 있게 설계했다. 붉은 벽돌 벽과 공장에서 사용하던 골판지, 은빛 금속 파이프 천정, 오픈 키친으로 시각, 청각, 후각, 촉각, 미각을 돋보이게 하는 비주얼을 강조했다. 건축 잡지에서는 유니크한 디자인 프로젝트 특집으로 다루면서 "베스티아는 구리와 흰 대리석, 나무 테이블을 골고루 배치해 고객들이 공동체에서 더 친밀한 관계로 이끌어가도록 제작하였다."고 설명했다.

사전 지식이 없을 때는 무심코 바라볼 램프도 유심히 들여다보니 하나하나 대양의 바람을 노랗게 불어넣었고, 대롱대롱 매달린 전구 케이블 클립, 튤립 모양 펜던트, 물 주전자까지 알고 보니 모두 사랑스럽다. 꿈에 그리던 자신만의 가게를 오픈하는 청년들에게 벤치마킹의 특별한 요소를 두루두루 갖췄다.

컨테이너 슬레이트 벽은 창고를 개조한 아티스틱Artistic 감성을 살려냈고, 알래스카 킹크랩잡이 선박의 둥근 조명, 색깔 다른 걸상 도입이 독특한 러스틱 스타일Rustic style로 퇴색한 낡은 것의 아름다움이 돋보인다. 그 밖에도 앤틱 소품 배치, 아라비아 문양의 바닥재질이 모던 카페를 구상하는 창업인에게 희망

메시지를 전한다.


　수석 요리사 오리 메나시Ori Menashe와 파티셰 주느비에브Genevieve 부부의 결합은 환상적인 팀으로, 그들이 만들어내는 종잇장보다 얇은 베이컨 숙성 요리와 화덕에서 구워낸 피자, 젤라또 디저트는 '맛있는 신세계'이다. 스시 위에 얹어 백인들이 '입속에서 녹아드는 햇님 조각'이라는 찬사를 듣는 성게 알 샐러드가 매혹적이다. 오이를 길고도 얇게 저며 얼굴에만 마사지할 때 붙여보았건만 베스티아에서는 사과와 오이 슬라이스 위에 우니를 듬뿍 수놓아 마치 접시 위에 금잔화 꽃밭을 만들었다. 이 밖에도 트러플을 많이 사용하는 북부 이탈리아 요리의 진수를 맛볼 수 있으며 소꼬리 요리, 홈메이드 헤드 치즈와 찐 돼지고기 소시지, 송아지 갈비와 오징어 잉크 파스타가 입맛을 사로잡았다.


　베스티아 CEO 부부는 유대인+프랑스+이탈리아 이민자 후손으로 2014년에는 중동 음식까지 포괄하는 글로벌 식당으로 확장할 계획이며, 베스티아의 미래 청사진은 벌써부터 관심이 집중될 정도다. 이렇듯 창업을 잘하면 스타도 된다.

part 05
남과 다른
특별한
메뉴

가부키 브랜드에 대한 신뢰로
나무젓가락을 움직이는 테이블마다
고급 음식을 먹는다는
프라이드가 있는
일식 다이닝 바

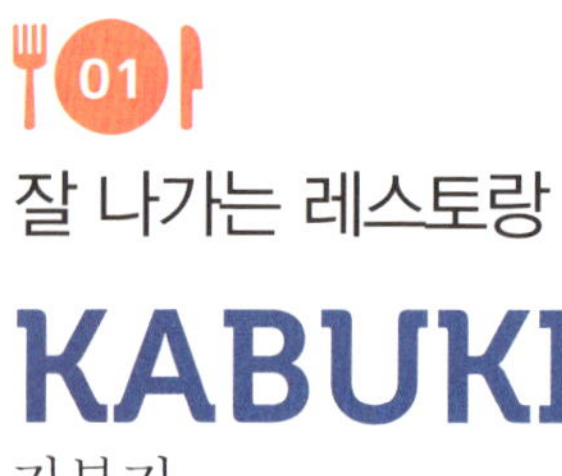

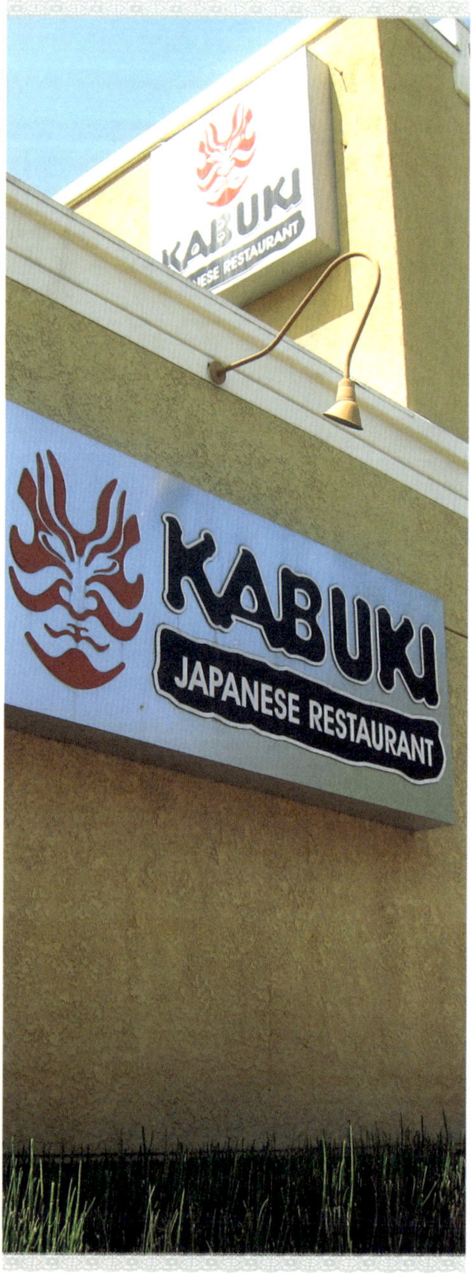

01
잘 나가는 레스토랑

# KABUKI
가부키

**ADD...** 201 N San Fernando Blvd Burbank, CA 91502
**TEL...** 818-843-7999
**WEB...** www.kabukirestaurants.com/home.asp
**HOURS...** Mon~Thu 11am~10:30pm, Fri&Sat 11am~11pm, Sun 11am~10pm
**MENU...**
Sashimi Appetizer *$9.95* Beef Tataki *$8.95*
Seafood Tempura *$15.95* Spicy Fish Bowl *$17.95*
Tuna Teriyaki *$16.95* Nabeyaki Udon *$13.95*
Sushi Deluxe *$19.95* Sushi Sashimi *$24.95*

LA 옆 백 년 고도 패서디나Pasadena에서 창업해 퓨전 일식 레스토랑의 선두주자가 된 가부키KABUKI는 스시를 일본 식에서 캘리포니아 스타일로 재창조한 일등공신이다. 내가 처음 정착한 도시가 패서디나였기에 집 근처 가부키에서 외식을 할 때마다 아보카도 듬뿍 올린 캘리포니아 맛에 길들어가며 향수를 달랜 추억이 새록새록 하다.

할리우드 거리 가부키의 첫인상은 압도적이다. 벽 전체를 에도시대 풍속도가 장악하고 있는데, 금박 사무라이 갑옷 행렬이 저마다 다른 표정과 차림새로 봉건 시대의 무사(武士)들의 생활상을 묘사하고 있다.

가부키에는 국제적인 감각으로 식도락을 이끌어가는 강력한 매혹이 있다. 사시미 코스부터 스시, 정종, 디저트 모두 일식 다이닝 바를 아우른 재패니스 퀴진 레스토랑의 색채이지만 가만히 앉아 있으면 로스앤젤레스적인 뉘앙스가 물씬하다.

크고 넓은 공간은 태평양 출렁이는 깊은 바다이며 식당 안팎에서 들려오는 작은 속삭임은 격조 있다. 유리창에 비친 푸른 색조, 한쪽 벽에 꽉 찬 사케 병들은 설치미술 전시회에 온 느낌까지 주면서 아기자기한 일본풍 식당에서 벗어나 아메리카 대륙을 옮겨 놓았다.


가부키에서는 골라 먹는 재미가 쏠쏠한 메뉴의 다양한 조합이 탁월하다. 최근에는 채식주의 트렌드에 맞춰 채식 식단까지 개발했다. 백인들이 선택하면서 '확실한 홈런'이라고 좋아하는 메뉴는 캘리포니아 롤, 달콤하고 매운 맛의 다이너마이트 롤Dynamite Roll(참치, 연어, 오이로 속을 채우고 날치알을 뿌린 롤)이고, 건강에 좋은 튜나 타르타드, 연어 카르파치오, 새우와 캐비어 등도 좋아한다.

워터크레스Watercress(물냉이)와 무순, 오이에 새콤한 맛의 유자(Yuzu), 배와 호두가 들어간 샐러드 Pear Endive, 푸아그라에 견줄 만큼 부드러운 느낌의 아귀 간(Ankimo), 가지로 속을 채운 칼라마리(오징어의 일종, Calamari stuffed eggplant), 바삭한 밥 위에 생강 맛 새우 요리(Ginger shrimp on crispy rice) 등은 모두 가부키의 혁신적인 아이디어로 빚어낸 작품들이다.

가부키 식당 입구 카운터 뒷면에는 1994년부터 음식 평론가와 자가트ZAGAT로부터 받은 베스트 레스토랑 상장을 붙여 놓았다. 럭셔리 이미지를 잘 살린 수많은 가부키 지점의 실내장치를 둘러볼수록 대표 데이비드 리David Lee가 범상치 않다.

1991년 패사디나 1호점을 열고 2013년 오픈한 어바인Irvine점을 포함, 미서부에 총 17개의 지점을 직영하며 총지휘하는 한국인인 그는 오늘날 가부키의 성공을 모두 손님에게 되돌려주는 스마트한 사람이다. 아울러 '최고 중의 최고'가 되려고 더욱 노력하겠다고 다짐한다.

이 대표의 남다른 열정은 가부키 곳곳에서 발견된다. 새 메뉴 개발, 인테리어, 사람들이 무엇을 원하는지 앞서 내다보는 미래 감각이 예리하며, 날치알, 연어알 한 알 한 알, 무채, 방어, 참치 한 점 한 점 식재료가 모두 앙상블을 이루는 조각품이다. 더불어 친절한 서빙을 하려고 진심을 쏟는다.

그가 치밀하게 경영하는 것은 3P. 즉 사람People, 인내Patience, 열정Passion이며, 식당 운영에 있어 가장 중요한 요소는 '정직'이라고 강조한다.

"좋은 사람들과 함께 일한 것이 지금 이 자리까지 올 수 있었던 비결입니다. 총 2,000명에 달하는 가부키의 모든 직원들이 주인의식을 갖고 열심히 일해 준 것이 가부키가 성공할 수 있었던 원동력이지요."

KABUKI
JAPANESE RESTAURANT

사람에 대한 믿음 없이 식당은 성공하기 어렵다. 이 대표는 식재료의 '맛'을 살리는 일본음식의 특징을 살리기 위해 정통 일식을 제대로 보여주는 일본인 수석 요리사를 고용했으며 매년 바뀌는 음식 트렌드에 맞춰 10~15개의 새로운 메뉴를 개발한다. 또 바쁜 스케줄 틈틈이 일 년에 두세 차례는 꼭 일본을 방문한다.

연세대학교 기계공학과를 졸업, 1982년 미국으로 건너와 LA 로욜라 메리마운트 대학에서 엔지니어링 석사학위를 취득한 그는 리비 글래스라는 회사에서 4년간 직장생활을 할 때까지만 해도 레스토랑 사업과 전혀 무관했지만, 서울 종로 4가에서 일식집을 운영한 부친의 영향으로 레스토랑에 대한 관심을 되살려 칼 폴리 포모나 대학에서 호텔경영학을 다시 공부, 1989년 MBA를 땄다.

1호점을 오픈했을 당시만 해도 값비싼 고급 메뉴로 인식됐던 스시를 비롯한 일식을 합리적인 가격으로 대중화하는 데 성공한 가부키는 최근에는 기부에도 앞장서 악성 수아종 환자인 잭슨 파이로군을 후원하고 있다.


말이 쉽지 글로벌 창업으로 성공하기란 하늘의 별 따기만큼 어렵다. 청년 창업은 실패해도 일어날 확률이 높고 실패에서 많은 것을 배우지만 중년 나이에 창업은 자칫하면 빛 좋은 개살구가 되기 쉽다. 이런 창업 전쟁에서 그가 성공한 요인은 치밀한 분석력이다.

그는 장소 선정을 위해 철두철미 사전 답사를 한다. 장소 선택의 첫 번째 포인트는 '주말, 점심, 저녁 매상이 균형을 이룰 수 있는 곳'이다. 두 번째는 '엔터테인먼트 공간에 위치'해야 한다는 것이다. '물고기를 잡기 위해서는 항상 물고기가 있는 곳에 그물을 던져야 한다'는 평범한 진리에다 고객을 영화의 관객으로 보는 그의 안목 때문이다. 그는 "영화감독이 자신이 만든 영화에 대한 관객들의 반응에 관심을 갖는 것처럼 새 매장을 오픈하고 새 메뉴를 개발할 때마다 고객 반응에 긴장되고, 그때의 찡한 메아리를 잊을 수 없다."고 인터뷰에서 말했다. 그는 또한 매상이 기장 좋은 렌초쿠가몽가 매징을 오픈할 때 헬리콥터를 타고 하늘에서 쇼핑몰의 전체 모습을 둘러봐 주위를 놀라게 했다.

가부키는 탁월한 경영 전략이 최대 강점이다. 총주방장인 마사 쿠리아라 씨는 항상 기본으로 돌아가자(Back to Basic)고 주장하며 긴장을 늦추지 않는다. 자극적이기보다는 담백한 음식을 추구하며, 초심을 잃지 않는다.

가부키는 시장조사업체 테크노믹의 '2013 Top500 체인 레스토랑'에서 일식당 중 매장당 매출에서 3위를 기록했다. 노부(1위)와 베니하나(2위) 다음이다. 17개 매장이 전부 직영체제로 총 매출은 6,000만 달러에 달한다. 이런 이 사장의 성공 비결을 무엇일까? 미주 신문 인터뷰 기사를 요약해본다.

"내 꿈은 돈 버는 건 아니다. 건강한 음식을 고객들에게 서비스하는 것이다."

"고객은 영리하다. 좋은 재료를 쓰면 금방 알아챈다. 화장실 한 번 더 청소하고 테이블 한 번 더 닦았는지 고객이 먼저 알아본다."

"고객들에게 좋은 다이닝 익스피리언스Dining Experience를 주기 위해서는 그만큼 투자가 필요하다. 인테리어만 해도 매장마다 그 주제를 달리한다. 헌팅턴 비치 매장은 서핑하는 사람들이 많아서 '웨이브'를 주제로 했고, 랜초쿠카몽가는 오리가미(일본 종이접기)를, 할리우드는 도시적인 느낌을 주제로 했다."

"총괄 셰프들과 함께 메뉴를 개발한다. 현재 250가지의 메뉴를 선보이고 있다. 2007년에는 식당 매거진에서 뽑은 키즈 메뉴 베스트에 뽑히는 등 메뉴 개발에 많은 투자를 하는 편이다."

캘리포니아 롤과 다이너
마이트 롤이 확실한 인기
메뉴이고 참치, 연어, 튜
나, 새우 등 건강에 좋은
음식들이 즐비하다. 가부
키의 성공 요인은 적절한
가격과 신선한 재료들이
라 할 수 있다.

"본사는 마케팅, 회계, 그래픽 디자인 등 부서가 세분화되어 있다. 매장 직원까지 합치면 총 2,000명 정도가 된다. 매장마다 4~5명 정도의 매니저를 두고 있다. 매니저를 많이 두면 인건비가 많이 나갈 수는 있지만 아무래도 책임감 있는 직원들이 많으면 더 원활하게 매장을 관리할 수 있다."

"삼성 반도체에 친한 친구가 있는데 그 친구가 하는 말이 삼성의 채용 철학은 '의심스러우면 채용하지 말고 한번 채용하면 믿어라'라는 것이라고 하더라. 좋은 말이다. 그만큼 신중하게 뽑는 것이 중요하다. 또한, 오랫동안 일한 사람들을 선호한다."

"요즘 곳곳에서 한식이 뜨고 있다는 얘기가 들린다. 하지만 한식이 세계화되기 위해서는 해결해야 할 과제가 있다. 먼저, 좀 더 확실한 '대표선수(메뉴)'가 필요하다. 이탈리아 하면 피자, 멕시코 하면 타코를 얘기하듯 한식도 확실한 대표선수를 정해야 한다. 또한 공유(Share)하는 문화도 개선되어야 한다. 아직도 김치찌개를 나눠서 서빙하는 한식당은 많지 않다."

– 미주 한국일보, 중앙일보 인터뷰 기사에서

### ★ 가부키 성공 요인

❶ 캐주얼 다이닝이라는 콘셉트로 퓨전 일식을 선보이며 보통 일식당보다 대폭 가격을 낮춰 부담 없이 찾을 수 있도록 배려했다. 하루에 판매하는 캘리포니아 롤이 200~300개에 이를 만큼 판매량이 많다 보니 재료들이 신선할 수밖에 없다.

❷ 해피아워 Sushi 1/2 price에서 히트를 쳤다. 한 오더에 $3.50~$5.95인 스시를 반값인 $1.75~$3.48에 파니 '베스트 스시 인 타운'이라고 로컬신문에서 대서특필해 준다. 광고 효과가 엄청나다.

❸ 전 매장 직영체제로 품질과 서비스, 위생이 일원화되어 있고, 새로운 메뉴 개발, 퀄리티 컨트롤이 이루어진다.

세 가지 단순 메뉴로

홈런을 날린

유기농, 저열량, 자연주의

멕시칸 푸드

프랜차이즈

02

## 하이 퀄리티 멕시칸 푸드

# Chipotle 치폴레

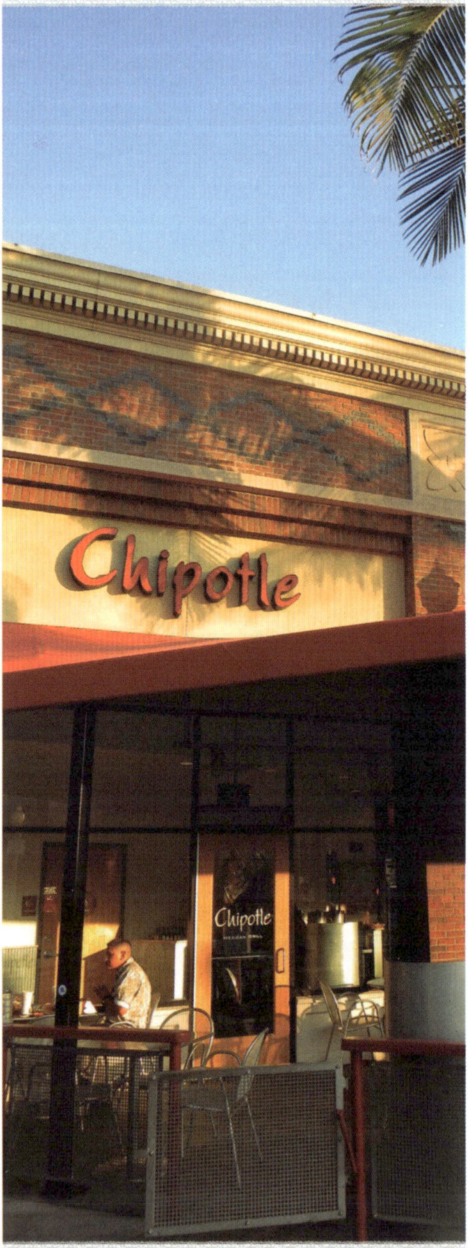


❶ **ADD...** 1077 Broxton Ave Los Angeles, CA 90024 **TEL...** 310-824-4180

❷ **ADD...** 3748 S Figueroa St Los Angeles, CA 90007 **TEL...** 213-765-9068

❸ **ADD...** 601 W 7th St Los Angeles, CA 90017 **TEL...** 213-283-2058

❹ **ADD...** 121 N La Cienega Blvd Los Angeles, CA 90048 **TEL...** 310-855-0371

**WEB...** www.chipotle.com/en-US/Default.aspx?type=default

**HOURS...** Mon~Sun 11am~10pm daily

**MENU...** www.chipotle.com/en-us/menu/Menu.aspx

치폴레Chipotle Grill는 LA 멕시칸 패스트푸드 중에서 맛있고 건강에 좋아 인기 있다.

정형화된 타코 벨Taco Bell이나 델 타코Del Taco보디 업그레이드 된 멕시코 음식을 샤프한 공간에서 맛보는 즐거움은 멕시코시티 대학촌을 산책하는 기분이다. '치폴레'는 스페인어로 '말린 칠리페퍼'다.

치폴레는 스티브 엘스Steve Ells가 1993년 콜로라도 주의 덴버에서 처음 오픈한 멕시칸 그릴 레스토랑으로, 2013년 현재는 1,500개가 넘는 지점을 프랜차이즈가 아닌 직영으로 운영하고 있다. 정직한 음식, 'Food with Integrity'를 회사 미션으로 수행하며, 유기농 식재료를 패스트푸드에 접목시킨 참신한 브랜드이다.

이곳은 캐주얼 레스토랑이지만 패스트푸드의 문제점을 개선한 선구자이다. 순수 채식과 비만 방지 저열량 메뉴로 차별화한 치폴레는 부리토, 화이타, 타코 3가지 단순 메뉴로 홈런을 날렸다. 기존의 고칼로리 메뉴에서 완전 탈피해 집에서 부모님이 만들어준 도시락 같은 정성까지 담아준다.

치폴레에서는 부리토와 타코를 고급화된 미식(Gourmet Burritos and Tacos)이라고 설명한다. 클래식한 캐주얼의 맛! 한국인 입맛에도 잘 맞는다.


치폴레 그릴은 나홀로 창업보다는 안전한 경영, 성공 확률 높은 Quick Casual 아이디어로 강력하게 권장할 아이템이다. 매출이 고공상승하는 치폴레를 벤치마킹 해 순조로운 항해를 구상해보자.

이제 창업은 지역과 국가를 넘어 글로벌화 되고 있다. 한국에서 진짜 잘 통할 음식은 멕시코음식이라는 통계자료까지 나왔다. 우리나라와 정서적, 문화적

코드가 잘 어울린다. 패밀리 레스토랑 업계에서는 치폴레의 성공사례를 연구하는 자료까지 속속 발표될 정도로 마케팅에 새로운 지평을 열었다.

쇼윈도에 만들어 놓은 음식 재료들을 10분 안에 조합해 신선하고도 먹기 좋게 만드는 신속함과 편리함에 고객들은 좀 더 폭 넓은 선택권을 활용한다. 복잡한 메뉴의 다양함보다는 치폴레에서 추구하는 단순한 전문성이 잘 먹혔다.

핫소스, 냅킨 놓인 선반대도 늘 말끔하게 관리한다. 부리토는 알차고 푸짐해 하나를 주문해 다 못 먹을 정도로 실속 있다. 숙련된 종업원이 밀전병을 꼭꼭 여며서 솜씨 있게 잘 싸준다.


여기서 잠시 멕시코 음식 이름을 확실하게 알고 넘어가자.

부리토Burrito는 토르티야Tortilla라고 부르는 옥수수로 만든 둥근 전병 위에 콩과 고기, 치즈 등을 넣어서 만드는 멕시코 전통 요리다.

타코Taco는 옥수수 전병을 튀긴 것으로 살사소스와 곁들여 먹는다.

화이타Faghita는 토르티야에 고기 종류, 야채, 스파이시 소스를 넣어서 그릴에서 구운 음식인데, 철판 위에서 지글지글 굽는 소리와 함께 즐기는 불 맛 살아 있는 멕시코 대표 요리다. 대부분 사워크림Sour Cream, 피코데갈로Pico de gallo(토마토, 양파, 할라페뇨Jalapeno:멕시코 요리에 쓰이는 매운 고추 등을 레몬주스와 소금에 절인 것), 과카몰리Guacamole:아보카도로 만든 녹색 크림와 곁들인다.


치폴레의 부리토는 콩을 많이 넣어 구수하고, 연둣빛 영양 덩어리 리치Rich한 과카몰리는 독특한 맛으로 입맛을 살려낸다. 사워크림은 깔끔하고도 산뜻한 맛으로 멕시칸 음식의 맛을 잘 다듬어준다. 메뉴 종류가 많은 타코 벨이 서민

부리토, 화이타, 타코 세 가지 메뉴로 단순화하는 대신 고급화한 치폴레. 세련된 매장 디자인으로 미국역사건축 협회에서 상도 받았다.

적 체인점이라면 본고장 멕시코의 풍부한 맛의 깊이를 치폴레에서는 $6~$12
에 맛본다.


　건물 외관과 내부 또한 멕시코의 순박한 인심과 음식문화를 멋진 건축 공간
에서 즐길 수 있도록 섬세한 장치로 안내한다. 키친, 실내의 인테리어를 지성
미가 있는 젊음의 광장으로 특별하게 설계하였고 포스트 모더니즘 벽 그림이
장식된 내부는 최신 음악이 울려 퍼진다. 나무 의자까지도 공간 미술이다.
　첫 오픈 이후 20년이 채 안 되는 기간 동안 빠르게 성장하고 있는 패스트 캐
쥬얼Fast Casual 레스토랑 치폴레는 매장마다 각각 다른 개성적인 디자인으로 매
스컴에 오르내린다. 도시의 미적 감각을 돋보이는 데 공헌해 미국 역사건축협
회Historical and Architectural에서 상도 받았다.
　창업자 스티브 엘스Steve Ells는 Culinary Institute of America를 졸업, 샌프
란시스코 레스토랑 Star's에서 일하다가 친환경 식재료에 관심을 갖고 방목해
서 키운 목장을 찾아다니며 소, 돼지, 닭들과 수많은 대화를 나눈다. 이 장면
이 그의 공식 홈페이지에 공개되자 그를 지지하는 열혈 팬들이 뜨거운 성원을
보낸 것이 치폴레 창업 동기라고 밝혔다.


　창업 동기처럼 스티브 엘스는 최상의 품질과 맛, 신선함을 제공하고자 대자
연 목장에서 기른 고기(Naturally Raised, 인공사료를 먹이지 않고 각종 호
르몬제나 항생제를 투여하지 않은 고기)만 사용한다. 웹사이트에서 모든 채
소 생산지를 상세하게 알려주어 믿을 수 있는 기업 이미지를 구축했으며, 항
생제, 호르몬 등을 사용하지 않는 식재료로 확실하게 브랜드 포지셔닝을 하고

IZZE
CHIPS
Chipotle

있다. 치폴레는 미국인들이 과민반응을 보이는 알레르기와 글루텐* 방지에도 철저하다.

최근 치폴레는 두부 타코를 개발해 채식주의자들에게 행복한 뉴스를 전했다. 치폴레의 채식주의자를 위한 메뉴인 소프리타스Sofritas는 부리토나 타코에 두부와 칠리소스를 넣은 것으로, 가공품이 전혀 들어 있지 않다. 두부는 채식 식당에서도 큰 경쟁력을 가진 미래 메뉴다. 창업자들은 관심 갖기 바란다.

### ★ 치폴레의 성공 요인

❶ 치폴레는 초간단 키친이 비결이다. 음식 종류가 많은 집은 대부분 전문성이 부족한 것을 간파해 메뉴를 심플하게 함으로써 복잡한 것 싫어하는 젊은이들에게 폭발적으로 어필했다. 타코 벨, 델 타코 등 다른 패스트푸드점 메뉴는 보통 15가지가 넘는데 치폴레 메뉴는 Burrito, Burrito Bowl, Crispy Tacos, Soft Tacos, Salad, Chips & Guac, Kid's Menu 7가지로, 물자와 인건비 절약도 하면서 준비 과정도 간소화하였다.

❷ 착한 가격도 장점이다. 갤러리를 닮은 식당 치폴레의 순수 자연 식재료로 만든 치킨 부리토 가격이 $6.54이다.

* 글루텐은 밀이나 기타 곡류에 존재하는 불용성 단백질인데, 빵의 쫄깃함과 반죽의 걸쭉함을 만드는 성분이기도 하다. 밀가루로 만든 모든 음식, 파스타, 케이크, 비스킷 등 각종 스낵류와 샐러드 드레싱, 소시지, 맥주와 껌 등에도 들어 있다. 최근 자연식품 박람회에서는 거의 모든 밀가루 음식이 글루텐 프리이다. 미국에는 실리악병(Celiac Disease) 인구가 많은데 이 병에 걸린 사람이 밀과 보리 등을 통해 글루텐을 섭취하면 글루텐 알레르기가 나타나게 된다.

일본요리의 정갈함으로

미식가들의 혀와

감성을 녹인,

'오마카세'라는

정찬 메뉴로 유명한 곳

## LA No.1 오마카세<sup>Omakase</sup>

# MORI SUSHI

모리 스시

**ADD...** 11500 West Pico Blvd Los Angeles, CA 90064

**TEL...** 310-479-3939

**WEB...** www.morisushi.net

**HOURS...**
Mon~Fri 12pm(noon)~2:30pm/6pm~10pm,
Sat 6pm~10pm

모리 스시의 런치 오마카세는
두부로 시작하는 애피타이저
와 해산물 수프, 장어, 문어, 참
치 등 스시가 1접시씩 나오고
3조각의 사시미와 캐비어, 새
우튀김, 디저트 등 10코스가
서빙된다.

미국에서 일본요리는 1970년대 중반부터 생선이 건강에 좋다고 스시 붐을 일으켜 고급요리의 대명사로 튼튼하게 자리를 잡았다. 그중 모리 스시MORI SUSHI는 정갈함으로 미식가들의 혀와 감성을 녹인다. LA 대표 음식 20에 모리 스시 오마카세Mori Sushi Omakase가 선정되었으며, 미슐랭 별 1개를 받은 우아미가 있는 고급 레스토랑이다.

오마카세란 일본어로 '맡긴다'라는 뜻으로 셰프가 알아서 해주는 음식을 뜻한다. 즉 '주방장 맘대로' 제공하는 맞춤 정찬 메뉴다. 모리 스시의 런치 오마카세($100~$170)는 두부로 시작하는 애피타이저를 비롯해 해산물 수프, 스내퍼Snapper:도미의 일종, 장어, 고등어, 문어, 참치 줄줄이 그날의 물 좋은 스시가 1접시씩 나오고 3조각의 사시미와 캐비어, 가지조림, 새우튀김, 디저트가 10코스 서빙된다. 런치 스페셜은 $12~$25로 가볍게 식도락을 음미할 수 있다.


모리는 스시 겐처럼 기다리지 않고 복잡하지 않아 귀한 손님 접대하기에 조용하고 품위가 있다. 스포츠카를 타고 온 스타를 만나는 행운도 있다. 비싼 음식값을 제외하고는 결점이 별로 없는 담담한 식당이다.

모리의 오마카세를 먹으면서 소설『설국雪国』을 그려본다. 너무나도 유명한 첫 구절이 하얀 배꽃 디저트 위에 겹쳐진다. 〈국경의 긴 터널을 빠져나오자, 눈의 나라였다. 밤의 밑바닥이 하얘졌다.〉 이 간결한 문체는 나의 문학수업 교과서였다. 그릇에 오롯이 담긴 요리가 책 속의 문장으로 나를 끌고 가는 묘한 경험을 모리의 오마카세에서 순간순간 한다. 한 접시의 예술적 음식은 영혼의 문을 두드리는 백설의 환희다.

주방장이 내 앞에 장어 스시 한 조각을 놓아 주었다. 내 젓가락은 기름진 장어에 자동으로 옮겨간다. 이제 머릿속에서는 카프카의『변신』첫 문장이 흘러

나온다. 나 이거 먹고 뱀장어가 되는 것 아닌가?

어느 날 아침 그레고르 잠자가 불안한 꿈에서 깨어났을 때, 그는 침대 속에서 한 마리의
벌레로 변해 있는 자신의 모습을 발견했다.

– 카프카의 『변신』 중에서

장어에 이어서 새우가 도착했다. 내가 카프카의 소설 중에서 『변신』보다 더
좋아하는 『성(The castle)』의 첫 문장이다.

늦은 저녁에야 K는 도착했다. 마을은 깊이 눈에 파묻혀 있었다. 성이 있는 산은 조금도
보이지 않을뿐더러 성은 안개와 어둠에 싸여 있었다.

– 카프카의 『성』 중에서

나는 하얀 속살 위에 분홍 띠를 두른 새우를 집어 입속에 넣는다. 이제 음식
은 '그 나라의 전통을 이어주는 역사'라는 생각이 스친다. 오마카세는 아마도
이런 음식의 속성을 가장 잘 표현한 한상차림이 아닐까? 도미 한 점을 마지막
으로 음미한다. 나는 내일 아침 어쩌면 생선이 되어 있을 것이다.

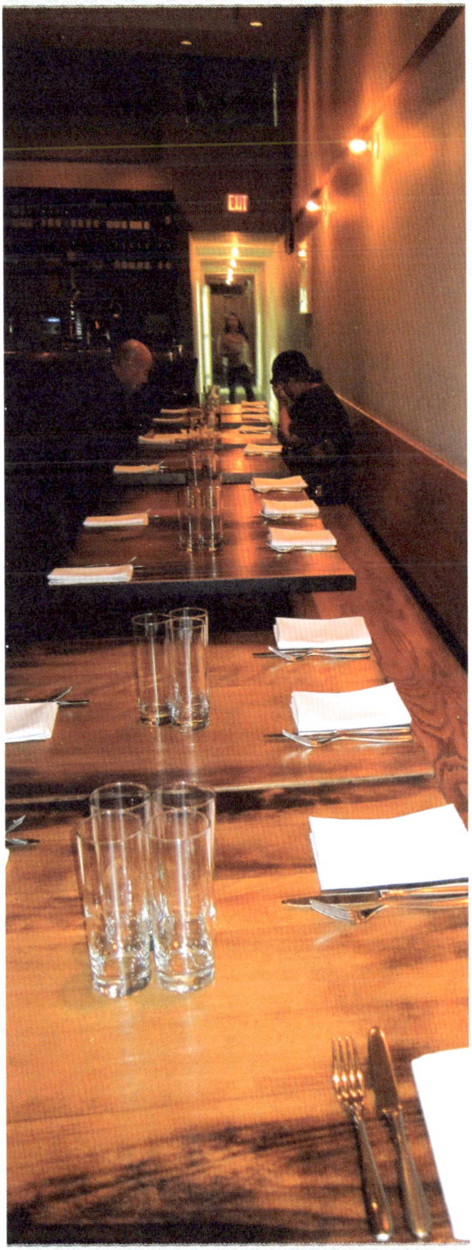

아트인가, 엽기인가?
와글와글 웃음 터지는
테이블 논쟁이 벌어진다!
기상천외 아이디어의
별난 음식점

04

# 돼지 귀, 닭 간, 토끼 다리까지!

## animal
애니멀 레스토랑

**ADD...** 435 N Fairfax Ave Los Angeles, CA 90036
**TEL...** 323- 782-9225
**WEB...** www.animalrestaurant.com
**HOURS...** Sun~Thu 6pm~11pm,
Fri&Sat 6pm~12am(midnight)
**MENU...**
chicken liver toast *$3* spicy beef tendon chip *$7*
marrow bone *$10*/pig tails "buffalo style" *$11*
crispy pig head, chow chow, 12/pig ear *$12*
veal brains *$14* shrimp & rabbit sausage curry *$14*
hamachi peanut *$15* poutine, oxtail *$18*
soft shell crab *$25* braised rabbit legs *$29*
bacon chocolate ice cream *$8*

돼지 꼬리, 돼지 머리, 송아지 두
뇌와 돼지의 얇은 귀, 닭의 간,
악어 고기, 토끼 다리 등 개성
넘치는 이곳의 음식을 맛보려면
약간의 용기가 필요할 것 같다.

LA 모던 레스토랑 애니멀animal은 스타 셰프들이 만든 기상천외한 음식을 즐기는 Fun Fun 공간이며 호기심 천국의 재미를 찾는 청춘들이 소 뼈다귀에 살포시 올라 있는 실험적인 요리를 감상하며

"이것은 아트다. 아니다. 엽기다!"

"못 먹을 줄 알았는데 특이하게 정말로 맛있다. 돼지 뱃살 튀김이 최고다."

라며 테이블 논쟁을 벌이는 웃음 터지는 공간이다.


애니멀은 2008년부터 존Jon과 비니Vinny 형제가 소박한 육류 중심 요리Rustic Meat-Centric Cooking를 지향하는 레스토랑이다. 돼지 꼬리, 바삭한 돼지 머리, 송아지 두뇌와 돼지의 얇은 귀, 닭의 간, 악어 고기, 토끼 다리가 등장하는 메뉴 구성이 개성 넘친다. 베이컨 초콜릿 바 디저트도 있고 소금과 후추를 넣은 아이스크림도 맛이 궁금하다.


고등학교 시절 플로리다 악어농장에서 워킹체험을 한 존과 비니는 일본, 아프리카, 남미 세계 각 지역을 여행하며 다른 문화권의 음식에서 아이디어를 얻었다. 그들은 지구촌 오지에서 사람들이 즐겨 먹는 유별난 음식에 단지 '모험을 조금 추가했다'고 말한다.

US 쿠킹 쇼에서 우승한 존과 비니가 동대문시장 순대가게 돼지허파와 간을 보면 방가방가! 박수 치며 반색할 것이다. 캘리포니아에서 거위 간 요리가 금지되기 전에는 그들의 푸아그라 코스 요리 $170 티켓은 완전매진이었다.

동물의 특이한 재료로 성공한 애니멀이 TV에 소개되면서 그들은 UCLA에 초대되어 Food Science 강의로 학생들의 폭발적인 인기를 구가한다.

자신들의 '꿈의 레스토랑'을 구상하기 위해 매일 새벽 4시에 일어나 LA 농산

물시장, 생선시장과 벼룩시장을 다니고, 어린 시절 할머니가 만들어 주신 음식들을 자주 변형해 보기도 했단다. 그들은 자신의 행운이 '우연한 발견'이라고 겸손하게 말하지만, 시청자들은 그 모든 것이 부지런함과 끈질긴 노력, 불타는 열정에서 태어났음을 안다.

리얼리티 쇼 〈푸드 네트워크〉에 출연한 이후 그들의 요리책은 베스트셀러가 되었고, 푸드스타일리스트는 애니멀 키친을 들여다보며 이렇게 말한다.

"여기는 동물원, 동물농장이군요. 이곳에서 경제적인 부속 재료가 신개념 요리로 재탄생되어 Slow-Cook이 조화를 이루고 있습니다."


애니멀에 다녀온 요리 블로거와 트위터리안들은 이곳 요리에 대해 와글와글 떠들썩하다.

- 돼지 귀 : 36시간 동안 삶아 칠리-라임으로 장식한 후 달걀 프라이를 얹는다.
- 소꼬리 수프 : 소꼬리 육수에 체다치즈, 감자튀김을 고명으로 장식한다.
- 악어 닭꼬치 : 악어 꼬리 고기를 얇게 썰어 두드리고 빵가루를 입혀 굽는다.


어니스트 톰슨 시튼은 오랫동안 로키 산맥에서 생활하면서 수많은 동물들을 관찰하며 『시튼 동물기』를 쓰고, 플로리다 악어농장 주변에서 자란 청년들은 희귀한 맛을 찾는 사람들을 위해 마침내 예측불허! 요리 최강자가 되었다. 환경이 인생을 좌우한다.

**05**

통돼지 요리가 있는 레스토랑

# THE GORBALS

골발스

**ADD...** 501 South Spring Street Los Angeles CA 90013
**TEL...** 213-488-3408
**WEB...** thegorbalsla.com
**HOURS...** Mon~Wed 6pm~12am(midnight), Thu~Sat 6pm~2am
**MENU...**
Nueske's bacon matzoh balls *$7*
Dry Aged Burger, onion seven ways *$15*
Confit tongue, romesco *$15*  Roast marrow *$13*
Lamb neck, creamy oats *$16*
Cucumbers, garbanzo dressing, hearts of palm *$8*
Grilled lettuce, kalamatas, feta, anchovy butter *$9*
Welsh rarebit, fried egg *$7*
Sticky toffee pudding, ice cream *$7*

골발스는 베스트 메뉴 베이
컨 말이부터 문어와 닭 모
래집, 수박과 닭 튀김, 오징
어구이가 히트 종목이다.

우리나라의 돼지 머리는 고사상에서 무사 안녕을 기원하는 제물이다. 돈을 듬뿍 벌게 하고 행운을 가져오는 '웃는 돼지'는 남대문시장 좌판 위에서 희생하는 그 순간까지도 미소 지으며 돌아가신다. 하와이에서도 통돼지구이는 웨딩 메인디시로 정중앙에 모셔 놓고 손님을 대접한다.

LA에서 돼지 머리는 핼러윈 파티에서나 보는 희귀한 존재로 골발스THE GORBALS 레스토랑에서 새끼돼지 BBQ를 통째로 선보였을 때 매스컴은 상당히 요란하고도 시끄럽게 꿀꿀거렸다. '맛있다', '재미있다', '몹쓸 짓이다', '젊은 셰프들의 놀라운 도전이다' 등 찬반이 뜨거웠다.

LA HOT 모던 셰프들의 레스토랑 애니멀animal, 골발스THE GORBALS, 레이지 옥스 캔틴LAZY OX Canteen은 엽기적 요리의 대표 삼총사다. 소의 혀, 닭 간, 돼지 머리, 돼지 꼬리, 토끼 다리 등 동물의 특수부위로 음식을 만들어 어쨌든 인기 정상에 올랐다. 부정적인 리뷰도 많지만, 그 맛을 보려는 예약은 10일이나 밀려 있다.

골발스는 베이컨 볼, 구운 브로콜리와 파, 문어와 닭 모래집, 수박과 닭 튀김, 오징어구이가 대 히트 종목이다. 특히 간장소스에 튀긴 브로콜리 튀김은 너무나 맛있어 먹으면서 '이게 진짜 브로콜리인가?' 자꾸 들여다볼 정도로 기막힌 맛이다. 목요일 밤 라이브 뮤직 쇼는 레전드를 기록한다.

골발스의 음식은 스코틀랜드와 유대인 음식이 결합한 형태이다. 글래스고Glasgow 시(市) 골발스 출신 아버지와 이스라엘 이민가족 어머니의 영향을 받은 일란 홀Ilan D Hall이 식당 홈페이지에 올린 유머 넘치는 '코믹 환상 요리여행'을 수많은 블로그들이 패러디하기도 했다.

골발스의 베스트 메뉴 베이컨 말이, 문어구이, 돼지고기 뱃살조림과 바삭한 닭꼬치, 빈대떡 스타일의 감자, 쿠스쿠스 디저트는 모두 부모님 고향, 엄마 맛에서 영감을 얻었단다.

골발스의 스타 셰프 일란 홀은 롱아일랜드에서 살던 고등학교 시절에는 생선 가게에서 아르바이트를 했고, 뉴욕 맨해튼 일본 음식점 다이쇼(大正)의 연기 자욱한 좁은 부엌에서 메추리알과 고추냉이와 오징어 닭꼬치를 구우며 실습을 했다. 그는 그때 처음 먹어본 구운 찰떡을 잊을 수 없는 일본음식으로 꼽는다.

요리사관학교 CIA(Culinary Institute of America)를 졸업하고, 더블린, 스코틀랜드, 런던, 남프랑스, 피렌체, 스페인, 세비야, 아시아를 오가며 타파스 요리를 철저하게 준비했다. 더불어 이탈리아의 로렌조 드 메디치 Apicus 프로그램에서 훈련을 받으며 동서 유럽 요리에 아시아 감각을 추가하는 분자 요리(음식의 질감과 조직, 요리 과정을 과학적으로 분석해 새로운 맛을 개발하는 요리법)를 추구했기에 그의 요리들은 LA에서 또 다른 신천지를 열었다.

〈Top Chef 시즌2(요리 계의 스타가 될 새로운 요리사를 선발하는 미국 프로그램)〉 우승자인 일란은 우승 소감에서 "요리는 극단적인 스포츠입니다."라고 말해 셰프 리얼리티 쇼 챔피언의 길이 얼마나 어려운 철인3종경기인지를 실감케 한다. 불과 기름, 칼을 휘두르는 아이언 셰프Iron Chef 과정이 수영, 사이클, 마라톤 철인 극기 훈련과 무엇이 다르랴!

가정집 부엌에서 요리는 가족의 따뜻한 관계를 유지하지만, 요리 경쟁 쇼는 라이벌과의 투쟁이라 많이 두려웠다는 일란 홀은 레시피를 구상하기 위해 세계 여행을 떠난다.

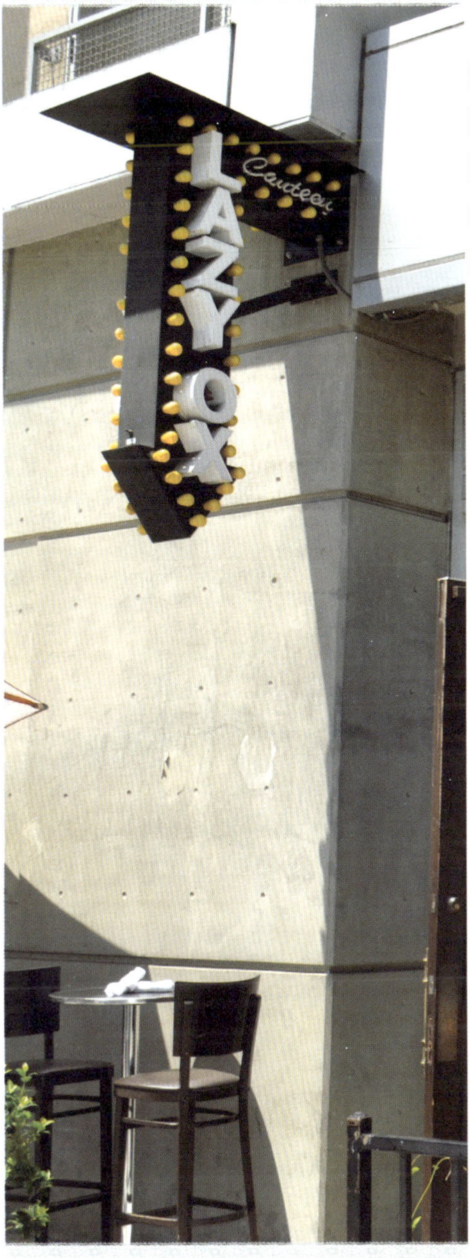


로스앤젤레스에서

죽기 전에 꼭 먹어볼

음식으로 꼽힌

동서양 결합

퓨전 스타일의 맛집

06

맛의 혁명가

# LAZY OX Canteen

레이지 옥스 캔틴

**ADD...** 241 S San Pedro St Los Angeles, CA 90012
**TEL...** 213-626-5299
**WEB...** www.lazyoxcanteen.com
**HOURS...**
Mon~Wed 11:30am~2:30pm/5pm~10:30pm
Thu 11:30am~2:30pm/5pm~11pm
Fri 11:30am~2:30pm/5pm~12am(midnight)
Sat 10am~3pm/5pm~12am(midnight)
Sun 10am~3pm/5pm~10:30pm
**MENU...**
pig ear "chicharon" with pickles, radish & horseradish *$10*
braised rabbit leg with tomatillo, avocado & chile *$24*
yellow tail crudo w/scallion, grapefruit & papaya salad *$14*
seared beef tongue w/pickled fennel & semolina *$13*

모로코, 중국, 일본 등 세계 각국을 아우르는 창조적인 맛의 레이지 옥스. 감자튀김처럼 얇게 튀긴 돼지 귀가 맥주 안주로 인기 급상승 중이다.

'99 Things to Eat in L.A. Before You Die(LA에서 죽기 전에 먹어볼 음식)'로 뽑힌 레이지 옥스 캔틴LAZY OX Canteen은 톱셰프 조세프 센테노Josef Centeno의 철학 있는 동서양 결합 퓨전 스타일로 로스앤젤레스 맛집의 슈퍼스타 제왕이 되었다.

특히 얇은 감자튀김처럼 신묘하게 튀긴 Crispy Pig Ear가 맥주 안주로 인기 급상승하며 돼지 귀와 간, 허파까지 먹는 아시아 요리에 LA 청춘들은 관심이 지대하다.

이 밖에도 Razor Clams(맛조개), Pork Belly-Duck(돼지고기 옆구리 살과 오리고기), Khlii(모로칸 식 소고기 육포), Hamachi kama(방어류의 아가미 부분 요리), 라임 콩과 문어, 파프리카 특선 메뉴에서 보듯이 모로코, 중국, 일본 세계 각국을 어우르는 창조적인 맛으로 특별 마니아층이 생겼다.

LA 대표 비스트로의 명성을 획득한 레이지 옥스의 셰프 조세프를 〈월스트리트저널〉, 〈뉴욕 타임스〉, 〈Bon Appetit Food&Wine〉에서 '최우수 새로운 요리사'로 선정했다. 조세프는 요리 명문 CIA 출신이며, 상상력이 뛰어난 뉴에이지 분자 요리로 제임스 비어드상 후보에도 올랐다.


Lazy Ox, 즉 '게으른 황소'라는 이름부터가 코믹하다. 아일랜드 가스트로 펍Gastro Pub과 도쿄의 이자카야 분위기를 합친 인테리어도 흥미롭다. 잘 차린 선술집에서 미식을 즐기는 황소들. 끝없이 소처럼 일해야 하는 현대인들은 레이지 옥스에서 구운 고기 한 접시에 위로받고 하루쯤 맘껏 망가지고 싶어 한다.

이곳에는 목장에서 파업을 선언한 게으른 황소들이 최후의 만찬을 즐기며 곤드레만드레 취한 해학적인 그림이 걸려 있다. 만취한 황소들 표정이 가관이다.

비교적 착한 가격에 글로벌 음식을 선보이는 캐주얼 식당 레이지 옥스는 생일, 프로포즈, 각종 이벤트 파티 장소로, 데이트하는 연인들이 모여든다. 셰프 조세프는 세계 최고 레스토랑 스페인의 '엘 불리El Buli'에서 일한 경험을 살려 크로스 오버와 미국에서는 잘 사용하지 않은 식재료를 용감하게 도입해 '맛의 혁명가', '신(新) 발명 요리사'라는 애칭도 얻었다.

레이지 옥스는 옆 사람과 소통하는 긴 공동 테이블과 별난 메뉴의 괴짜 바Bar, 타파스 스타일의 경제적인 미니 디시Mini Dish, 아티스트가 설계한 실내장치로 기존의 레스토랑에서 탈피해 신세대 감성 임팩트가 무한매력이다.


긴 불경기를 벗어나고 싶은 LA 사람들은 '요리의 게릴라'들이 만든 음식에서 감동받았다고 리뷰를 800개 이상 올린다. 〈LA 타임스〉에 실린 리뷰를 소개한다.

"정말 감각적이다. 소울이 있는 느낌표의 요리다."

"요리의 미학이 있는 이곳에서 맛본 아보카도, 감자와 크림, 연어와 참치요리는 간단하면서도 맛있는 구성이다."

"생선구이에서 일본, 멕시코, 동시에 중서부와 프랑스를 한꺼번에 다 Enjoy 했다."

"튀김 정어리, 라임&무와 돼지 귀 요리는 맥주 축제를 벌일 가치가 충분하다. 특히 폭탄 급 칠리소스의 궁합은 환상 그 이상이다."

"새로운 탐험이었다."

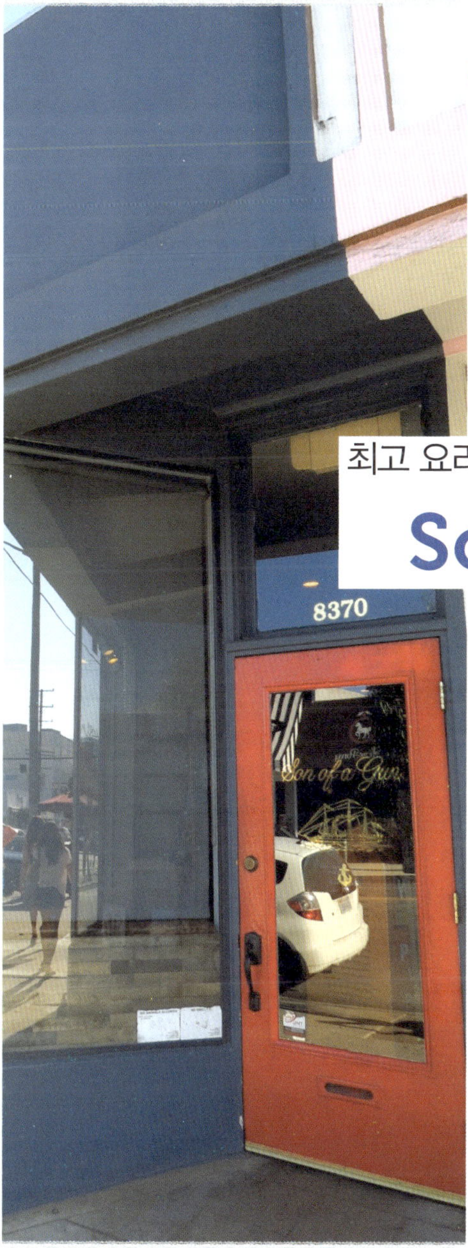


호기심 유발하는
별난 상호와
최신 글로벌 메뉴로 즐기는
익사이팅
요리 어드벤처

07

최고 요리사 비니와 존이 솜씨를 뽐내는

# Son of a Gun

**ADD...** 8370 W 3rd St Los Angeles, CA 90048
**TEL...** 323-782-9033
**WEB...** www.sonofagunrestaurant.com
**HOURS...**
*Lunch* Mon~Fri 11:30am~2:30pm
*Dinner* Sun~Thu 6pm~11pm,
Fri&Sat 6pm~12am(midnight)
**MENU...**
oysters *$6* santa barbara spot prawn *$9*
potato chips *$10* shrimp toast sandwich *$11*
smoked mahi fish *$11*
fried chicken sandwich *$11* blackened rock fish *$16*
braised octopus salad *$16*
linguine and clams, uni aglio *$19* hamachi *$19*
seared ribeye, rice, miso, kimchi puree *$27*
frozen lime yogurt *$6* peach and raspberry pie *$8*

물고기와 해양 기구들로 실내
를 장식한 이곳은 좁다란 공동
테이블에 빈자리가 없이 사람
이 많아 시끄럽지만, 예약이 2
주나 밀려 있는 인기 식당이다.

2009년 〈Food & Wine〉 선정 ‘Best New Chefs’로 뽑힌 애니멀Animal의 비니 도토로Vinny Dotolo와 존 슈크Jon Shook, 잉크ink.의 마이클 볼타지오Michael Voltaggio, 고기Kogi 트럭 로이 최Roy Choi는 LA의 젊은 스타 요리사 4총사로, 그들의 레스토랑은 할리우드 HOT ZONE으로 TV 여예 프로그램을 뜨겁게 수놓는다.

2011년 Best Seafood로 뽑힌 Son of a Gun은 잉크ink.와 함께 그 인기가 싸이를 능가한다. 매력적인 유행 추세에 맞춰 호기심 유발하는 별난 상호에 클래식하면서 모던하고 동서양이 결합된 최신 글로벌 메뉴를 선보인다. 슈퍼스타, 청춘들이 이곳에서 맘껏 익사이팅 요리 어드벤처를 즐긴다.


미국에서 ‘Son of a Gun’이라는 표현은 굳이 해석하자면 ‘말썽꾸러기’, ‘망할 놈’, ‘못된 녀석’의 완곡한 어법인데, Apollo 12호 우주 비행사가 달에 착륙하기 전 무인 우주선 서베이어Surveyor 3을 보면서 말한 “Son of a gun, there it is!(오, 여기 있었네!)”에서 보듯 감탄사로 격려하거나 칭찬할 때, 혹은 장난치며 불만스러울 때 쓴다.

친형제 비니와 존은 3 space, Animal에 이어 Son of a Gun을 오픈했다. 더스틴 호프만과 저스틴 팀버레이크라는 VVIP 고객리스트를 자랑하는 레스토랑 Son of a Gun의 비니와 존은 서로에게 용기를 주고 격려하는 동업자다. 서로 천재적인 솜씨를 높이 평가하고 빛나는 아이디어에 매번 경쟁하며 감탄하고, 놀라운 영감을 자극받는다.

포트 로더데일 요리학교The Culinary Art Institute of Fort Lauderdale에서 공부한 그들은 플로리다 출신들답게 서퍼, 스케이트 보더, 펑크 로커가 되는 소년 시절의 꿈에서 톱셰프의 길로 동지가 되었다. 'Son of a Gun'이라는 레스토랑 이름과 두 사람의 형제애가 잘 매치된다.

Son of a Gun 식당의 하이라이트 메뉴는 로브스터 롤(Lobster Roll, $7), 새우 토스트 샌드위치(Shrimp Toast Sandwich, $11), 훈제 송어 알(Smoked Steelhead Roe, $14), 프라이드 치킨 샌드위치(Fried Chicken Sandwich, $11)로 스몰 디시Small Dish치곤 좀 비싼 느낌이지만, 적은 양으로 새로운 맛을 탐미하는 재미가 있다. 특히 문어튀김 샐러드가 쫄깃한 별미다.

실내 인테리어는 바다를 그리워하는 물고기와 해양 기구들로 꾸몄다. 비니와 존은 산타바바라 해변에서 잡은 쌩쌩한 바닷바람 담긴 생선으로 요리를 구상하는 즐거움이 '최고의 행복'이라고 말한다.
'대구, 베이스, 송어와 대화한다'는 그들은 선명한 흰 살, 핑크빛 아가미, 맑은 눈을 감별하는 후각이 요리사의 기본 기술이라는 말도 덧붙인다. 좁다란 공동 테이블에 빈자리가 없는 인기식당이어서 시끄럽기가 지옥(Noisy as hell.)이라고 Yelp 식신들은 표현하지만, 예약이 2주나 밀려 있다.

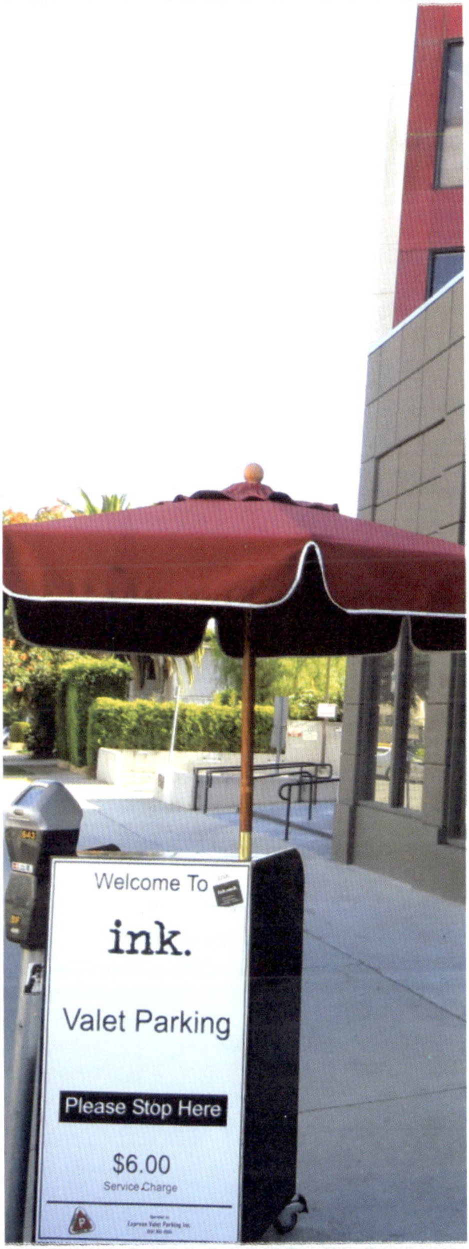


미국의 톱셰프
대망의 1위
마이클 볼타지오가 운영하는
LA에서 가장
매혹적인 식당

08

# 마이클 볼타지오Michael Voltaggio의 ink. 잉크

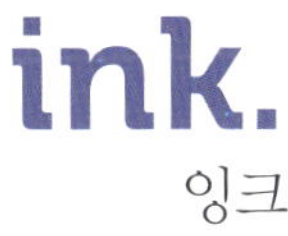

**ADD...** 8360 Melrose Ave Los Angeles, CA 90069
**TEL...** 323-651-5866
**WEB...** mvink.com
**HOURS...** Tue~Thu 6am~11pm, Fri&Sat 6pm~12am(midnight)
**MENU...** 단품 요리 *$15~$25* Salads *$10~$24* 디저트 *$9~$10*

이곳은 식재료의 약점과 강점을 연구해 존재감을 높인 요리들이 많다. 과연 낯선 재료를 창의적으로 조화시킨 셰프의 탁월함이 엿보인다. 요즘 LA에서는 동양과 서양이 만나는 식재료와 메뉴가 트렌드다.

미국의 'Most Fashionable Restaurant'로 선정된 잉크ink., 레스토랑 이름으로 잉크는 어떤 이미지를 연상시킬까? 검은 먹물 스파게티? 그것이 무엇이든 마이클 볼타지오Michael Voltaggio가 하면 팬들은 무조건 그의 열정에 동참한다.

LA의 가장 매혹적인 식당 주방에는 톱스타들이 마이클 볼타지오의 문신을 보고 '매우 섹시'하다고 표현한 사인 벽보판이 있다. 리얼리티 서바이벌 요리 프로그램 〈TOP Chef 시즌 6〉에서 우승한 마이클 볼타지오가 2011년 오픈한 잉크는 '모던 로스앤젤레스 푸드'라는 슬로건을 내세웠다. 동서양의 다양한 식재료와 기술이 잘 종합된 그의 음식은 최신 요리책 발표와 함께 많은 사랑을 받았다.

〈TOP Chef 시즌 6〉 심사위원은 그를 뽑은 이유가 "다른 참가자의 호언장담하는 오만함에 비해 마이클은 끝까지 겸양지덕을 겸비했다. 교양 있고 젠틀한 성격과 깔끔한 외모도 호감을 주었다. 다른 사람은 상상도 할 수 없는 창의적인 요리로 도전해 승리했다."고 평가했다. 당신이 무슨 일을 하건 예의바름과 상냥한 성격, 친절한 배려심, 단정함, 반듯함은 작품과 함께 큰 점수를 받는다는 진리를 다시 입증한 셈이다.

그의 요리에는 '차밍 모던아트Charming Modern-Art'라는 수식어가 따라다닌다. 무엇이 매력 포인트일까? 낯선 재료의 조화가 그의 탁월함이다. (글로벌 도시 LA에서는 동양적인 맛을 내는 식재료와 서양식 메뉴의 접목이 트렌드이다.) 검게 탄 아보카도에 생선 소스와 버섯을 결합, 케일과 호박, 유자로 케일의 쓴맛을 호박의 단맛과 함께 부드럽게 화합했다. 그는 항상 식재료의 약점과 강점을 연구해 요리의 존재감을 높인다.

브로콜리 쇠고기에는 와사비소스를, 스쿼시 리조또에는 계란 노른자를 더해 풍요롭게 조리한다. 농어요리에 감자 크림, 블랙 올리브 오일 등 그의 놀라운 아이디어는 로스앤젤레스 도시를 구성하는 문화의 다양함에서 무한한 영감을 얻는단다. 팬들은 이런 그의 요리에는 집시 영혼이 들어 있다며 요리의 패션 뉴월드를 경험하려고 미리미리 자리를 잡는다.

'Best New Chefs 2009'에 뽑힌 비니 도토로Vinny Dotolo, 존 슈크Jon Shook, 로이 최Roy Choi는 그의 든든한 친구들이며 신 개척 요리의 멘토들이다. "당신이 요리에서 최상의 결과를 얻으려면 기본원리를 기억하라. 요리는 마술이 아니라 과학이다."라고 요리 잘하는 비결도 알려준다.

마이클 볼타지오는 2011 선댄스 영화제에서 세계 각국에서 모인 스타들과 함께 큰 행사를 진행했다. 이제 할리우드 엔터테인먼트 공식 파티에서는 톱셰프들의 미식 쇼를 빼놓지 않는다. 이벤트 프로그램 클라이맥스에 불꽃과 등장하는 화려한 요리는 버라이어티의 핵이다. 먹는 즐거움의 해피타임은 강한 인상을 주는 흥미진진한 퍼포먼스로 관객의 박수갈채를 아낌없이 받았다.

잉크는 다녀와 3일이 지나면 또 다시 가고 싶은 정말 멋있는 레스토랑이다. 어떻게 이런 재료를 가지고 이렇게 감탄사가 터지는 마법적인 요리를 만들 수 있을까? 정말 집중 탐구해보고 싶은 '황금의 손'이다.

part 06

유쾌
상쾌
착한 식당

저렴한 가격에 영양도 풍부한
수타국수 중국식당
매운 쇠고기 국수가
인기를 끄는
서민들을 위한 외식 식당

01

LA 유명한 수타국수

# 101 Noodle Express

101 누들 익스프레스

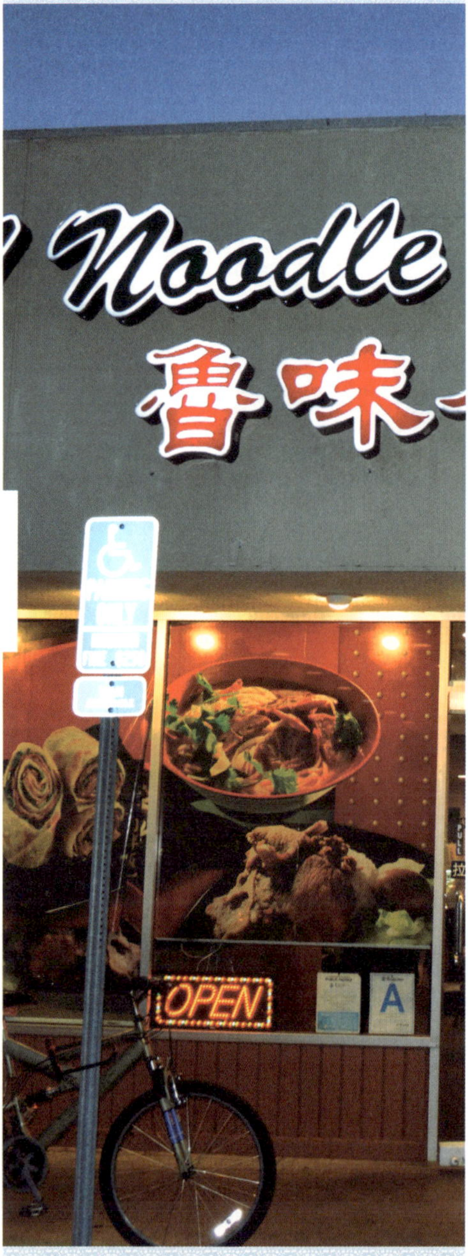


♥

❶ **ADD...** 1025 S Baldwin Ave Arcadia, CA 91007
**TEL...** 626-446-8855
❷ **ADD...** 1048 E Valley Blvd Alhambra, CA 91801
**TEL...** 626-300-8654
❸ **ADD...** 6000 Sepulveda Blvd #3220 Culver City, CA 90230 **TEL...** 310-397-2060
**WEB...** www.101noodleexpress.com
**HOURS...** Mon~Sun 11am~1am
**MENU...**
Beef Noodles/Rice Noodles *$6.99 $7.99*
Beef Tendon Noodles/Rice Noodles *$6.99 $7.99*
Beef Roll *$7.45* 콩/오이 *$5.49* 초이삼 야채 *$6.59*

일요일은 누들랜드로 가는 날! LA 베스트 10 수타국수 중국식당에 뽑힌 101 누들 익스프레스101 Noodle Express는 쇠고기 국수Hot Spicy Beef($7.99)로 돈 잘 버는 레스토랑이다.

우리나라 부추전 비슷한 부침개 속에 고기아 실란트로, 고추, 절인 양배추, 남방 채소를 듬뿍 넣어 달콤하고 매콤한 비프 롤Beef Rolls로 대박을 쳤고, 두툼한 김밥처럼 돌돌 말아 한 접시에 $7.45하는 밀전병 비프 롤은 먹을수록 중독된다. 사람들은 이 집에 와서 국수 한 그릇 배부르게 먹고, 비프 롤 2, 3접시를 가족들을 위해 TO-GO 해간다.


소, 돼지, 닭, 양고기를 넉넉히 담아주는 각종 국수($6.99~), 두부, 가지조림에 찐만두($6.99)까지 먹어도 $25가 넘지 않는다. LA 관광청에서는 여행자들에게 꼭 이곳에 가라고 권유(The beef roll is something you must try.) 하고, 맛집을 귀신같이 찾아내는 푸드 칼럼니스트는 죽기 전에 먹어보라고 부추긴다.

대부분의 서민들은 외식할 때 가격이 착하면서도 맛있고 뭔가 특색 있는 푸근한 식당을 선택한다. 누들 익스프레스는 해산물 국수Seafood Noodles($8.49), 돼지고기 군만두($6.95)에 곁들여 요리를 몇 개 더 주문해도 4인 가족이 부담 없이 푸짐하게 영양을 섭취할 수 있으니 그에 딱 맞는 음식점이다. 손으로 직접 뽑은 국수도 에그 누들 쌀국수, 얇은 면, 두꺼운 면 종류별로 선택할 수 있다.

고량주 향기에 잘 어울리는 안주 요리 Spicy Tendon을 $7.99에, 양꼬치는 $5.99에 맛볼 수 있다. 그러나 이곳에서는 술을 팔지 않으며 신용카드도 안 받는다.

누구보다 딸들을 생각했던 요리사 아버지와 세 딸의 사랑을 다룬 이안 감독
의 중국 영화 〈음식남녀〉 정경이 테이블마다 펼쳐지는 훈훈한 국수집이다.

순리대로, 정직하게

고향 땅의 토속적인 맛을

고집하는 여사장이

성공의 비결인

대중 타이식당

## 핫핫핫 타이음식

# RUEN PAIR

### 루엔 페어

**ADD...** 5257 Hollywood Blvd Hollywood, CA 90027

**TEL...** 323-466-0153

**WEB...** www.ruenpairthaila.com

**HOURS...** 11am~3am daily

**MENU...**

FRIED GREEN MUSSELS *$8.95*

SHRIMP CAKE *$8.95*  CRAB ROLL *$8.95*

FRIED FISH CAKE *$8.95*  BBQ PORK *$7.95*

GARLIC & PEPPER *$7.95*

CASHEW NUT CHICKEN *$7.95*

SAUTEED MIXED VEGETABLES *$7.95*

SPICY CATFISH *$9.95*

2000년대 초부터 미국에서 유행을 휩쓴 고급화된 일본의 스시와는 차별화되어 글로벌 식탁을 이끌어가는 타이음식은 신산한 우리의 인생과 닮아 부자보다는 보통 사람들이 더 좋아한다. 그중 루엔 페어RUEN PAIR는 태국 로열패밀리 음식을 재현하는 스타일이 아닌 소탈한 대중음식점이어서 더 편하고 무엇보다 가격이 착해서 맘에 쏙 든다. $6.50~$9.95에 태국의 젖줄인 챠오프라야 강 위에 둥실둥실 떠다니는 수상가옥에서 먹는 망고와 찰밥, 쌀국수와 팟타이, 전통 과자와 파파야 아열대 음식을 가볍게 맘 놓고 포식한다.

우리나라 구식 신선로 용기에 불을 붙여 대펴 주는 똠얌꿍은 새우젓 국물에 버섯과 해물, 생선 소스, 라임, 레몬글라스, 실란트로 초록 잎이 동동 굴러다닌다. 매콤 새콤 소곤소곤 오묘한 맛이 어우러진 HOT POT에는 방콕 재래시장의 서정을 담았으며, 작은 고추 옆에서 술 취한 새우가 파닥거리고 톡톡 튀는 매운 들판 향기가 정말 특별하다.

그린 파파야 게 샐러드는 입속에 활활 불을 붙인다. 입술을 태워버릴 듯한 알딸딸한 맛이다. 샐러드가 이렇게 마냥 화끈해도 되는 거야? 혼자 종알거리다 보면 정신이 번쩍 난다. 맵지 않게 주문했건만 루엔 페어의 식재료는 치앙마이에서 재배한 야생고추를 사용해 원색적 매운맛이 태양을 삼킬 듯 작렬한다.

파릇파릇 파파야 생채 위에 드문드문 박힌 블루 크랩 붉은 알이 갯마을 즉석 게장과 흡사한 SPICY RAW CRAB SALAD($8.95)는 루엔 페어를 다시 찾게 하는 중독성 강한 잊지 못할 메뉴다. 청양고추에 길든 토종 한국인 입에서도 '아이구 매워라~' 소리가 절로 나오는 SPICY RAW CRAB은 혓바늘이 송송 솟아날 지경이라 양념 안 한 게만 따로 1마리 추가하면 $3.50을 더 받는다. 역시 착한 가격!

아무리 매워도 블루 크랩 먹는 재미가 진진해 접시에 코를 박고 물을 찾으면 '게 다리가 단단하니 치아를 조심하라'며 루엔 여사장님이 얼른 밥을 듬뿍 떠준다. "매울 때는 흰밥이 최고야~." 다정한 미소가 넉넉하다. 그녀는 무에타이Muay Tahi 격투기 선수쯤은 한방에 날려 보낼 풍채로 '미국인들이 태국 여행에서 먹어본 음식을 좋아해 우리 식당은 불경기를 모른다'고 으스댄다. 자스민 쌀밥이 매운맛을 안정시켜주자 허물없는 질문과 대화가 무르익었다.

"루엔은 할리우드 손님이 많은데 해외 태국 레스토랑 인증제인 '타이 셀렉트'를 받으셨나요? "

"나는 욕심이 없어. 그런 거 잘 몰라. 난 말이야 파타야 수상시장Pattaya floating market에서 태어나 할머니 손에서 전래동화 '원숭이와 벌꿀' 이야기를 들으며 자랐다우. 작은 것에 만족 못 하는 탐욕적인 원숭이들을 통해서 욕심은 일을 그르치게 된다는 걸 배웠지. 지금 루엔으로 밥 먹고 사는 걸로 고맙고 감사해. 이게 다 부처님의 자비심 덕분이지."

"루엔 식당의 음식은 우리 엄마가 수상시장에서 팔던 음식이야. 어렸을 때부터 집에서 늘 먹던 밥과 똑같아. 내가 그 맛을 기억해서 미국까지 와서 식당을 차렸잖아. 망설이고 뭐고 선택할 여지도 없고 그냥 화끈하게 가게 얻고 저질렀지. 루엔은 내 운명이라 생각해."

"태국 사람들도 중국인처럼 이민 오면 식당을 차리는 게 다반사야. 당장 다른 일 하기가 어려우니까. 처음엔 쉽게 생각해서 개업하지만, 타향에서 먹고 사는 게 그리 쉬운 일은 아니야. 지금은 내 몸속에 들어온 할머니 영혼이 시키는 대로 음식을 자동적으로 쉽게 만들어."

입안이 얼얼하도록 매운 SPICY RAW CRAB을 맛보고 나면 이곳을 다시 찾지 않을 수 없다. 국수에 매운 고추기름 소스로 볶은 팟씨유도 꼭 맛보자.

"미국 사람도 한국 사람도 우리 식당 요리가 맛있다고 많이 찾아오지. 이게 국제화인지 지구화인지는 모르지만 젊은이 입맛에 맞춰서 설탕 많이 넣어 단맛을 강조하는 다른 식당하고는 좀 다르다우. 짓길과 향신료는 아끼지 말고 듬뿍 넣어야 태국 맛이 제대로 나지."

잘되는 식당의 비결은 고향 땅의 토속적 맛을 전수하는 여사장의 고집이었다.

꼬부랑꼬부랑 신기한 문자로 적힌 메뉴에는 주문할 수 있는 음식이 자그마치 116가지나 된다. 인기 메뉴는 매운 해산물 수프(Spicy Seafood Soup), 코코넛 닭고기 카레, 생새우 매운 소스, 매운 어포 샐러드(Spicy Dried Fish Salad), 팟타이(볶음 쌀국수) 사촌쯤 되는, 국수에 매운 고추기름 소스로 볶은 팟씨유(Pad See Ew), 조개 튀김(Sauteed Clams)을 한국인들이 한 상 가득 주문한다.


타이음식은 베트남 전쟁 당시 태국이 미군의 휴양지로 사용되면서 전 세계에 알려지기 시작했다. 한번 다녀온 사람들은 아련한 추억을 그리며 LA 리틀타이 할리우드 길 위에서 코끝에 전해진 첫 향기를 맡는다.

나긋하고 여린 소녀의 눈동자, 흰 코끼리를 타고 느릿느릿 올라가던 망고스틴 숲길, 보라색 꽃잎이 흘러가는 수로, 아유타야에서 바라본 여름별궁의 뾰족한 지붕. 파빌리온에서 만난 국왕의 동상까지 LA에는 다 있다. 왓 타이 오브 로스앤젤레스Wat Thai of Los Angeles 태국 불교사원에서는 종교, 음악, 음식, 햇살에 빛나는 고요함까지 체험한다.


CNN이 조사한 '세계에서 가장 맛있는 요리 50가지'에서는 태국의 마싸만 카레Massaman Curry가 1위를 차지했다. 이 밖에도 똠얌꿍(8위), 쏨탐(파파야 샐러드 · 46위)이 세계인의 입맛을 휘어잡았다.

LA 유명 셰프들은 바쁜 부엌에서 해방되어 타이식당에서 매운 야식으로 하루를 정리한다. 그들은 타이 푸드의 매력에 대해 향기 진한 채소의 균형과 조화라고 설명했다. 화려한 색채, 맛깔 나는 야채 볶음, 코코넛, 땅콩 소스, 민트의 궁합으로 만든 국수잔치의 풍성함을 타이 식탁은 아낌없이 선사한다.

이곳도 잘되는 식당답게 Cash Only!

식당을 창업하려는 청춘들에게

롤 모델이 되는,

LA 로컬들의

입맛을 바꾼 로이 최의

라이스 볼을 맛볼 수 있는 곳

**03**

## 비빔볼 식당, 로이 최의

# Chego

### 최고

**ADD...** 727 North Broadway #117, CA 90012
**HOURS...** Tue~Sat 11am~11pm, Sun 11am~9pm,
Mondays OFF
**TEL...** 310-287-0337
**WEB...** eatchego.com
**MENU...**
Arugula Fruit Salad *$7*  Kimchi Spam Bowl *$8*
Chicken Adobo Bowl *$8*
Chego Man's BBQ Bowl *$9*
The Chego Burger *$10*

　LA에 사는 로컬들은 비빔밥에 맛 들였다. '로이 최'라는 믿을 만한 네임 밸류를 가진 건장한 셰프가 차려놓은 최고Chego 식당에서 그 맛을 경험했기 때문이다. 로이 최의 장점은 비싸지 않은 가격으로 다양한 사람들이 즐길 수 있는 신메뉴를 발명해 먼 나라 음식문화가 가깝게 느껴지도록 손바닥에 쥐여주고 코앞에 대령한다는 점이다.

　미국 주요 매스컴에서는 스타 요리사로 떠오른 로이 최가 새로 연 식당과 창의적인 발상의 메뉴를 푸드 섹션에 소개하기 바쁘다. 덕분에 한국인 위상이 점점 올라가고 한국문화에 관심이 많아졌다. 한국식 타코인 고기Kogi를 개발해 LA 거리음식 문화에 새바람을 일으킨 그는 비빔밥 전문 음식점 최고Chego를 개점하며 신나는 도전에 나섰다.

　그의 에이 프레임A-Frame이 팝 스타일의 호프 레스토랑이라면 최고는 동네 서민식당이다. 고기 트럭을 몰고 다니며 불고기 타코로 트위터에 45만여 명의 팬클럽을 몰고 온 로이가 $2의 행복을 주었다면, 최고에서는 $7~$9에 여러 종류의 비빔볼Rice Bowls을 시식할 수 있게 해주었다.

　식당은 후미진 곳에 있다. 허름하지만 사람들이 일부러 찾아오는 이유는 로이 최의 명성과 후광을 믿기 때문이다. 좁은 식당에서 빛나는 ZAGAT에서 받은 맛집 인증서가 그 명성을 말해준다.

　그가 비빔볼Rice Bowl 1호 '최고'를 오픈하자 미 주류 언론들은 "지금까지 맛봐왔던 라이스 볼을 상상한다면 오산", "최고의 라이스 볼은 감동적인 맛을 제공한다." 등과 같은 덕담으로 너도나도 앞다투어 취재했다.

　최고 식당이 바쁘거나 사정이 생겨 문 닫는 시간이면 멀리서 찾아오는 손님들에게 편의를 주기 위해 식당 앞 트럭에서도 비빔볼을 만들어준다. 로이 최의 인기는 어쩔 수 없는지 추운 날씨에도 연인들이 달걀 프라이를 얹은 김치 햄 비빔볼을 옹기종기 서서 한입씩 서로 떠 먹여주는 풍경이 사랑스럽다.

한국인 입맛에는 조금 짭짤한 햄 김치 비빔밥에서는 남국의 향기가 난다. 미국인들이 비교적 짜게 먹는 것을 중화시키려는 듯 동남아시아의 고수와 시금치를 넣었기 때문이다.

그의 창조적인 레시피는 푸드 전문가들의 최대 관심사로 항상 주목받는다. 로이 최가 뉴욕 학교를 졸업하고 요리를 시작하고부터 그는 아무도 사용하지 않았던 동서양을 넘나드는 식재료들을 대담하게 혼합하는 실험을 즐겼다. 최고에서도 땅콩 얹은 쿵파오 비빔볼, 돼지고기 비빔밥 위에는 중국 허브와 햄, 김치 볶음밥에는 태국 실란트로 향초가 노란 달걀노른자와 함께 색깔 구색이 잘 맞는다. 그 위에 파 송송, 깨소금, 참기름 살짝 뿌려 미국인들은 '처음 먹어본 콩을 볶는 nutty taste' 맛이라 표현한다.

음식 평론가 조나단 골드는 로이 최의 식당을 일본의 덮밥 전문 체인점인 요시노야Yoshinoya와 비교하면서 '최고의 라이스볼은 사람들 마음을 움직이는 맛을 선물한다'며 신기한 '고소한 맛'에 감동했다고 표현했다. 최고의 추천 메뉴로는 버터로 밥을 볶은 Buttered Kimchi Chow와 립을 올린 Tiny's Prime Rib Rice Bowl을 꼽았으며, 베스트 메뉴로는 돼지고기 뱃살을 올린 One Chubby Pork Belly Bowl을 추천했다.

최고에서는 이 밖에도 호박 수프, 샐러드와 미트볼, 컵 피클 등을 애피타이저로 선보이고 있으며 아몬드와 브라우니 등을 토핑한 홈메이드 아이스크림을 디저트로 판매한다.

중국 허브와 태국 실란트로, 돼지고기 비빔밥, 달걀프라이 등 동서양을 넘나드는 식재료들을 대담하게 혼합한 로이최의 비빔볼은 색깔 구색도 잘 맞는다.

로이 최의 비빔볼 식당은 식당 창업을 꿈꾸는 젊은이들에게 많은 영감과 자극을 준다. 이색적인, 국경을 초월하는 맛으로 어떻게 미국인을 사로잡는지를 잘 아는 그도 24세까지는 청년 백수로 지냈다. 밤에는 로스앤젤레스 힙합 뮤직클럽에서 놀고 낮에는 텔레비전 앞에서 세월을 보냈다. 그러다 어느 날 요리사 에메릴 라가스Emeril Lagasse의 TV 프로그램을 보고 "저거다!" 소리쳤다. 그리고는 본격적인 요리 공부를 하기 위해 뉴욕으로 떠났다. 그는 항상 '요리사 에메릴은 내 인생의 은인'이라고 말한다.

TV 인터뷰에서 그는 진솔하게 말 잘하는 셰프로 알려졌는데 그가 요리학교에 가기 전 플러톤에 있는 캘리포니아 스테이트대학 철학과를 졸업한 것도 많은 영향을 주었으리라.


LA 톱셰프로 항상 스포트라이트를 받는 로이 최는 소문난 맛집 벤치마킹의 아주 적절한 멘토다. 로이는 한국 청춘들에게 인생의 터닝 포인트가 되는 조언자가 되기를 원한다. 성공한 사람을 배우려면 롤 모델의 책을 읽든지 강의를 듣고, 함께 이야기를 하거나 그의 손길 닿은 식당에 가서 탐색하고 밥을 먹어보는 것도 아이디어 공부에 많은 도움이 된다.

로이 최는 뉴욕과 샌프란시스코, 멜버른 음식 와인 축제(Melbourne Food & Wine Festival)까지 날아다니며 기량을 편다. 〈LA 타임스〉, NBC 등 주요 언론에서는 그의 행적을 핫뉴스로 보도한다.

최근 '싸이 열풍' 등 한류 바람이 거센 미국에 한국을 주제로 한 특급호텔이 생긴다. 미국 호텔개발 기업인 사이델 그룹이 LA 코리아타운 인근의 한 호텔을 인수해 공사를 하고 있으며, 올해 안에 '더 라인 호텔The Line Hotel'이라는 이름으로 문을 연다. 한국의 문화·음식 · 디자인을 테마로 꾸며진다. 로스앤젤레스 관광청 측은 "한국을 주제로 꾸며지는 특급 호텔은 이번이 처음이다."라고 전했다.

특히, '한국식 타코'를 개발한 한국계 셰프 로이 최도 영입되는 것으로 알려졌다. 사이델 그룹은 *Ace NewYork* 호텔, *The NoMad* 호텔 등을 운영하고 있다.

*— 2013년 1월 4일 헤럴드 경제*

LA 사람들은 벌써부터 그의 호텔 음식이 어떻게 탄생될지 관심이 많다.

로이 최는 활화산 같은 열정으로 트럭을 가지고 로스앤젤레스를 불도저처럼 밀어붙였다. SNS를 이용한 마케팅에 성공했고, 저가의 참신한 메뉴로 불경기 타파에 성공했다. 당시의 기사를 스크랩해본다.

### 미국의 스타 셰프 로이 최

*2009년 LA에서는 밤 9시만 되면 문자 정보에 촉각을 세우는 기현상이 벌어졌다. 바로 'Kogi' 트럭 출동이다. 최가 개발한 '한국식 타코'를 먹겠다는 것이다. 개업 2주 만에 하루 최고 700명의 고객이 몰리는 기록을 세운 'Kogi' 트럭은 현재 LA를 누비는 4,000여 대의 타코 트럭의 '아버지' 격이라 할 수 있다.*

남보다 빨리 독창적인 아이디어를 행동에 옮겼고, 겉멋과 체면을 훌훌 벗어 제낀 로이는 인종과 문화를 뛰어넘는 '새로운 맛'을 개발해낸 Challenger다. 로이 최의 맞춤 LA 푸드에 엔젤리노들의 시선이 집중된다. 로이 최는 2014년 에는 한인타운에 한식 레스토랑 'P.O.T'를 오픈할 예정이며, 『L.A. Son: My Life, My City, My Food』 책을 시작으로 '보다 넓은 지역에 타코 트럭과 레스토랑 사업을 확장, 한식을 알려보고자 한다'는 계획도 밝혔다.

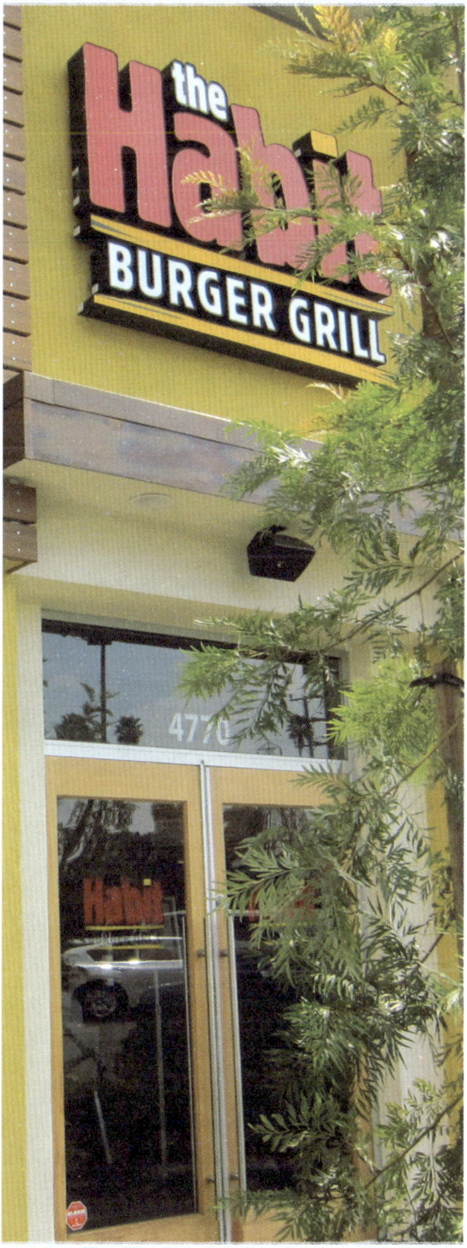


LA는 지금

햄버거 고급화시대

자체 유기농 농장을

경영하는

프리미엄 햄버거 맛집

04

## 고품격 햄버거

# The Habit

## 해빗 햄버거

❶ **ADD...** 103 East Alameda Ave Burbank, CA 91502

**TEL...** 818-260-0083

❷ **ADD...** 249 North Glendale Ave Glendale, CA 91206

**TEL...** 818-246-6095

**WEB...** www.habitburger.com

**HOURS...** Mon~Sat 10:30am~10pm Sun 11am~9pm

맛깔스럽게 녹은 치즈, 아보카도와 얇게 구운 베이컨, 신선한 채소가 든 버거와 샌드위치, 그리고 감자튀김과 양파링이 있고, 수익금의 일부를 기부하는 착한 햄버거, 해빗 버거

LA는 바야흐로 햄버거 고급화의 전성시대다. 해빗 버거Habit Burger도 줄 서는 사람들로 바쁘다. 이곳은 1969년 오픈해 똑같은 맛을 유지하는 건강한 햄버거로 각인되었다. 해빗 버거의 비밀은 정성스런 디테일에 있다.

¹ 바사삭~ 빵을 '크런치Crunch'로 굽는다.

² 상치와 토마토는 신선함을 극대화하기 위해 기계를 사용하지 않고 일일이 손으로 잘라 사용하는 방침을 세웠다.

³ 나무 숯 향기가 살아 있도록 굽는 기술을 연마해 Habit Charburger는 먹는 내내 후각을 자극하며 미각의 즐거움을 배가시킨다.


치즈가 녹아서 맛깔스럽게 흐르는 치즈버거 외에도 치킨 샌드위치, 아보카도와 얇게 구운 베이컨, 신선한 채소가 듬뿍 든 샌드위치, 감자튀김과 양파링이 먹기 좋게 준비되어 있다. 가격은 $7.99~$8.99


좋은 서비스와 청신함을 유지하는 것도 고객을 위한 경영 방침으로, 매니저가 매장을 자주 둘러보며 불편함이 없나 고객에게 묻는다. 말을 걸어주고 살펴주는 세밀함에서 따스한 정이 오간다. 맘대로 더 갖다 먹을 수 있는 매콤한 할라피뇨 고추 선반도 알뜰하다.

직장인을 위해 해빗 트럭Habit Truck이 출동해 거리에서 맛있는 햄버거 패티 굽는 냄새를 풍기면 트위터리안들이 미리미리 도착시간을 알려주고 기다린다. 프리미엄 햄버거 해빗은 자체 유기농 농장을 경영한다. 수익금의 일부는 소아암센터와 푸드센터에 기부해 착한 햄버거라는 인식이 Yelp 맛 평가단의 후한 점수를 받는 데 기여했다.

해빗 버거는 산타 바바라에서 처음 창업해 미 서부 전역으로 확장된 캘리포니아 스타일의 건강한 웰빙 햄버거이다. 햄버거는 미국인에게는 소울푸드지만 나에게는 출출할 때 당기는 간식인데도 해빗 버거는 자주 생각나 결국 야식 메뉴에 추가했다.

월트 디즈니는 말했다. 'If you can dream it, you can do it. (꿈꿀 수 있다면, 이룰 수도 있다.)'고. 우리 함께 꿈꾸자. 나만의 개성 있는 햄버거 창업!

 그 밖의 햄버거 맛집

이 밖에도 Five Guys가 프랜차이즈 창업 순위 1위에 들었다. 〈Food&Wine〉 편집장이 뽑은 Top10 Burgers 1위는 패서디나에 있는 Pie 'N Burger이다. 〈OC 레지스터〉가 보도한 한인이 운영하는 Burger Stop(**ADD.** 2302 S Broadway  **TEL.** 714-957-2633)도 현지인에게 각광받는 햄버거집으로 돈 잘 번다.

영화, TV 프로듀서들의

약속 장소

벤추라 대로에 위치한

은은한 인테리어와 저렴한 런치세트의

깔끔한 이자카야

바다의 미풍

# IZAKAYA-M

아자카야 엠

**ADD...** 13573 Ventura Blvd Sherman Oaks, CA 91423
**TEL...** 818-981-0078
**WEB...** www.izakayam.com/index.htm
**HOURS...**
*Lunch* Mon~Fri 11:30am~3pm, Sat 12pm(noon)~3pm
*Dinner* Mon~Thu 3pm~12am(midnight),
Fri&Sat 3pm~1am, Sun 3pm~10pm
**MENU...**
Chicken Teriyaki *$8.00* Chicken Katsu *$8.00*
Tempura 3pcs, Shrimp 4pc, Veg *$8.00*
BBQ Donburi *$8.00* Kimchi Omurice *$8.00*
Sashimi Lunch *$14.00* Udon *$9.00* Kalbi *$10.00*

꽃밭처럼 화사한 $8의 회덮밥, 조금 적다 싶어 더 아쉬운 스시와 토비코 알이 유혹하는 이자카야 엠은 주머니가 가벼워도 갈 수 있는 맛집이다.

LA 할리우드 영화, 광고, TV 프로듀서들이 만남과 모임을 갖는 벤추라 대로에는 맛집들이 다닥다닥 붙어 있다. 이곳에 있는 고급식당들은 프랑스와 일본 레스토랑으로, 파워 런치를 위해 미리미리 예약이 차는 식당들이다. '파워 런치'란 사교계에서 권력과 가까이 하는 고위직과 백악관, 워싱턴 로비스트들이 애용하는 단어로 비즈니스 모임을 통칭한다.

저녁은 가족과 지내는 것이 당연한 일상인 미국사회에서는 파워 미팅을 점심에서 아침으로 앞당겨 하는 추세다. 많은 CEO들이 예산 삭감으로 인한 조치로 미팅을 줄이다가 돈이 적게 들고 빨리 끝낼 수 있는 아침 미팅으로 바꾸고 있다. CEO를 만나기에 스케줄 잡기가 아침이 훨씬 편하고 비용은 저녁의 반이라는 강점이 있기 때문이다. 아침 미팅이 딜을 하기에 좋다는 말도 있다. 따라서 식당들도 파워 미팅을 위한 메뉴를 개발 중이다.

점심에 네트워킹을 하기 편한 이자카야 엠IZAKAYA-M은 파격적으로 $8 런치 메뉴를 선보인다. 미각을 돕는 달빛조명으로 실내가 은은하고 혼자 온 손님을 위해 TV를 틀어 놓았는데, 적당히 아늑한 공간에서 시각, 후각, 미각은 더욱더 집중력을 발휘한다는 인테리어 연구 결과에 따른 센스다.

회덮밥($8)은 꽃밭처럼 화사하다. 접시 위에서 바다의 미풍이 분다. 톡톡 터지는 토비코 알도 살짝 아쉽게 조금 얹혀 있고 생선도 모자란 듯해 안타깝지만, 그래서 더 맛있다. 전통을 고집하는 일본인보다 동양을 잘 버무린 퓨전 스타일로 얌전한 곳이기도 하다. 잘생긴 한국 청년들이 주방 불 앞에서 땀 흘리며 열심히 요리하는 모습이 보인다. 괜히 한 가족 같아 마음이 찡하다.

코리아타운의 복닥거림을 피해 예술인들이 모여드는 벤추라 대로, 스시 로우 Row에서 창업한 젊은 숨결이 대견하다. 그런 도전 정신에 응원을 보내고 싶다. 값비싸다는 일본식사를 $8에 먹을 수 있다는 대문 위 플래카드도 유혹적이다. 런치 스페셜이지만 구성이 알차다. 낮 손님을 그대로 밤 술손님으로 끌어들인다면 마케팅에서도 성공이다.

이곳은 선술집 분위기의 이자카야지만 미국인들이 좋아하는 와인바 스타일이다. Yelp 리뷰는
"주머니가 가벼워도 갈 수 있다."
"와~, 싸다!!! 친절하다."
"음악이 감각적이며 접시마다 느낌표 !!! 개성 있다."
등 비교적 좋은 평가다.

절친한 지인들과 정담을 나누기에 부담 없는 레스토랑으로, 작고 아담한 퓨전식당을 창업하려는 청춘들에게 벤치마킹 대상으로 넣으라고 말하고 싶다.

따뜻한 캘리포니아의

쿨한 멋쟁이들이

즐겨 찾는 단골집

LA 토박이들이

사랑하는 오가닉 푸드

## 06 스타가 좋아하는 푸드 셀러브리티

# GJELINA
젤리나

**ADD...** 1429 Abbot Kinney Blvd Venice, CA 90291
**TEL...** 310-450-1429
**WEB...** gjelina.com
**HOURS...** Mon~Fri 11:30am~12am(midnight),
Sat&Sun 9am~12am(midnight)
**MENU...**
진흙오븐에서 구운 피자 *$14~*
제철 채소로 만든 샐러드 *$11*

다이어트에 신경 쓰는 여성들이 즐기는 시금
치 샐러드는 견과류, 말린 과일, 동서양 향료
의 오묘한 맛이다. 피자 위에 노란 호박꽃을
심어 색감이 훌륭한 호박꽃 피자도 신선하다.

젤리나GJELINA는 캘리포니아 쿨한 멋쟁이들의 단골집으로, 토박이 로컬 피플들이 '오가닉 푸드 셀러브리티'란 애칭을 붙여준 인기절정의 레스토랑이다. 미리미리 예약을 해도 점심, 저녁 시간에는 얄짤없이 길게 줄 서서 기다려야 입장이 가능하다.

젤리나의 음식은 LA 최신 유행 스타일이다. 작은 접시 타파스Tapas와 진흙오븐에서 구워낸 기름기 없는 바삭한 피자 도우, 셰프 맘대로 계절마다 바뀌는 제철 메뉴 등 고집스런 장인이 만드는 순수한 자연요리가 일품이다. 배우 리즈 위더스푼이 이곳에서 가족들과 함께 런치를 즐기는 장면이 파파라치에게 찍혀 연예통신을 장식했고, 이런 핫 토픽이 검색어 1위에 오르면 '젤리나에서 밥 먹자'는 약속은 두 배, 세 배로 늘어난다고. 스타 마케팅 특수를 누리는 식당들은 명사 방문의 우연한 행운을 기다린다.

젤리나는 명성답게 구석구석 멋있다. 숙성된 포도주처럼 편안한 공동 나무 탁자, 세월의 흔적을 담은 샹들리에, 음식과 실내장치가 물 흐르듯 하모니를 이룬다. 흙냄새 생생한 맛을 잘 살려낸 셰프의 뛰어난 손맛이 베스트 맛집에 등극된 이유다. 또, 단순 노동하는 종업원이 아닌 기업가의 정신을 발휘해 추가로 $1 더 받는 빵을 푸짐하게 가져다준 지혜로운 웨이트리스의 배려가 상냥하다. 후한 팁이 잘 나오는 식당으로 미모의 알바생들이 많은 것도 물 좋은 포인트라고 누리꾼들은 말한다.

젤리나는 손님이 폭발적으로 늘어나자 식당 옆에 GJELINA Take Out (GTA)을 만들어 바쁜 사람들에게 기다리는 시간을 절약해주는 아이디어를 선택했다. 붐비는 식당에서 4, 50분 줄 서서까지 기다렸다 혼자 밥먹기가 귀찮은 싱글족을 놓치지 않는 스마트함. 음식 값도 더 싸고 주문하면 빨리 퀵 서비스 해주는, 경영 센스가 불경기 중에도 호황을 누리는 성공사례로 하버드대학 창업 실습 동아리의 연구 리포터에도 올랐다.

다이어트하는 여성들이 이곳에서 즐기는 시금치 샐러드는 견과류, 말린 과일, 동서양 향료의 오묘한 맛이 완전 건강 비타민이다. 젊은 여성들은 호박꽃 피자Squash Blossom Pizza를 많이 주문하는데, 피자 위에 노란 호박꽃을 심어 놓은 색감에 감탄하다가 얼른 수박 샐러드Watermelon Salad를 추가 주문한다. 수박 샐러드 역시 깍두기로 큼직하게 썰어 여린 풋콩 줄기 볶음과 사근사근 아삭하게 잘 어울린다.

세계 각국에서 자유로운 영혼의 전위예술가와 보헤미안들이 모여드는 애벗 키니 대로Abbot Kinney Blvd는 1891년, 담배사업으로 당대 거부가 된 애벗 키니가 산타 모니카 남쪽 해안가를 사들여 1905년 운하를 개통하면서 도시 이름을 베니스 비치로 바꾸었다. 이 거리의 건축도 범상치가 않아 특별 감상 대상인데 젤리나 건물 팝 아트 그라피티도 눈동자, 늑대 그림 임팩트가 서늘하다. 이런 유별난 풍경을 론리플래닛 필진들과 BBC의 저널리스트들은 스페셜 프로그램으로 제작하면서 이렇게 표현했다.

"Incredibly eclectic collection of ultra-hip shops, restaurants and cafes 'must-dos' in LA, I rate it as one of the best 'local' experiences. (LA에서 꼭 경험해야 할 최고의 거리로 믿을 수 없이 힙한(유행에 밝은) 상점들이 다양하게 모여 있다.)"

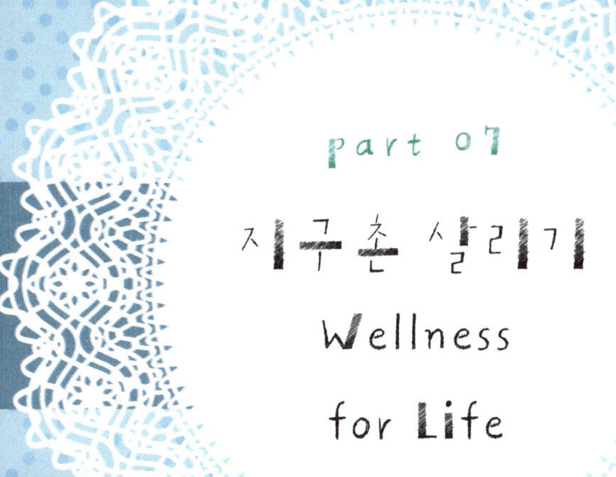


part 07

지구촌 살리기

Wellness
for Life

**01**

## LA Best Organic 샌드위치

# MENDOCINO FARMS
# sandwich
# market

## 멘도시노 팜스 샌드위치 마켓

❤

**1 ADD...** 175 S Fairfax Ave Suite B Los Angeles,
CA 90036 **TEL...** 323-934-4261
**2 ADD...** 300 South Grand Ave Los Angeles,
CA 90017 **TEL...** 213-620-1114
**3 ADD...** 444 South Flower St Los Angeles,
CA 90017 **TEL...** 213-627-3262
**4 ADD...** 735 S Figueroa Ave Los Angeles,
CA 90017 **TEL...** 213-430-9040
**5 ADD...** 4724 Admiralty Way Marina Del Rey, CA 90292
**TEL...** 310-822-2300
**6 ADD...** 7100 Santa Monica Blvd Suite 195 West
Hollywood, CA 90046 **TEL...** 323-512-2700
**WEB...** mendocinofarms.com
**HOURS...** 11am~9pm daily
**MENU...**
Braised Lamb Sandwich *$11.95*
Turkey Confit with Yellow Rooster Sauce *$9.95*
Mac N' Cheese with Bacon Marmalade *$9.45*
Chicken MBT *$8.75* The Farm Club (Turkey Club) *$9.95*
BBQ Pulled Pork *$8.95* Blue Buffalo, Not a Blue Cow *$8.95*
A Sandwich Study of Heat(Turkey Avocado) *$9.85*
Vegan BBQ Torta *$9.75* Vegan Shawarma *$9.25*
Vegan Banh Mi *$9.65*
Philly Cheesesteak Pretzel Melt *$9.75*
Spicy Lemongrass Steak Banh Mi *$9.85*

'LA Best Organic Sandwich'로 뽑힌 멘도시노 팜스 샌드위치 마켓 Mendocino Farms Sandwich Market은 할리우드 스타들처럼 날씬한 몸매를 유지하게 해주는 건강 샌드위치로 글로벌 히트작을 냈다. 유기농 샌드위치의 창업을 구상하는 분들께 최고 멘토링이 되는 이곳을 찾아가 성공 비법을 배워보자.

멘도시노 샌드위치는 감성이 충만한 푸른 바다와 레드우드 숲의 축복, 천혜의 자연을 자원으로 고유의 브랜드를 창출했다. 멘도시노는 귀여운 얼룩 암소 마스코트가 인사하는 농장Farms, 농부와 마켓, 그리고 식당이 연결된 직송 시스템을 갖춘 지혜로운 도시 공동체이다. 또한 와인과 올리브 오일, 곡물과 과일, 면역력 증강에 도움이 되는 딸기와 라즈베리, 크랜베리 등 항산화 물질이 가득한 견과류, 빵, 모든 캘리포니아의 풍부한 농산품에 미식을 추가한 녹색 공로상을 잡지 〈WINE SPECTATOR〉에서 받았다.

멘도시노는 멘도시노 농장Mendocino Farms에서 재배한 식품으로 다이어트에 성공한 오프라 윈프리가 추천하면서 〈웨딩+휴식+식도락=멘도시노 농장〉이라는 전원 마케팅으로 승부를 걸었으며, 'Life Without Belly Fat (뱃살 없는 세상)'을 꿈꾸는 돈 많은 부자들이 더 안전하고, 맛있고, 몸에 좋은 음식을 위해 멘도시노를 찾아가는 자연식 치유 프로그램으로 불경기를 모른다.

고급스러운 Fine Dining 멘도시노 샌드위치가 홈런왕이 되어 고운 햇살 쏟아지는 농장은 슬로시티의 대명사가 되었고, Natural Organic 메카로 급부상한 멘도시노는 'Think Global-Eat Local' 슬로건을 내걸었다.

흔히 루꼴라로 불리는 약간 쌉쌀하고 향긋한 채소 아루굴라Arugula를 유행시킨 멘도시노 샌드위치는 감귤, 검은 쌀, 참깨, 케일, 두부, 감자, 와사비, 완두콩 샐러드의 조합으로 감각적인 맛을 완성했다고 홍보한다. 고객들이 붙여준

닉네임을 그대로 이용한 'freshest ingredients, modern', '아름다운 시골 정원의 샌드위치' 광고 카피도 순수하다.

2013년 미국의 식당 트렌드는 상류사회를 겨냥한 최고급 버전과 불경기를 감안해 저소득층을 위한 이동 트럭 길거리 음식으로 축약된다. 웰빙과 디톡스 Detox:체내에 축적된 독소를 빼냄, 그린 채소 로컬 푸드로 두 마리 토끼를 잡은 멘도시노 샌드위치는 예뻐지고 몸에 좋아 미를 추구하는 청춘들에게 인기 캡이다.

식초에 살짝 절인 무, 당근, 아티초크Artichoke, 동양의 허브와 고추 겨자를 사용하는 멘도시노 팜에서는 로마, 파리, 벨기에에서 온 다국적 셰프들이 샌드위치 연구로 밤을 지새운다. 자랑스러운 한국인 셰프 주디 한Judy Han도 있다.

행복한 음식을 제공하는 멘도시노 샌드위치의 특징은 재료 자체의 풍미를 잃지 않는 심플한 감칠맛이다. 호밀 빵, 닭 가슴살, 할라피뇨, 장인이 만든 치즈와 버섯 샐러드, 로스트비프 샌드위치에 큼직한 아보카도, 올리브, 삶은 달걀 슬라이스가 돋보인다.

확고한 멘도 스타일이 완성되기까지의 길고 긴 스토리는 멘도시노 창업주의 모험으로 시작되었다. 샌드위치 백작 후손을 만나기 위해 영국으로 떠난 그는 중세 존 모타크John Montague(1719-1792)의 문헌을 확인하고, 엘리자베스 레슬리 요리책에 의해 1840년 처음 샌드위치가 미국에 소개된 글도 읽는다. 이어서 National Sandwich Day 유래를 찾다가 BC 6세기에 랍비들이 먹기 시작한 유대인의 마짜 샌드위치(힐렐의 샌드위치) 속에 쓴 나물을 넣은 기록에 관심을 갖는다. 유럽, 중동, 대서양을 건너 이번에는 가장 이상적인 빵을 찾아

호밀 빵, 닭 가슴살, 할라피뇨,
장인이 만든 치즈와 버섯 샐
러드 로스트비프 샌드위치에
큼직한 아보카도, 올리브, 삶
은 달걀 슬라이스가 돋보인다.

베트남 사람들의 빵을 선택한다. 반 미Banh Mi는 두꺼운 빵에 오믈렛, 치즈, 고기 등을 넣은 베트남 샌드위치로, 1858년 나폴레옹 3세에 의해 19세기 후반 유럽에 널리 알려졌다.

이런 수순을 밟고 프랑스로 날아가 아이디어를 추가한다. 그는 반 미에 엘비스 프레슬리가 좋아한 땅콩버터를 수제 치즈와 함께 첨가했다.

멘도시노 메뉴를 읽으면 창업이 가까워진다. 샌드위치 가게를 오픈하려는 사람들에게 참고서가 되는 멘도시노 팜 샌드위치 메뉴를 꼼꼼히 연구해보자. 세밀한 구성으로 조합된 차림표를 읽어보면 농부의 정성이 스며 있다.

크랜베리 월넛(Cranberry Walnut), 염소 치즈(Goat Cheese), 모차렐라(Mozzarella), 발사믹(Balsamic) 등 영양을 충분히 생각하는 레시피에는 Scarborough, Drake Family Farm's, Chicken(MBT Brand), BLT(Bacon, Lettuce, and Tomato), Ciabatta 등 멘도시노 꿈의 농장들이 골고루 참가했다. 멘도농장 버펄로는 셰프들이 강추하는 메뉴이며 멘도시노 해산물은 시푸드 레스토랑의 자부심이다. 살짝 익힌 양고기, 아보카도, 살사, 다양한 과일 소스를 곁들인 멘도 스타일Mendo Style 미식은 셰프들의 비장의 무기로 당분간 유행이 지속될 것이다.

 그린푸드로 관광객들을 맞이하는 멘도시노 맛집

*** The 955 Ukiah Street Restaurant**
ADD. 955 Ukiah St, Mendocino, CA  TEL. 707-937-1955
WEB. www.955restaurant.com

*** The Moosse Café**
ADD. 390 Kasten St, Mendocino, CA  TEL. 707-937-4323
WEB. www.theblueheron.com

## 멘도시노로 떠나는 에코 투어

멘도시노로 떠나는 여행은 레드우드 숲 에코 투어다. 멘도시노는 여름방학 가족들이 캠핑카를 타고 모여드는 유토피아, 자연생태지리 탐사 순례길이며, 마을 전체를 역사 보호지역으로 지정한 캘리포니아의 유일한 도시이고, 흘러간 영화의 촬영장소로 리얼 러브 신 올 로케이션이 가능한 로맨틱 지구다.

린제이 로한의 다이어트로 화제가 된 멘도시노 붉은 토마토 밭에서는 체험 캠프를 설치했다. 클래식 음악을 듣고 자란 송아지를 만나고 항생제 없는 젖소의 우유를 마시며 친환경운동을 전개한다.

캘리포니아 해안의 3대 보물은 산타 바바라의 성게알Sea Urchin, 호그 아일랜드Hog Island의 굴Oyster, 멘도시노의 전복Abalone이다. 바다의 불로초 천하의 귀한 전복을 테마로 축제를 개최하는 멘도시노 곳곳에서는 모래밭에서 전복 버터구이 하는 풍경을 만날 수 있고, Abalone Festival에 출전하는 대학생들은 제임스딘 선발대회James Dean look-a-like Contest를 위해 식스팩 근육을 만든다.

줄리아 로버츠의 〈Dying young〉, 니컬러스 케이지의 〈Racing with the moon〉, 멜 깁슨의 〈Forever young〉 등의 잊을 수 없는 포토 드라마와 수많은 영화를 촬영한 곳이자 〈에덴의 동쪽(East of Eden, 1955)〉 엘리아 카잔 감독이 찾던 도시가 바로 멘도시노였고 젊은이의 표상이었던 우수에 가득 찬 표정의 제임스 딘은 이 도시의 전설이 되었다.

들판에 꼭꼭 숨어 있는 수제 치즈 농가 트레일, 와인 창고 팻말 붙은 포도밭에서 카베르네 소비뇽Cabernet Sauvignon : 프랑스 보르도 지방의 적포도주용 포도은 블랙베리 향기로 익어간다.

멘도시노는 꿈 같은 빌라, 부자를 위한 리조트산업도 개발했다. 이런 장소에서 코리안푸드 오픈은 호기심을 충족시킬 것이다. 그 누구보다 먼저 간판을 거는 사람만이 새 역사의 주인공이 된다. 워렌버핏은 성공 비결을 이렇게 말했다.

Be willing to be different! (다른 사람과 달라져라!)

## 02

해피 메시지

# Veggie Grill

베지 그릴

**본점 ADD...** 16542 Ventura Blvd Encino CA 91436

**TEL...** 818-788-2621

**웨스트우드 ADD...** West Hollywood 8000 W Sunset Blvd Los Angeles, CA 90046

**TEL...** 323-822-7575

**WEB...** www.veggiegrill.com

**HOURS...** 11am~10pm daily

**MENU...**

VG-Cheeseburger $9.95  All-American Stack $8.95

Chipotle BBQ $8.95  Santa Fe Crispy Chickin' $8.95

Buffalo Bomber $8.95  Thai Chickin'Wrap $8.95

자연이 키운 파프리카, 수박, 멜론, 참외, 딸기, 표고버섯, 양송이 등 유기농 로컬 푸드에 고소한 견과류, 콩 버거, 콩 치킨 등 다채로운 콩의 변신

베지 그릴Veggie Grill은 선셋 대로의 Hot Zone으로 'LA TOP10 New Restaurant'에 뽑혔다. 지금은 채식시대! 햇빛, 구름, 비, 바람, 흙에서 키운 파프리카, 수박, 멜론, 참외, 딸기, 표고버섯, 양송이 등 유기농 로컬 푸드에 'No meat, cholesterol, animal fat or trans fat', 'No MSG' 등 좋은 것만 고집하는 베지 그릴은 제철 메뉴가 다채롭다.

매일 바뀌는 야채수프, 오색 멋을 낸 볶음밥, 빈대떡 닮은 작은 피자, 바나나 블루베리 팬케이크들이 시선을 끈다. 고기 맛을 살린 베지 비프, 콩 치킨, 콩 스테이크, 통밀빵, 오트밀을 찾는 사람들 얼굴에는 미소가 가득하다.


서양인들이 열심히 동양인들의 식생활을 선호하는 것은 몸이 정화되어가는 것을 느끼기 때문이다. 사과, 포도, 산딸기 과일 농장 재료들은 다이어트 요리의 블루오션이다. 두부, 완두콩, 팥을 고기 대신 먹으면 마음이 한결 차분해진다.

채식은 처음엔 낯설지만 상쾌한 변화를 느끼면서 단골손님이 된다. 밝고 모던한 식당에서 베리베리 과일소스로 살찔 걱정 잠시 내려놓고 채소를 배부르게 먹는 포만감도 뉴 라이프 패턴이다.


섬유질이 많은 케일, 알팔파, 감자, 고구마, 야콘, 피망, 양파를 조합한 샐러드로 미식가들의 입맛을 붙잡은 베지 그릴의 특징은 영양소 균형을 잘 맞추었다는 데 있다.

식당 입구에는 베지테리언 정보 잡지를 무상으로 배부한다. 펼쳐보면 걷기와 채식만 잘해도 장수한다는 유익한 체험사례를 소개했다. "환경을 생각하고 건강한 사회와 고객의 행복을 위해 즐겁게 일한다."는 경영진의 녹색 정신이 보인다.

the
VeggieGrill

베지 그릴에서 채식에 대해 배워보자. 채식의 의미는 온전한 식사를 의미한다. 채소를 Vegetable이라고 하는데, 그것은 온전함(vegetus)을 가능하게 (able) 해주는 존재이기 때문에 베지터블이라는 사전적 의미도 알았다.

"과연 채식만으로 충분한 단백질을 섭취할 수 있을까?" 궁금해 하는 사람들이 많지만 밀(단백질 성분 17%), 오트밀(15%), 호박(15%), 양배추(22%)의 경우 다른 여분의 보완 식품 없이 그 자체만으로 우리의 단백질 필요 비율을 충분히 채울 수 있단다.

웰빙 유행에 맞춰 돈이 보이는 채식식당을 창업하게 된 이유는 건강이 좋아지는 것을 직접 체험했기 때문이라고 이구동성으로 말한다.

모리세이Morrissey(영국의 가수이자 작사가)의 채식 캠페인도 베지 레스토랑이 핫 스팟이 된 이유 중 하나다. 음식 사치를 생활의 패션으로 여기는 중산층들은 모리세이의 열정적이면서도 감미로운 공연을 다녀오면 거의 다 채식 예찬자가 된다고 한다.

배스킨라빈스 창업주의 아들인 존 로빈스도 환경운동가며 채식주의자다. 그는 책『음식혁명』에서 '나는 아이스크림 속에서 태어났다'고 썼다. 저자는 아이스크림 재벌의 아들이었는데, 채식주의자가 되기 위해 모든 것을 포기했다. 그것은 돈과 명성과 사업을 잃는 것을 의미했지만, 그는 진실을 위해 그 일을 했다.

세계적인 장수마을 안데스 산맥에 사는 빌캄바족과 흑해에 사는 아브가키안족, 히말라야 산맥에 사는 훈족은 완전 채식이거나 거의 채식을 한다니 그곳에 가서 그들의 장수 음식 탐구도 하고 싶다.


젤라틴 대신 미역 추출물을 사용한 채식 마시멜로를 탄생시킨 한인 여성 스윗 앤 사라Sweet & Sara 손 대표도 CNBC, 레이첼 쇼, 쿠킹 채널의 낫 마이 마마스 밀Not my mama's meals에 소개되어 폭발적인 인기를 끌고 있다.

채식식당 입구에 'Taste and Believe' 간판을 읽고 들어온 사람들이 맛있다는 믿음의 신호로 음식을 들여다보고 행복한 표정을 짓는다. 봄나물 고향 밥상이 그리운 날엔 언제 밥 먹자고 약속한 사람들 불러서 베지 그릴 그린 푸드 식당에 가자.

 잘되는 Vegetarian 레스토랑

* Vegan Glory
  ADD. 8393 Beverly Blvd LA   TEL. 323-653-4900

* TRULY
  ADD. 5907 Hollywood Blvd   TEL. 323-466-7958

* LEAF CUISINE
  ADD. 11938 W Washington Blvd Culver City   TEL. 310-390-6005

* GREEN TEMPLE
  ADD. 1700 Catalina Ave Redondo Beach   TEL. 310-944-4525

* REAL FOOD DAILY
  ADD. 414 N La Cienega Blvd LA   TEL. 310-451-7544

* Inn of the Seventh Ray
  ADD. 128 Old Topanga Canyon Rd Topanga   TEL. 310-455-1311

미국인의 도시락

샌드위치를

독창적인 참신함으로 빛낸

톱셰프 마이클 볼타지오의

4-inch 샌드위치

**03**

## 셰프의 품격

# ink.sack
잉크 색

**ADD...** 8360 Melrose Ave #107 Los Angeles, CA 90069
**TEL...** 323-651-5866
**WEB...** mvink.com
**HOURS...** 11am~8pm daily
**MENU...** mvink.com/menu
Cold Fried Chicken $5  Spicy Tuna $6
Banh Mi $6  Tuna Salad $6
Turkey Melt  $6  Pastrami $7
Cuban BBQ $6  Chorizo Egg & Cheese $6
Maryland Crab Chips $3  BBQ Pork Rinds $3
Watermelon Sriracha $3  Cookie $2

스타 셰프의 샌드위치라고 겁부터 먹으면 오산. 새큼한 소시지 초리조가 들어 있는 호세 안드레스 참치 샐러드($4~$6)는 맛이 일류지만 가격은 저렴하다.

〈TOP Chef 시즌 6〉에서 우승한 마이클 볼타지오Michael Voltaggio의 잉크 색 ink.sack은 가벼운 샌드위치 점심 메뉴로 LA 샐러리맨들의 따끈한 관심을 끌고 있다. TV 쿠킹 쇼에서 숨 막히는 경쟁을 벌이던 마이클 볼타지오가 직접 만들어 주는 프리미엄 샌드위치를 맛보려고 긴 줄에 서서 차례를 기다리는 사람들은 기대감으로 눈빛이 반짝반짝하다.

빵가루 입힌 바삭바삭한 닭 튀김도 샌드위치와 결합했다. 해초, 샐러리, 양상추 등 풋풋한 재료가 듬뿍 들어 있고 마이클 특유의 소스는 촉촉하게 젖어 상냥하게 식감을 높인다.


스타 셰프 마이클의 팬클럽 회원들은 이곳 샌드위치를 '현대적이면서도 클래식한 샌드위치'라고 부르며 적극 홍보에 나섰다. 새콤한 소시지 초리조Chorizo가 들어 있는 호세 안드레스José Andrés 참치 샌드위치는 미니 사이즈($4~$6)로, '한입에 쏙' 핑거 푸드 열풍을 주도해 유치원, 스쿨 푸드 업체들이 너도나도 따라한다. 실내장식과 티셔츠 그림은 그의 친구 디즈니 애니메이션 그래픽 디자이너 팀이 앞장서서 그렸다.

이곳 샌드위치는 크지 않다. 큰 샌드위치는 너무 지루해 새로운 아이디어로 4-inch 샌드위치를 만들기 시작했단다. 이 독창적인 참신함이 그의 진기한 천재성이다. 서브웨이보다 작은 샌드위치지만 2, 3개의 다른 맛을 즐길 수 있고, 매운 소스 뿌린 파인애플, 감자 칩과 멕시코 초코 쿠키를 곁들여 먹는다. 샌드위치는 김밥처럼 간단하고 손쉽고 가벼운 음식으로 창업하기에 깨끗한 비즈니스다.


마이클은 15세부터 레스토랑에서 일을 시작했으며 나폴리 리츠 칼튼, 패서디나 랭햄Langham, 헌팅턴 호텔 수석 요리사로 Modern American Cuisine, 미국 요리의 챔피언이다. 쌍둥이 같은 그의 형 브라이언도 일류 요리사로, 어려서부터 마이클과 브라이언은 집 부엌을 실험실로 '분자 요리의 모험'을 즐기며 놀았다.

로마인들이 2000년 전부터 먹기 시작한 샌드위치는 대표적인 미국인의 도시락이다. 북미에는 샌드위치협회가 있어 '좋은 샌드위치 만들기' 연구도 한다.

청어Herring, 절인 연어, 앤초비Anchovy를 넣은 북유럽 샌드위치는 LA에서는 날씨가 더운 탓인지 만나기가 쉽지 않다. 고등어+고추장, 김치+치즈 샌드위치 창업을 한다면 할리우드 미식가 팬들을 확보할 것이 틀림없다. 워렌버핏은 성공하려면 'Never suck your thumb. (손가락만 빨지 말고 행동하라.)'고 조언한다. 잘되는 레스토랑을 순례하며 기회를 포착하는 것도 틈새 창업의 알찬 행보다.

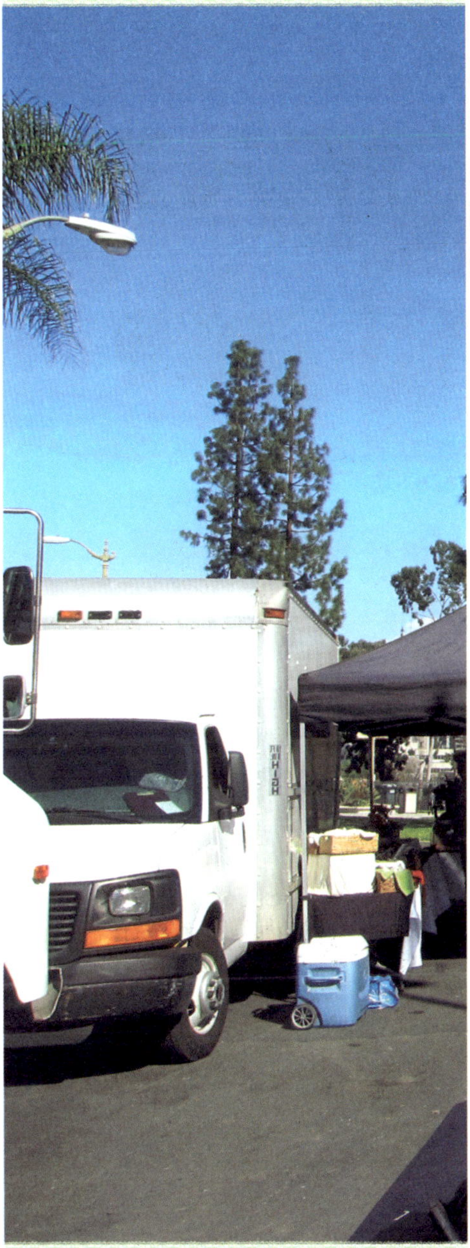

싸고 맛있고

편리하고 빠른

이동 트럭 식당의

붐을 일으킨

로이 최의 고기 타코

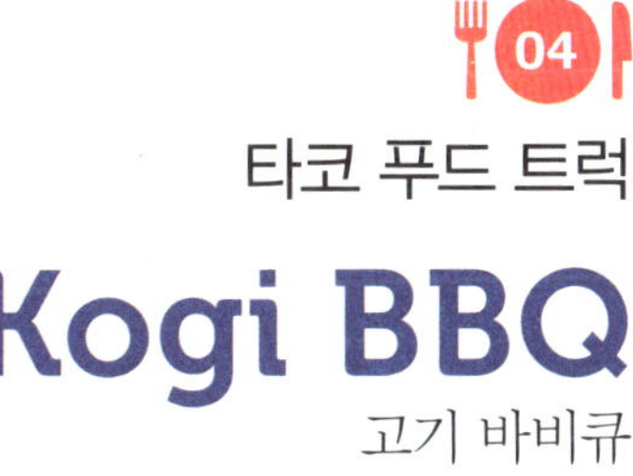

04

타코 푸드 트럭

# Kogi BBQ

고기 바비큐

WEB... www.kogibbq.com

발상의 전환으로 미국 요식업
계를 뒤흔든 로이 최의 고기
타코 트럭 푸드. 트럭 식당 최
초로 '올해의 음식' 타이틀을
받은 고기의 비결은 뭘까.

미국 내 푸드 트럭 열풍을 몰고 온 로이 최의 고기Kogi 타코가 뜨면서 유수 요리학교에 '거리음식' 수업시간이 생겼다. 또한 오바마 대통령이 캘리포니아를 방문했을 때 '오바마가 무엇을 먹을 것인가?'를 예상한 기사에서도 고기 타코가 포함되었다. 거리음식(Urban Street Food)을 요리학교에서 가르치는 것은 예전에는 상상도 못한 일이었기에 로이 최를 '길거리의 Rock Star'라고 매스컴에서 극찬하며 한국 이민 1.5세대 성공 스토리로 보도했다.

2세 때 부모를 따라 미국에 온 로이 최는 요리학교 CIA(Culinary Institute of America)를 거쳐 아이언셰프 출신 미치바가 운영하는 뉴욕의 르 베르나딘 등의 초특급 레스토랑, 베벌리 힐스 힐튼 호텔의 수석 주방장을 지내면서 탄탄한 스펙을 쌓았다. LA 코리아타운에서 성장해 2008년 처음 김치, 불고기 등을 타코에 싸서 선보인 아이디어 셰프 로이 최는 "고기 타코는 한입을 먹는 순간 5,000년의 한국 역사를 느낄 수 있다."고 TV 인터뷰에서 말할 정도로 옹골차고 튼실한 청년이다. LA 다운타운에서 노숙자에게 추수감사절 무료 식사를 제공하기도 한 로이 최의 일거수일투족은 연예 핫뉴스를 장식한다.

호텔/식당 예약 사이트인 가이오닷컴(Gayot.com)에서는 고기 타코를 미 TOP5 푸드 트럭 중의 하나로 소개했다. 2009년 본 아페티Appetit상 수상에 이어 2010년 〈Food & Wine〉의 최고 신인 요리사(Best New Chef)에 선정됐고 올해의 음식으로 고기 타코의 블랙잭 케사디야가 올랐다. 이동 트럭 식당의 주방장이 이 상을 받은 것은 그가 처음이다.

로이 최 덕분에 요즘 LA에선 한국인 요리사 채용도 늘어났다. 고기 타코가 성공한 이후 미국 상류 사회에도 한식 바람이 불고 있다고 NYT는 전했다. LA

고급 식당가 컬버 시티를 점령한 일본 레스토랑조차 메뉴에 비빔밥을 올려놓은 곳이 드물지 않으며, 할리우드 스타의 입맛을 사로잡은 캘리포니아 피자 키친에서도 한국식 바베큐 비프 피자를 개발하고 있다.

'빠르고, 재미있고, 편리하고, 맛있고, 저렴한' 고기 트럭이 성공하자 이를 모델 삼아 '불(Bool)', '불고기(Bull Kogi)', '갈비(Calbi)' 등 코리안 타코의 다양한 버전이 후발주자들에 의해 탄생했다. 트럭 열풍을 타고 로이 최를 벤치마킹한 트럭 사업이 줄줄이 나타난 것에 대해서도 로이 최는 대범하다.

"아이디어를 뺏겼다는 심정이 들지는 않은가?"

"아니, 전혀 없다. 오히려 경쟁하는 게 도움이 된다. 발전할 수 있고 부족한 점을 보완할 수 있으니까. 덕분에 미국인들이 한국 음식을 더 많이 알게 되고 찾게 된 것에 보람을 느낀다."

참으로 훌륭한 청년이다.


〈5스타 호텔의 맛과 퀄리티를 스트릿 음식 가격으로! 타코 $2.29〉 문자를 받으면 트럭 앞에서 줄 설 생각부터 하는 청춘들. 이제 고기 타코 트럭이 뜨는 곳은 미국 동네 블럭 파티 장소가 된다. 블럭 파티란 같은 블럭에 사는 사람들이 음식을 나누어 먹으며 정보를 공유하는 반상회 같은 모임이다.

이 밖에도 인기 있는 푸드 트럭은 타코와 부리토를 즐길 수 있는 Galbi BBQ, Grill 'Em All, Knockout Taco Truck, 핫도그로 유명한 Let's be Frank, 아이스크림 샌드위치를 서브하는 Coolhous 등이 있다.

part 08

# 로맨틱 예쁜 식당

백 년 넘은

클래식 하우스를 개조해 만들어

앤티크 분위기 물씬 나는

오붓한 레스토랑에서

은은한 나무향을 맡아보자!

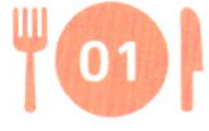

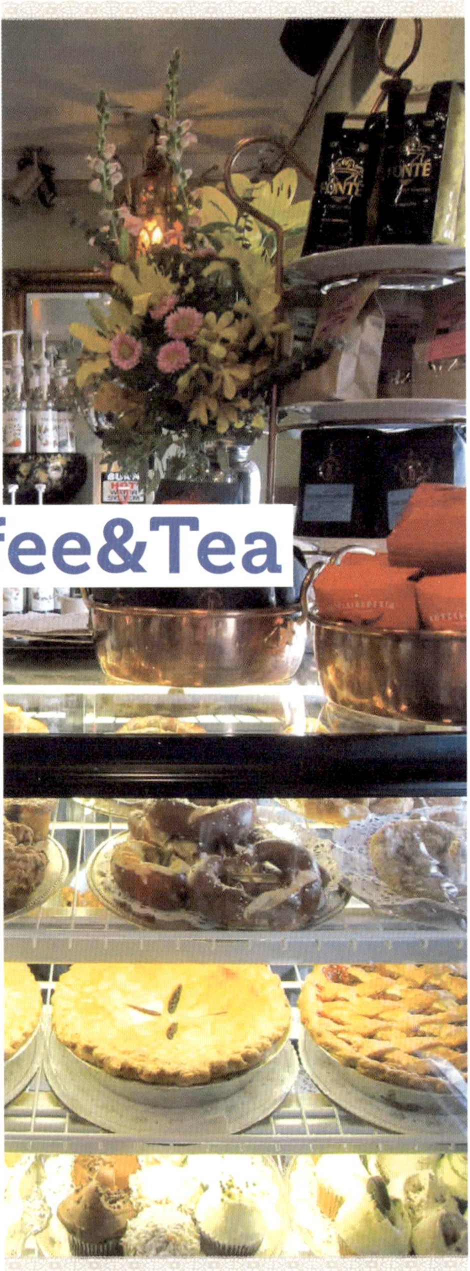

01

행복한 느낌이 팡팡!

# Aroma Coffee&Tea Company

아로마 커피앤티 컴퍼니

**ADD...** 4360 Tujunga Ave Studio City, CA 91604
**TEL...** 818-508-0677
**WEB...** aromacoffeeandtea.com/aroma_final/about_the_cafe.html
**HOURS...** Mon~Sat 6am~11pm, Sun 7am~11pm
**MENU...**
breakfast specials salmon stack *$13.95*
poached eggs & arugula salad *$12.95*
chipotle steak benedict *$12.95*
smoked salmon plate *$13.95*
aroma breakfast sandwich *$11.95*

LA에는 'Aroma'라는 단어가 붙는 레스토랑, 커피숍, 베이커리가 많다. '아로마Aroma'가 '향신료'라는 단어에서 파생된 것처럼 아로마 카페에 앉아 있으면 서절로 향기로운 '아로마 테라피' 효과를 볼 것만 같다.

스튜디오 시디는 영화, TV 연예 활동의 본거지로, 엔터테인먼드 종사자들이 귀신보다 빠르게 맛집을 찾아내 전파하는 곳이다. 내로라하는 스타들의 아지트 아로마에서는 성공 센스가 팡팡 터진다.


유명한 감독과 배우들이 꼭두새벽부터 모닝커피를 마시며 스포츠신문에 대서특필 된 사교계의 소문에 대해 수다를 떨고, 내 일처럼 흥분해서 가십Gossip의 출처를 밝히는 풍경을 아로마 커피앤티 컴퍼니Aroma Coffee&Tea Company에서는 종종 만난다.

주말 브런치 시간에는 손님이 많아 주문하는 데 보통 50분 이상 줄 서서 기다려야 차례가 온다. 백 년 넘은 클래식 하우스를 개조해 만든 아로마는 앞뜰, 뒤뜰, 좁다란 옆뜰 모두 정다운 숲 파티오Patio로 꾸몄다. 구석구석 옛날부터 사용한 그릇, 티세트, 앤티크 소품들이 잘 배치되어 프랑스에서 이민 온 동네 부자들이 애지중지 아끼는 카페이며, 거실을 리모델링해 큰 돈 들이지 않은 인테리어도 나무 향이 은은하다.

시간이 흐를수록 심신이 한없이 고요해지는 아로마는 〈LA 매거진〉과 라이프스타일 잡지 〈선셋 매거진〉에서 LA 베스트 브런치로 뽑았다. 좁다란 벽, 화장실에 붙여 놓은 액자 속 'Haven for morning coffee (모닝커피의 천국)'이라고 표현한 기사가 거울 속에 비친다.

당장 카피하고 싶은 셀프 서비스 얼음 물통과 레몬, To-Go 박스 진열대까지

이곳의 하트 모양 패이스트리, 크런치 셸 비스킷, 연어 구이, 두부 라이스, 로즈메리 감자 등은 세월이 흘러도 맛과 품질이 달라지지 않는다.

유심히 관찰하며 회심의 미소를 짓는다. 나도 한번 아로마 따라쟁이가 되어볼까? 변두리 주택을 빈티지 공간으로 창업하면 렌트비를 대폭 절약할 수 있다.

샌프란시스코의 명물 브런치 식당 마마스와 비슷한 실내 분위기에 로스앤젤레스의 따사로운 멋과 낭만이 어우러져 마음의 안정을 찾을 수 있는 이곳에서는 무엇을 먹어도 위로가 된다. 크림치즈가 듬뿍 들어 있는 하트 모양 패이스트리Pastry, 크런치 셸 비스킷, 연어구이, 두부 라이스, 로즈메리 감자가 인기 메뉴다. 생크림 딸기 케이크, 수제 초콜릿들이 주문받는 쇼윈도에서 '날 좀 봐요!', '여기, 여기 나 여기 있어요!' 손짓한다.

돈 내고, 주문하고, 번호 깃발을 받고 햇살 내리는 파라솔 아래 앉으면 부엌에서 흘러나오는 맛있는 냄새가 행복하다. 아로마의 꽃그늘에서 유럽식 아침을 즐기고 가까운 멀홀랜드Mulholland 언덕을 달리면 영화를 보고도 도통 스토리를 이해하기 어려웠던 데이비드 린치 감독의 〈Mulholland Dr.〉가 새롭다. 삶과 사랑, 바람과 아쉬움, 후회와 망상이 모두 난해하게 녹아 있는 아릿한 스크린이다.

아로마에 앉아 커피를 한 모금 넘겼을 때 데자뷔 현상을 느꼈다. 마치 언젠가와 본 것 같은 착각. 오밀조밀 감각적인 카페다. 흔쾌하게 사진촬영을 허락해 주신 바쁜 주인께 아로마의 성공 노하우에 대해 질문했다.

"Cafe Aroma is Originally a Charming Home Made Style!"

역시 보수적인 동네에서는 홈메이드 스타일이 먹힌다. 아로마 치유 효과와 돈 잘 버는 식당의 매혹적 장치는 불붙은 창업도전의 정열을 한층 더 긍정적으로 부추긴다. 이번 주말 맛있는 향기가 풍성한 아로마 커피앤티Aroma Coffee&Tea로 일상의 탈출 여행을 하자.

### ★ 아로마의 성공 요인

❶ 처음부터 크게 차리지 않고 욕심내지 않았다. 커피와 빵으로 시작, 다양한 브런치 메뉴를 개발하고 옛날 집 구조를 조금씩 변형시켜 풀 서비스 카페로 변신했다.

❷ 달걀 요리, 토스트 샌드위치, 멕시코음식, 마카롱, 초콜릿까지. 다인종 아침 문화에 쏙쏙 젖어들어 먹혔다. 조그만 카페에 메뉴가 50가지가 넘는다.

❸ 15년 이상 꾸준하게 최고의 에스프레소, Fonte Miicro 커피 로스터, 품질 좋은 잎 차로 단골손님에게 신용을 얻었고 신뢰감을 잃지 않도록 고객 관리를 지속적으로 잘한다. 친절하고 미소를 잃지 않는 예쁜 종업원들도 매력 포인트!

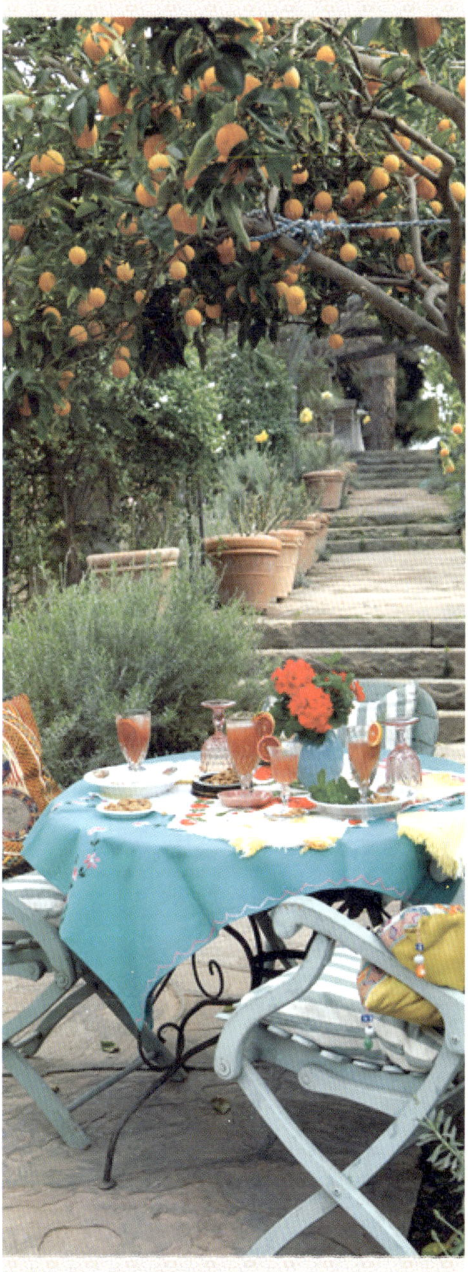

눈부신 산타 모니카 해변과

베벌리 힐스 로버트슨 대로의

온천지가 꽃밭인

퓨전 스타일

로맨틱 레스토랑

02

## 작은 보물섬의 큰 기쁨

# The Ivy 아이비

Robertson **ADD...** 113 N Robertson Blvd Los Angeles, CA 90048 **TEL...** 310-274-8303
Santa Monica **ADD...** 1535 Ocean Ave Santa Monica, CA 90401 **TEL...** 310-393-3113
**WEB...** www.theivyrestaurant.com
**HOURS...** Mon~Sat 8am~11pm, Sun 8am~10pm
**MENU...**
Fresh Tuna Tartare toro blue fin *$17.75*
French Fried Calamari *$14.75*
Spicy Chicken Gumbo Ya-Ya *$11.75*
Fresh Santa Barbara Crab Salad *$27.75*
Fresh Wild Swordfish *$31.75*
Wild Maine Lobster Ravioli *$31.75*
Louisiana Black Pepper Shrimp *$28.75*

아이비 레스토랑의 음식
은 이태리+미국+멕시코
퓨전 스타일. 음식 맛보다
는 무드 중심 식당인데도
사람들이 바글바글하다.
예약하지 않으면 1시간
이상을 기다려야 한다.

거의 모든 식당에는 저마다 색깔이 있다. 신림동 고시생들을 위한 식당인가, 방과 후 청소년들을 대상으로 할 것인가, 일용 노동자를 위한 뜨거운 국물인가. 나름의 콘텐츠가 있고, 고객 연령과 취향을 가늠하고 오픈한다.

불경기를 모르는 상점은 베이비 용품점, 러블리 여성 용품점, 럭셔리 명품점이다. 또한 미국 내 주류 소비자군을 이루고 있는 청춘들, 베이비 부머Baby Boomer 세대와 부자를 위한 마케팅은 승전보를 울리며 성공하고 있다.


눈부신 산타 모니카 해변과 파파라치 잠복 0순위 베벌리 힐스 로버트슨 대로 Robertson Blvd에 있는 아이비The Ivy는 온천지가 핑크 꽃밭이다. 할리우드 내로라하는 스타들이 데이트하는 장면이 잡지 표지에 많이 찍히는 이곳에서는 타이밍이 잘 맞으면 영화배우 니콜 리치, 린지 로한, 하이디 클룸을 만날 수 있다. 또한 카일리 미노그, 패리스 힐튼, 톰 크루즈, 조지 마이클, 조디 포스터의 단골식당이기도 하다.

아이비 레스토랑은 몽실몽실한 모란, 장미 꽃병이 놓인 실내 디스플레이 감상만으로도 행복한 콧노래가 나온다. 손님을 반겨주는 훈남 매니저도 꽃무늬 넥타이를 착용해 인상 깊다. 우아한 여주인이 재치 있게 속삭인다. "Don't make war, make love. (싸우지 말고 사랑하세요.)"

일상에 지쳤을 때, 사랑이 시들어갈 때, 이곳에서 생일이나 특별한 모임으로 꿈꾸는 시간을 보낸다면 봄의 들판을 걷는 설렘이 되살아난다. 차도남도 매너 있는 왕자님이 되고, 콧대 높은 미시족도 애교 넘치는 귀여운 여인이 된다는 그곳! 아이비 레스토랑의 음식은 이태리+미국+멕시코 퓨전 스타일로, 가격은 $15~$37 정도다. 음식 맛보다는 무드 중심 식당인데도 사람들이 바글바글하다. 예약하지 않으면 1시간 이상 기다려야 한다.

아늑하고 분위기 좋아
결혼 파티를 하고
매년 기념하러 오는
'7번째 빛의 별장'이라는
뜻을 가진 레스토랑

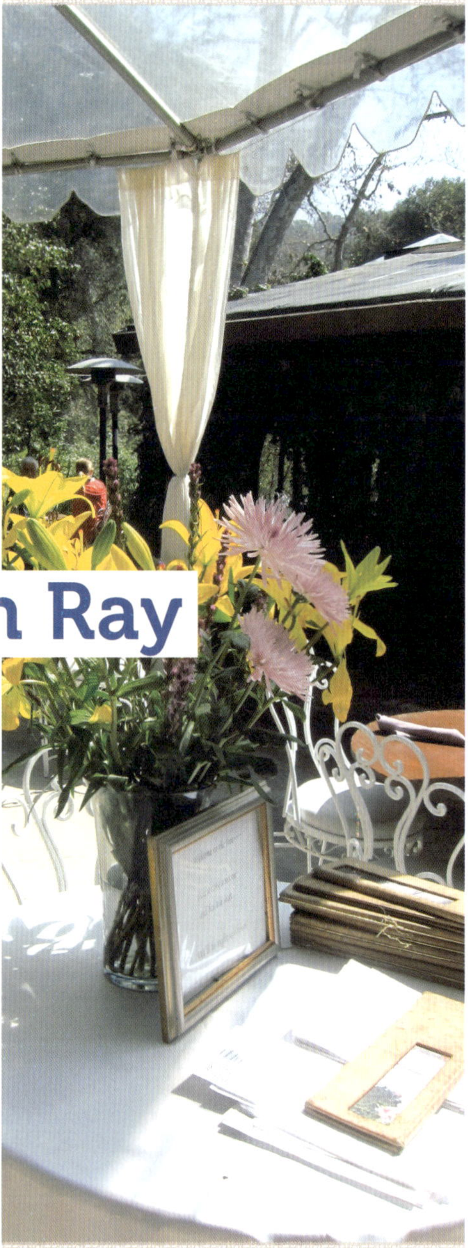

03

토팽가 캐니언의 진주

# Inn of the Seventh Ray

**ADD...** 128 Old Topanga Canyon Rd Topanga, CA 90290
**TEL...** 310-455-1311
**WEB...** innoftheseventhray.com
**ROUTE...** LA-CA 1 N → PCHwy → CA 27N → S.Topanga Canyon → 좌회전 Old Topanga Canyon Rd 진입

산타 모니카 마운틴 깊은 산속에는 말리부크리크주립공원Malibu Creek State Park, 토팽가 캐니언Topanga Canyon, 인디언 센터 등 가볼 만한 곳들이 줄지어 있다.

〈LA 타임스〉, ZAGAT 등에서 로스앤셀레스에서 가장 로맨틱한 레스토랑으로 선정된 이곳은 토팽가 캐니언 숲길에 있다. 보라, 노랑 야생화가 피어난 언덕에 앉아 가만히 귀 기울이면 셰익스피어의 소네트Sonnet가 들려온다.

감미롭고 조용한 사념 속에 지난 일들을 돌이켜 볼 때,
내 그대를 여름날에 비할 수 있으리까?
거친 바람이 오월의 향긋한 꽃봉오리를 흔들고, 우리에게 허락된 여름이여.


'한여름 밤의 꿈'의 대사가 들려오는 이유는 가까운 곳에 셰익스피어 야외극장이 있기 때문이다. 이 극장에서는 언어의 마술사 셰익스피어에 반한 연극 감독이 올드 토팽가Old Topanga에 '임금님 극단King's Men'을 만들고 매 시즌 공연을 한다.


샌 퍼낸도 밸리San Fernando Valley와 태평양 사이에 있는 협곡 토팽가Topanga는 인디언 언어로 '바다를 향해 달려가는 산맥'이라는 뜻이다. 토팽가의 숨은 진주 Seventh Ray, 즉 '제 7의 빛'은 의미가 좋아 팝 노래 가사에도 많이 인용한 시어다. 순수한 식재료로 만든 음식에도 '자연의 정령이 숨 쉰다'고 홍보하는 영상 DVD만 보아도 서정적이다. 1930년대에 지어져 말리부 부호의 저택, 교회, 주유소 등을 거친 후 본래의 모습으로 복원되어 '7번째 빛의 별장'이라는 신비한 이름으로 단장했으며, 여기에서 결혼 파티를 하고 매년 기념하러 오는

뒤뜰 채소밭에서 방금 따온 셰프 팜 샐러드 요리가 이 집의 특색이지만 연어 파스타, 시푸드 스페셜도 훌륭하다.

커플들이 수없이 많다. 아늑하고 분위기가 좋아 밸런타인, 어머니날에는 서둘러 예약해야 한다.

태양의 에너지를 감사하는 식당에는 사파이어의 투명한 블루가 넘친다. 오솔길을 부서상과 야생화로 장식한 이 식낭은 서녁마다 크리스마스 캔들을 밝혀 더욱 영롱하다. 산과 들에서 채취한 허브와 올리브를 많이 사용한 음식으로 몸의 활력을 찾으라는 주방장은 새소리를 들으며 요리를 감상하는 풍류를 알고 있다.


Inn of the Seventh Ray에서는 셰익스피어의 글로브 극장에서 들려오는 오페라가 절창이다. 청소년 뮤지컬 '로미오와 줄리엣' 21세기 버전은 '이름이 뭐예요?'로 시작한다.


What's in a name? That which we call a rose

By any other word would smell as sweet …

이름이 뭔가요? 우리가 장미를 그 어떤 다른 이름으로 부른다 할지라도

그것은 여전히 장미 향기를 낼 텐데 …


낭만이 가득한 Seventh Ray의 아웃도어 세팅은 청춘들의 프로포즈, 입맞춤을 위한 시크릿 가든이다. 맛있는 힐링은 바로 이런 것이 아닐까? 런치 $13~$28. 뒤뜰 채소밭에서 방금 따온 셰프 팜<sup>Farm</sup> 샐러드 요리가 이 집의 특색이지만 연어 파스타, 시푸드 스페셜도 원더풀, 뷰티풀 감탄사가 절로 나온다. 옆집은 예쁜 기념품을 파는 어린왕자의 소행성, 책방이다.

캘리포니아 사람들의

주말여행지 1순위

오하이에 위치한

미국식 퀴진 레스토랑에서

웰빙 요리를 즐기자

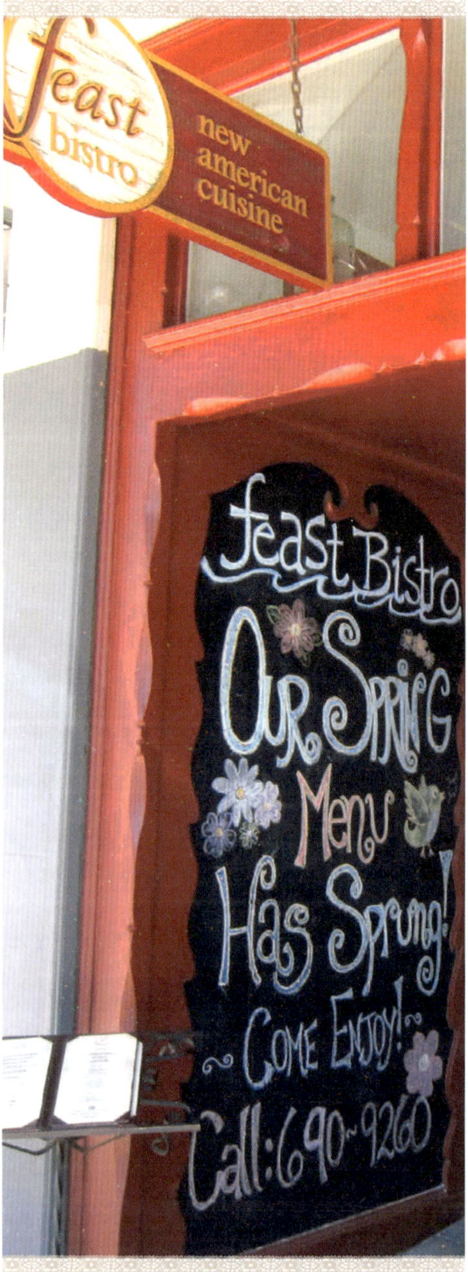


04

오하이 밸리Ojai Valley의

# feast bistro

피스트 비스트로

**ADD...** 254 E Ojai Ave Ojai, CA 93023

**TEL...** 805-640-9260

**WEB...** www.feastofojai.com

**HOURS...** Tue~Sat (Lunch) 11:30am~/(Dinner) 5:30pm~, Sun (Brunch) 10:30am~, closed on Monday

**MENU...**

EEL River Organic Beef Burger with Cheese *$13*

Memphis-Style Pulled Pork Sandwich *$13*

Veggie Burger with Cheese/White Bean and Tuna *$13*

Mussels and clams in a garlic cream sauce *$14*

Chicken Banh Mi *$13*

**ROUTE...** 101 N → 33번 N Hwy → Ojai Valley

　LA에서 1시간 30분 운전하면 만나는 해맑은 산골 오하이Ojai는 바라만 보아도 행복한 합창이 나온다. 오하이는 원주민인 추마시Chumash 인디언들이 이 지역을 '달이 뜨는 계곡'이라고 불렀던 것에서 유래한다고 한다. 로스 파드레스 국립 산림지대 토파토파Topatopa 산기슭에 위치한 오하이 밸리는 영화 〈잃어버린 지평선〉에서 지상낙원으로 소개되어 더욱 유명해졌다.

　제임스 힐튼이 쓴 소설 『Lost Horizon』 속 샹그릴라Shangrila의 촬영 무대가 된 절경 속 로즈 밸리는 캘리포니아의 10대 계곡이다. 카시타스 호수에서 이어지는 새벽 안개 고요한 푸르름과 석양 무렵 핑크빛 순간이 장관이다. 오하이 전체가 분홍빛으로 물드는 풍치를 보려고 캘리포니아 사람들은 주말여행지 제 1순위로 선택한다.

　여름 음악제 오하이 뮤직 페스티벌Ojai Music Festival, 와인 축제, 각종 문화 예술 공연 및 갤러리가 밀집해 있기에 멋을 아는 사람들이 모여 사는 곳이며, 계곡 가득 라벤더가 피어나 농산물시장에서는 잼과 야생꽃차를 맛보는 행렬이 길게 이어진다.

　이곳은 스페인 풍 건축의 오하이 아케이드, 스패니시 무어 양식의 박물관, 아리따운 시청, 인도 철학자가 머물렀던 크리슈나무르티 명상센터, 메디테이션 마운트, 세계의 정원, 아티스트 빌리지, 야외음악당 리비 보울, 오하이 커피 로스팅 컴퍼니, 랜치 하우스Ranch House, 수잔 퀴진Suzanne's Cuisine 등 가볼 곳이 너무나 많아 넉넉하게 1주일 여행 계획을 세워야 한다.


　오하이에 위치한 피스트 비스트로feast bistro 레스토랑은 새로운 미국식 퀴진으로 멕시코와 유럽 복합 퓨전 스타일의 웰빙 요리를 즐길 수 있다.

　베스트 오하이 레스토랑으로 2011~2012년 연속 선정된 이곳은 셰프 수잔

크림 조개, 퀘사디아, 유기농 버
거, 베지 버거, 치킨 반 미 등 이
곳의 음식들은 가게 이름처럼
접시 위에서 잔치가 벌어지는
듯한 모양과 맛을 갖추었다.

Susan과 베릴 슈워츠Beryl Schwartz가 자신 있게 공개한 정중앙 사각형 주방에서 주문을 받으면 즉석에서 요리한다.

크림 조개와 퀘사디아($13~$15)를 능숙한 웨이트리스가 추천해 맛보았는데 식당 이름처럼 정말 한 접시의 '잔치'다. 유기농 재료로 만든 꽃구름 맛에 엔돌핀이 솟는다.

요리잡지 〈본 아페티Bon Appetit〉의 찬사처럼 마치 프랑스나 이탈리아에서 여유롭게 휴가를 즐기는 느낌! "Another Taste of Ojai We feel as though we're sitting in Italy or France on holiday!"

2005년에 창업한 이 식당은 멀리서 여행 온 손님들과 팬시한 인테리어가 잘 어울리는 우아한 식당으로, 디너에서는 촛불을 밝혀주어 로맨틱 무드를 조성한다. 바깥뜰로 이어지는 Ojai's Historic Arcade 뒷마당에는 갤러리, 옷가게가 있어 오후의 산책을 즐기기에 더없이 좋은 장소다. 이곳은 LA에서 북쪽으로 90마일 떨어져 있는데, 이렇게 도심에서 살짝 벗어난 곳에 개성적인 팝 아트 카페를 창업하는 것이 요즘은 대유행이다.

**05**

## 수박 주스의 향기

# NATIVE FOODS CAFÉ

네이티브 푸드 카페

**ADD...** 9343 Culver Blvd Culver City, CA 90232
**TEL...** 310-559-3601
**WEB...** www.nativefoods.com
**HOURS...** Mon~Sun 11am~10pm
**MENU...**
Ensalada Azteca Salad *$9.95*  Mad Cowboy *$9.95*
Portobello and Sausage Burger *$9.95*
Wild Jackelope BBQ Sandwich *$9.95*
Rockin' Moroccan Bowl 9.95  Greek Gyro *$9.95*
Bangkok Curry Bowl 9.95
Sesame Kale Macro Bowl *$8.95*

LA 유명 카페촌 올드 패서디나, 웨스트우드, 컬버 시티로 모여든 미식가들은 주말마다 새로운 음식을 찾아 기웃거린다. 풀 향기 가득 찬 네이티브NATIVE 카페는 디테일의 차별화로 성공했다. 이름도 잘 지었다. 유기농 농장직송 웰빙 푸드가 귁꽝빌는 시대에 네이티브는 단이 의미 그대로 가장 향토적이면서도 천연 그대로의 토속 맛을 꾸밈없이 식탁 위에 선물한다.

메뉴를 읽어보면 No 콜레스테롤, 글루텐 Free에 동서양 채소, 뿌리작물과 향신료를 세밀하게 조합한 채식요리가 돋보인다. 방콕 카레, 사이공 롤, 모로코 소스, 오클라호마 베이컨, 달지 않은 디저트, 할머니가 만든 애플파이, 그리스의 맛을 가미한 특별함이 이국적이다. 가격은 $5~$9.95.


포인트 카드를 적립해두면 디스카운트 보너스가 있다. 작은 아이디어로 소소한 기쁨을 주는 마음들이 새록새록 귀엽다.

거기에 덧붙여 환경보존 장바구니, 수박 주스의 상긋함, 짜지 않고 기름지지 않은 담백한 음식을 환영하는 채식 팬들이 조용히 질서를 지킨다. 애피타이저 1개만 주문해도 부족하지 않게 넉넉하게 담아주는 센스와 밭에서 방금 따온 채소로 샐러드 타워를 쌓아주는 푸근함에 자꾸 또 가고 싶은 순박한 카페다.


TV 영화 〈Suddenly, Love〉의 드류 베리모어Drew Barrymore가 이 카페의 우유 팩과 같은 팩에 들어있는 물을 좋아한다는 기사를 읽고 스타 따라쟁이 손님들이 물팩을 많이 찾는다. 고향맛, 엄마 손맛 콘셉트가 제대로 초대박을 쳤다. 네이티브는 1994년 팜 스프링에서 창업했으며, LA에는 컬버 시티, 웨스트우드, 산타 모니카에 체인을 갖고 있다.

No 콜레스테롤, 글루텐 Free
에 동서양 채소, 뿌리작물과
향신료를 세밀하게 조합한
채식요리가 돋보이는 메뉴
구성이 산뜻하다.

part 09

빵과 커피가
어우러지는
카페

고급스런 음식과
방금 구운 빵을 제공해
스타벅스보다
사람이 많은
빵이 정말 맛있는 집

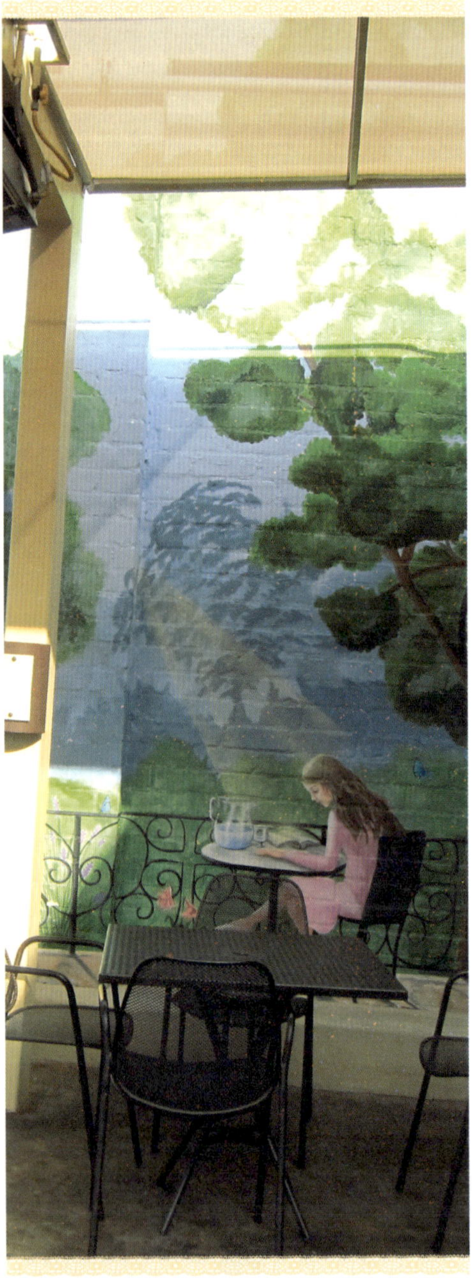

01

## 공부하기 좋은 베이커리 카페

# Panera 파네라

**ADD...** 12131 Ventura Blvd Studio City, CA 91604
**TEL...** 818-762-2226
**WEB...** www.panerabread.com
**HOURS...** Mon~Sat 7am~10pm, Sun 7am~9pm

인터넷도 빵빵 잘 터지고 빵이 그 어느 카페보다 맛있다. 스페인어로 '빵 바구니'라는 의미인 파네라Panera는 옆에 있는 스타벅스보다 고급스런 음식과 방금 구운 빵을 공급하기에 찾는 고객이 많다.

캐주얼 방식으로 카운터에서 주문을 하고 조용한 자리에 앉아 기다리면 10분 후에 나눠준 번호표를 보고 웨이터가 테이블로 식사를 가져다준다. 기다리는 동안 카페 벽에 걸려 있는 벽화를 감상하자. 따스한 삶의 온기를 전달해주는 일상을 그린 액자 속 그림들이 안락하다. 포근한 빵과 잘 매치되어 안방 소파에 앉아 있는 느낌! 뒷마당에도 그라피티가 있어서 그림 속 소녀와 대화를 나눈다.

직장인들의 가벼운 점심은 특제소스에 버무린 샐러드와 새우 파스타, 구운 칠면조(Roasted Turkey Artichoke), 시금치 튜나 치즈로 든든하게 챙겨준다. 파네라의 가장 큰 장점은 다이어트(1/2 half) 메뉴다. 베이글을 비롯한 각종 샌드위치, 수프를 반반씩 주문할 수 있으며 곁들임으로 바게트 한 조각, 사과 하나, 감자 칩을 선택한다.

Yelp 리뷰에서 가장 별점을 많이 받은 브로콜리 치즈 수프(Bread Bowl of Broccoli Cheese Soup)와 치킨 샐러드와 토마토 모차렐라 파니니(Sesame Chicken Salad & Tomato Mozzarella Panini)는 따끈따끈한 모차렐라 치즈가 주욱~쭉 늘어나 먹는 재미가 보통 피자는 저리 가라다. 샌드위치는 차가운 식감인데 파니니는 그릴에 살짝 구워 따끈한 토스트가 고소하다.

'Explore Pasta and Soups' 섹션도 풍성하며 겨울에는 치킨 누들 수프 국물이 감기에 좋다고 유능한 매니저가 권한다. 커피, 티Tea, 주스도 종류가 많아 골고루 마셔본다. 피칸 브라우니, 파인애플 샐러드에도 과일과 요구르트를 넣

브로콜리 치즈 수프
와 토마토 모차렐
라 파니니는 따끈따
끈한 모차렐라 치즈
가 쭉 늘어나 먹는
재미가 피자는 저리
가라다.

어 상큼하다. 소스를 한 스푼만 더 달라고 애원하고 싶지만 달달한 유혹을 되도록 참는 연습을 한다.


포인트 카드를 등록하면 샌드위치 레시피와 무료시식권을 보내준다. $1, $2 절약 서비스가 아무것도 아닌 것 같아도 기분을 좋게 하는 맛이 있다.

이곳은 가격 대비($6~$13) 착한 음식들을 만족스럽게 즐길 수 있어서 친구들과 만남의 장소로도 자주 이용된다. 갈 때마다 고맙고 소중한 빵 카페다.

파네라는 뛰어난 경영 마인드로 호감도를 높인다. 이익이 나면 손님들에게 할인쿠폰으로 돈을 되돌려 주는 비영리 베이커리로 운영한다. 또한 고객들은 돈을 기부하는 대신 자원봉사를 할 수도 있다. 어떤 이들은 식료품점 Trader Joe 근처에 있는 휴지통에서 가져온 꽃을 가게 로비에 갖다 놓는다. 그리고 펜이나 연필을 모금함에 넣는 이들도 있고, 장난꾸러기들은 장난감 돈을 넣기도 한다.


오븐에 굽는 베이커리는 물론, 커피도 늘 신선한 상태를 유지한다. 커피를 볶은 시간을 기록하는 작은 배려심에 신뢰감이 소복소복 쌓인다. 1981년에 시작된 이 카페는 미국과 캐나다에 1,708개 프랜차이즈 매장이 있으며, 본사는 미조리주 세인트 루이스에 있다. 사람들이 동경하는 기업답게 사회 환원 프로그램을 매년 확장, 활성화하고 있는 점은 중소기업인들이 배울 덕목이다.

## 02

철학이 있는 비스트로 카페

# corner bakery
# cafe 코너 베이커리 카페

본점 **ADD...** 3807 E Foothill Blvd Pasadena, CA 91107
**TEL...** 626-351-0464
Orange **ADD...** 20 City Blvd W Orange, CA 92868
**TEL...** 714- 939-8410
Thousand Oaks **ADD...** 111 S Westlake Blvd Thousand Oaks,
CA 91362 **TEL...** 805- 496-6993
**WEB...** www.cornerbakerycafe.com/Home.aspx
**HOURS...** Mon~Thu/Sun 7am~9pm, Fri&Sat 7am~10pm
**MENU...**
*Panini Combo;* Panini with Caesar Salad, or cup of soup.
*Pasta Combo;* Pasta with Caesar Salad,
Mixed Greens Tomato Salad
*Salad Combo;* Hand-Tossed Salad with a Cup of Soup.

청담동 작은 사모님들이 탐낼 만한 코너 베이커리 카페corner bakery cafe는 부자동네 플라자 코너에 자리 잡아 교육열 높은 엄마들의 모닝 미팅, 정보 교환 장소 역할을 톡톡히 한다.

문을 열고 들어가 카운터까지 가는 동안 비구니에 잔뜩 담긴 빵과 쿠키는 '날 좀 데려가요.' 옹알이를 하는 듯하여 한두 개 집어 들지 않을 수 없다. 귀엽게 포장도 잘 했다.

줄 서서 기다리는 동안 늘씬한 아가씨와 눈이 마주쳤다. 코너 빵을 좋아하느냐고 묻자 준비된 듯 대답한다. "I love this place! It's inexpensive, fast, healthy." 별로 비싸지도 않고 건강한 파스타, 파니니를 얼른 손쉽게 먹을 수 있으니 사랑하는 카페란다.


1991년 시카고 도심 길모퉁이에서 창업한 이 가게는 이탈리아 이민자들이 그리워하는 전통 방식으로 화덕에서 파삭하게 구운 빵과 파니니로 출발한 소담한 베이커리였다. 그 지역에서 점점 인기를 끌자 고향 맛 나는 샌드위치, 수프, 에스프레소를 선보여 주변 사람들에게 훌륭하다는 평가를 받고 2013년 현재 151개의 프랜차이즈로 성장했다. 해마다 변신한 메뉴는 좀 더 다양해져 최근에는 동양 식재료도 사용한다.

아시안 치킨 완탄Asian Chicken Wonton 샐러드는 믹스드 그린(Mixed Greens)+에다마메(Edamame, 풋콩)+방울토마토(Cherry Tomatoes)를 듬뿍 넣었다. 여기에 토마토 바질 수프, 호밀 빵과 함께 아시안 콤보를 구성해 알차게 한 끼가 해결된다. 치즈가 자르르 흘러내리는 특제 치즈 파니니도 주문이 넘쳐 코너 카페 고속성장에 가속도가 붙었다.

주문 즉시 만드는 샐러드와 샌
드위치, 파니니, 그리고 파스타,
계절 수프를 맛볼 수 있으며,
한쪽 구석에는 케멕스 커피 추
출기가 보물로 전시되어 있다.

메뉴는 빵 한 가지에서 점점 진화했다. 오트밀과 계란 요리, 온기 있는 아침 식사, 싱글족들의 점심, 저녁 식사를 위해 제철요리를 추가했으며 '신선도'에 집중했다. 아메리카에 사는 다인종 라이프 스타일에 가장 적합한 방법을 연구했고, 덧붙여 파티가 많은 기업을 방문해 요리사가 만든 케이터링(출장 연회) 프로그램을 홍보했다. 그 결과 매출이 쑥쑥 자라는 상승세를 탔다. 코너는 일상에 대한 작은 관심이 커다란 수익을 안겨주는 동력이 될 수 있다는 사례로 푸드&레스토랑 채널에서 '추진력과 임팩트가 있는 경영 전략 빵 카페'라는 칭찬을 들었다.


코너는 철학이 있는 비스트로 카페로 더욱 발전할 미래의 포부를 그린다. 매스컴 인터뷰에서 코너의 최고 마케팅 책임자(CMO)는 "좋은 일들은 한 잔의 커피를 통해 발생되는 일이 비일비재해 코너의 우수한 경영진들은 항상 커피 한잔을 들고 토론의 시간을 자주 갖는다. 우리는 고객도 그런 여유로움을 코너에서 발견하기를 바란다."고 적절한 코멘트를 했다.

그는 한 예로 디자인 걸작 중에 하나인 원두를 드립하는 케멕스CHEMEX의 에피소드를 소개했다. 이 기구는 독일의 화학자인 슈룸봄Peter Schlumbohm 박사에 의해 발명되었는데 처음에는 실험용 도구인 삼각플라스크와 실험관을 응용하였다. 하지만 정작 답을 얻은 것은 우연히 들른 한 카페에서였다. 어느 날 잘록한 허리에 벨트를 두른 아가씨의 옷차림을 보고 연구한 끝에 지금의 배꼽달린 케멕스가 완성되었고, 1956년 일리노이 공과대학에서는 현대 최고의 디자인으로 케멕스가 유일하게 선정된 것이다. 그뿐만 아니라 뉴욕과 동유럽 여러 나라들의 유명 박물관에서 영구 보존 컬렉션으로 평가되어 현재까지 그 명성을 날리고 있다. 물론 코너의 오피스에는 케멕스가 보물로 전시되어 있다.

이곳의 총괄 매니저는 따끈한 아침 식사(Hot breakfasts), 특별한 빵(Specialty breads), 주문 즉시 만드는 샐러드와 샌드위치, 파니니 그리고 파스타(Made-to-order salads, sandwiches, panini, and pastas), 계절 수프(Seasonal soups), 갓 구운 과자(Freshly baked sweets), 손으로 정성 들여 볶은 커피와 고급차(Hand-roasted coffee by Java City and gourmet teas by Mighty Leaf) 등 다양한 선택권이 성공 비결이라고 말한다. 평범한 듯해도 성의껏 준비해 고객을 감동시킨다.

'코너' 카페 이름처럼 아주 작은 구석구석 오너가 최선을 다한 모습이 보인다. 음식도 예쁘고 맛있다. 커피와 차를 진열한 선반대도 다른 곳보다 질서가 있다. 이제 코너의 간판이 멀리 보이면 그냥 지나치지 말고 들러서 커피랑 철학하며 맘껏 놀아보자.

03

바리스타의 로망

# INTELLIGENTSIA

인텔리젠시아

**Sunset ADD...** 3922 W Sunset Blvd  Los Angeles, CA 90029 **TEL...** 323-663-6173
**Venice Coffeebar ADD...** 1331 Abbot Kinney Blvd Venice, CA 90291
**TEL...** 310-399-1233
**Pasadena ADD...** 55 East Colorado Blvd Pasadena, CA 91105
**TEL...** 626-578-1270
**WEB...** www.intelligentsiacoffee.com
**HOURS...** Mon~Wed/Sun 6am~8pm, Thu~Sat 6am~11pm

신선한 원두, 로스팅 및 블랜드 노하우, 수준 높은 커피로 정말 인텔리 계층만 즐기라는 듯 개성적인 고객층을 끌어들이고 있다.

오렌지 나무가 울타리마다 무성한 실버레이크 선셋 정션Sunset Junction에 있는 이름도 고상한 인텔리젠시아INTELLIGENTSIA 파티오에서 청춘들은 마치 하버드 대학 도서관에 온 듯 스콘 옆에 노트북을 펼쳐놓고 리포트 작성에 열중한다. 분주한 실내에서도 커피와 차, 인문학을 사랑하는 마니아들이 토론하며 비즈니스 고안에 열을 올리는 풍경이 매우 학구적이다.

자, 그럼 그 누구도 따라올 수 없는 품질 좋은 향의 독보적인 커리어를 쌓은 커피를 구경해보자. 인텔리젠틱한 사람들은 격에 맞는 공간과 장치 속에 존재해야 한다고 주장하는 창업주 더그 젤Doug Zell은 디자인도 그 도시미학에 맞춤했다. 처음 보았을 때는 그냥 인기 카페 같지만 한참 들여다보면 이곳의 중심은 역시 바리스타다.

커피 전문점 이름으로 썩 잘 어울리는 단어 'Intelligentsia'는 지식인, 문화인을 뜻하는 라틴어에서 왔으며, 특히 러시아에서 지식 노동에 종사했던 혁명적 지식인 계층을 일컬었던 말로, 그래서 그런지 인텔리젠시아의 바리스타 의상은 러시아 장교 복장과 비슷하다. 바리스타는 시침 떼고 유머를 던진다. 내가 바로 '커피 백작'이라고.

이곳은 신선한 원두, 로스팅 및 블랜드 노하우, 수준 높은 커피로 정말 인텔리 계층만 즐기라는 듯 개성적인 고객층을 끌어들이고 있다. 1995년 커피 마시기 좋은 바람의 도시 시카고에서 창업했으며, 특별한 커피를 위한 워크숍을 개최하여 커피만을 연구하는 과학자 같은 바리스타에게 더 많은 지식을 나눠주었다. 철두철미한 시장조사 끝에 콜롬비아, 엘살바도르, 과테말라, 코스타리카, 브라질에서 소규모 커피 밭을 꾸려가는 농부와 직접 계약을 맺어 정당

한 대가를 지불하고 사온 공정무역 커피만을 판매하며, 제대로 기품 있는 커피를 마시려면 기계가 아닌 손으로 커피를 내리는 방식이어야 한다고 고집하는 인텔리젠시아는 커피에 대한 지식이 귀족급이며 또한 고품질의 생두가 지닌 고유한 풍미를 잘 살려냈다. 그 비결은 유능한 바리스타 손끝에서 나온단다. 로스팅한 후 올바른 추출법을 사용해 만든 커피만을 제공하는 것을 원칙으로 한다.

친절하게도 이곳에서는 가정에서도 쉽게 드립핑할 수 있는 유리 실험관 같은 커피 기구를 판매한다. House Blend Gift Box $30~$350.


파나마 커피대회에서 처음으로 에스메랄다Esmeralda를 맛본 인텔리젠시아의 생두 구매 담당자 제프 와츠Geoff Watts의 감탄사는 너무나 유명하다.

"커피가 너무 상큼해서 마치 한 줄기의 빛이 커피에서 쏟아져 나온 것 같았다."

시적 감성의 소유자가 아니면 말할 수 없는 표현이다.

이 인터뷰 기사를 읽고 고급 취향의 커피 애호가들은 인텔리젠시아의 럭셔리 아이스 앤젤리노Iced Angeleno($5)에 지갑을 활짝 연다. 그 향미는 '신의 포도주'와 같다니 꼭 한 번 벌러서 경험하자. 에스프레소 샷과 아가베 시럽 풍부한 밀크가 섞인 칵테일 맛 또한 한 방울 한 방울 빈티지 와인급이다.

이곳 커피를 마신다고 해서 나도 지식인 계급장을 어깨에 달 수는 없을 것이다. 그저 인텔리젠시아에서 커피를 열렬히 추종하는 장인들이 최고의 Specialty Coffee를 만들기 위해 한 순간 순간 정열을 다 바치는 모습을 찬미하는 익명의 보통사람일 뿐이다.

* **G&B Coffee**
  **ADD.** 324 S Hill St Ste C19 Los Angeles, CA 90013  **TEL.** 312-555-5555
  **WEB.** gandbcoffee.com

* **Go Get Em Tiger**
  **ADD.** 230 N Larchmont Blvd Los Angeles, CA 90004  **TEL.** 323-380-5359
  **WEB.** ggetla.com

* **Demitasse**
  **ADD.** 135 S San Pedro St Los Angeles, CA 90012  **TEL.** 213-613-9300
  **WEB.** cafedemitasse.com

* **Alfred Coffee&Kitchen**
  **ADD.** 8428 Melrose Pl Ste A Los Angeles, CA 90069  **TEL.** 323-944-0811
  **WEB.** alfredcoffee.com

* **Cognoscenti Coffee**
  **ADD.** 3156 Glendale Blvd Los Angeles, CA 90039  **TEL.** 323-319-6459
  **WEB.** popupcoffee.com

* **Elabrew Coffee**
  **ADD.** Hollywood 6430 Sunset Blvd Hollywood, CA 90028  **TEL.** 323-464-1306

* **Spazio Caffé**
  **ADD.** 1511-C Montana Ave Santa Monica, CA 90403  **TEL.** 310-899-6769

* **Barista Society Coffee Boutique**
  **ADD.** Downtown 633 W 5th St 2nd Fl Los Angeles, CA 90071  **TEL.** 13-444-3389

* **Spring For Coffee**
  **ADD.** 548 S Spring St Los Angeles, CA 90013  **TEL.** 213-228-004

코리아타운에서 엎드리면 코 닿는,
예쁜 가게가 줄 지어 있는
라치몬트 거리에서
절대로 빼 놓을 수 없는
명물 식당

04

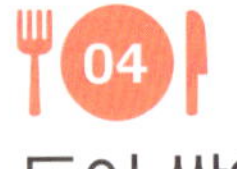

## 돈이 쌓이는

# LARCHMONT BUNGALOW

## 라치몬트 방갈로

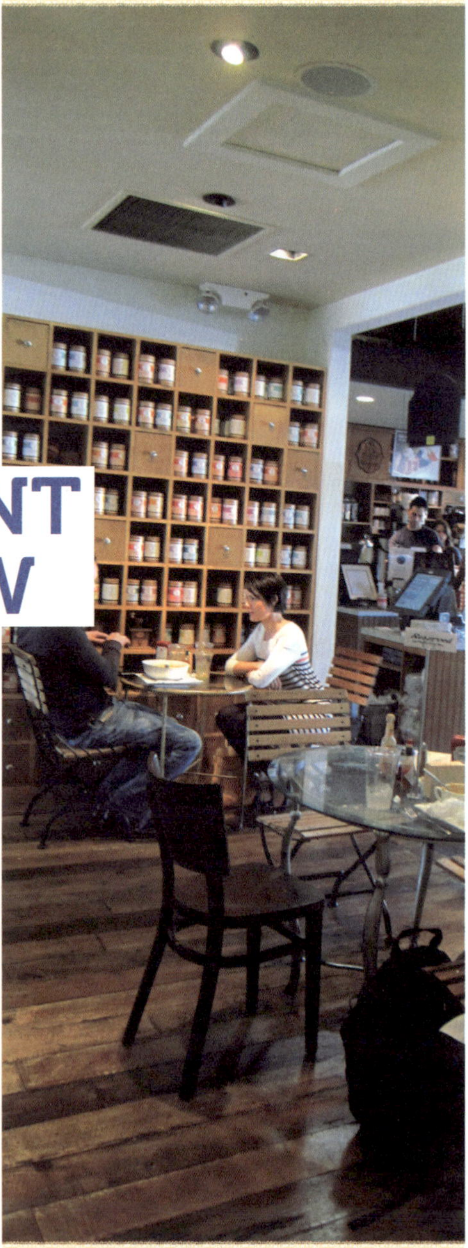

**ADD...** 107 N Larchmont Blvd Los Angeles, CA 90004
**TEL...** 323-461-1528
**WEB...** www.larchmontbungalow.com
**HOURS...** Sun~Sat 7:30am~9pm
**MENU...**
Smoked Salmon Crepe *$13.95*
Breakfast Panini *$13.95*
Fresh Fruit (veg)yogurt.Bowl *$9.95*
Steak&Eggs *$15.95*
Santa Fe Quesadilla *$12.95*
Lobster Crab Cake *$14.95*
Seafood Lover's Omelet *$14.95*

서울의 압구정파, 홍대파, 대학로파처럼 LA에서도 각각 노는 구역이 있다. 요즘에는 유행 따라 Grove Mall이나 Americana, 재팬타운으로 약속 장소를 잡지만 구관이 명관이라고 역시 놀던 물이 좋다. 코리아타운에서 엎드리면 코 닿는 15분 거리에 있는 라치몬트Larchmont 거리는 나의 오래된 정원이다. 그러니까 나는 라치몬트파다. LA 라치몬트 빌리지는 맛집도 너무 많고 예쁜 가게가 줄지어 있어 한참 걸어 다녀도 지치지 않는다.

이곳의 명물 식당을 꼽자면 열 손가락이 모자란다. 다 정든 애인 같아 빼놓으면 삐칠 장소가 한둘이 아니다. 그중에 한동안 거의 매일 가서 쉬던 방갈로 카페Bungalow Cafe는 나의 조강지첩이라고 불러도 좋으리라.


방갈로는 베란다가 있는 목조 단층집, 교외의 작은 별장을 일컫는다. 참 적절하게 잘 지은 이름이다. 아마 카페 인테리어를 구상하면서 자연스럽게 분위기에 적합한 이름으로 지었을 것이다. 간판도 고전풍이다. 구석구석 마루를 깔아 아날로그 시골집 거실에 들어온 느낌이고, 레드우드 숲길에 깔아둔 목판을 삐걱삐걱 밟으며 여기저기 기웃거리면 곳곳에 탁자가 있고 걸상이 놓여 있다. 사방팔방 커뮤니티 공간을 최대한 쓸모 있게 활용한 건축가의 심미안이 매력 있다.

전설의 아침 식당 마마스의 뉴 버전이지만 이곳은 역시 남가주답다. 내부는 널찍하고 시원하다. 채광이 좋은 유리창 덕분에 실내의 온화함을 맘껏 즐긴다. 캘리포니아의 햇살이 투명하게 접시 위에 내려앉는 테라스. 소품으로 위안해 주는 실내장치가 디자이너의 우수성을 거듭 확인시켜준다. 내가 카페를 창업한다면 방갈로를 설계한 목수를 찾아가 인테리어를 맡기고 싶다. 수납장이 많은 가구를 보듯 방갈로는 자투리 여백을 뛰어나게 잘 설치했다.

이곳을 좋아하는 맛 평가단
은 블루와 레드 벨벳 팬케이
크와 로브스터 크랩 케이크,
베네딕트, 치즈 시금치와 시
푸드, 미니 오믈렛 슬라이더
를 추천한다.

맛 귀신 Yelper들은 블루와 레드 벨벳 팬케이크와 로브스터 크랩 케이크
Lobster Crab Cake, 베네딕트, 치즈 시금치+시푸드, 미니 오믈렛 슬라이더Mini
Omelet Sliders를 추천한다. 2가지 종류를 작은 사이즈로 맛볼 수 있는 슬라이
더는 과일을 얹어 보기 좋은 떡처럼 화시히디. 주빙장은 에ㄴ 베네틱트Egg
Benedict 위에 홀랜다이즈Hollandaise 소스를 듬뿍 부어 맘껏 정물화를 그렸다.
흰자는 하얀 눈처럼, 노른자는 병아리처럼, 시금치는 뽀빠이처럼 구성해 식감
을 살린다.

이곳에서는 과일 샐러드, 크레페, Red and Blue Velvet Pancakes(Half
Order 9.95~$14.95). Nuts Nachos, 생선 타코로 남다르게 먹어볼 것을 권
하고 싶다.


잘되는 식당 창업 노하우를 배우고 싶으면 도시 속 펜션 방갈로에서 돈 굴러
들어오는 소리를 들어볼 일이다. 행복한 카페에는 돈이 쌓인다. 행복한 가정
에 건강한 웃음이 넘치듯이.

120가지가 넘는
케이터링 메뉴와
50가지 이상의 델리
홈메이드 치즈가
합리적인 가격표를 붙이고 있는

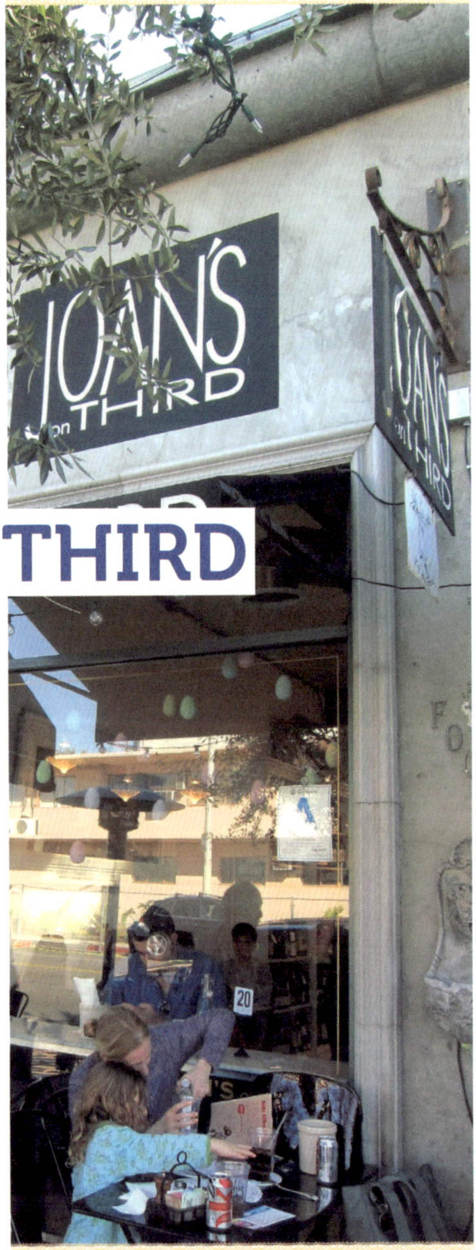


05

LA의 델루카, 치즈카페

# JOAN'S on THIRD

존스 온 써드

**ADD...** 8350 W 3rd St Los Angeles, CA 90048
**TEL...** 323-655-2285
**WEB...** www.joansonthird.com
**HOURS...** Mon~Sat 8am~8pm, Sun 8am~6pm

발길 닿는 곳마다 예술적인 카페 거리 3가 존스 온 써드JOAN'S on THIRD에는 베이커리, 젤라또, 라떼, 쿠키, 햄, 양갈비, 훈제연어, 치즈 컬렉션이 참하고, 빈티지 와인, 견과류, 디저트 섹션이 실속 있어서 인기가 많다. 뉴욕에 딘앤델루카DEAN&DELUCA가 있다면 LA에서는 이곳을 기억해두자.

존스 온 써드JOAN'S on THIRD에서는 $10~$13에 3가지 종류를 선택하는 토스트+샐러드와 감자, 마카로니까지 다양한 음식으로 꾸며진 멀티 셀렉션 식품 매장만 구경해도 배부르다. 실내에는 공동 테이블이 있지만 복잡스럽고 테라스에서 기다리면 서버가 친절하게 갖다 준다. 엄마표 파스타와 똑같은 맛이라고 감탄하는 이탈리아 이민자들로 항상 붐비는 이곳은 바쁜 직장인과 젊은 주부들의 사랑도 듬뿍 받는 곳이며, 오이 피클, 희귀한 송이절임도 있어서 장보기가 즐거운 마켓+식당이다.

또한, 120가지가 넘는 케이터링 메뉴와 50가지 이상의 델리, 홈메이드Homemade 치즈가 먹기 좋은 크기에 합리적인 가격표가 붙어 있어 주인의 착한 양심이 보인다.


이곳은 1995년 소규모 케이터링 업체로 시작해 1998년 마켓플레이스Marketplace 카페로 확장했다. 18년의 세월이 지나 부자가 된 지금도 조앤은 여전히 오믈렛을 만드는 키친 핫라인에서 프라이팬을 들고 쉴 새 없이 일한다.

가족들은 워커홀릭Workaholic이라고 부엌 출입을 반대하지만 조앤은 "I just fell in love. (난 그냥 요리 사랑에 빠졌다.)"라고 말할 뿐이다. 체코 이민자의 딸로 태어나 르 꼬르동 블루 출신 셰프의 레스토랑에서 실무 경험을 쌓으면서 항상 돈 벌 사업을 연구하며 발품을 팔았다는 그녀는 줄기차게 성공한 사람들

바쁜 직장인과 젊은 주부들의 사랑을 듬뿍 받는 맛있는 식품이 잔뜩 쌓인, 장보기가 즐거운 마켓+식당이다. 특히 로브스터 롤과 오믈렛이 고급스럽다.

밑에서 허드렛일을 도우며 돈의 귀중함을 배웠단다. "To lead the people, walk behind them. (남을 이끌기 위해서는 그들 뒤에서 걸어볼 필요가 있다.)"라고 경험에서 터득한 생존의 노하우를 총정리한 그녀이기에 이곳의 음식 맛은 더욱 깊이가 있다.

존스 온 써드에서는 축하 이벤트, 결혼 파티 상담을 대환영한다. 아름다운 꽃으로 수놓은 3단 케이크가 이곳의 트레이드마크다. 이제 미국에서 파티 걱정은 할 필요가 없다.

리얼리티 드라마의
배경이 되고
유명세를 떨치게 된
드라마틱한 사건이 벌어질 것 같은
정겨우면서 설레는 카페

06

인기 드라마 촬영 현장

# Toast Bakery Cafe

토스트 베이커리 카페

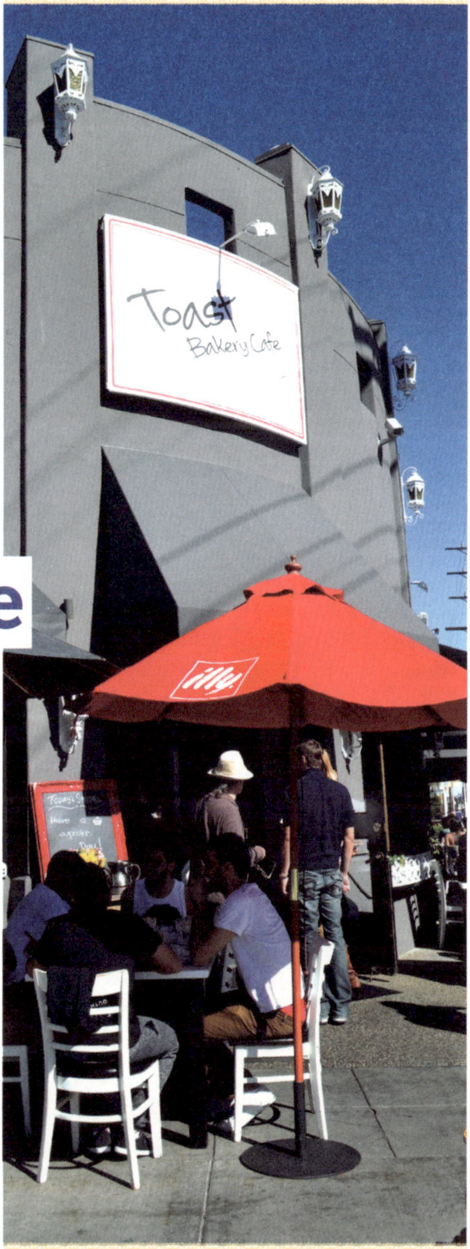


♥

**ADD...** 8221 W 3rd St Los Angeles, CA 90048
**TEL...** 323-655-5018
**WEB...** toastbakerycafe.net
**HOURS...** Mon~Sun 7:30am~6pm
**MENU...**
**Shakshuka;** Exotic slow roasted stew of tomatoes *$11.95*
**Spinach Shakshuka;** A sizzling skillet, spinach, artichoke, bread *$11.95*
**The Oscar;** Thin strips of chicken, guacamole, fresh salsa, eggs *$11.95*
Penne Mattina *$11.95* Huevos Rancheros *$11.95*

카페 창가 빨간 파라솔도 그림엽서가 되는 3가Third St.에서 넥스트도어와 브런치의 라이벌 구도를 그리는 토스트 베이커리는 ZAGAT에서 인정한 영화인들의 빵 카페다.

믿을 수 없이 맛있는 폭신한 와플, 바나나 푸딩, 컵케이크는 상 받은 경력으로 보통 베이커리와는 다른 품격으로 공주님 자태를 연출한다.


넥스트도어가 프렌치 스타일이라면 토스트 베이커리Toast Bakery Cafe는 이탈리아 버전으로, 훨씬 자유분방한 물결이 베네치아 광장 같다. 늘 기다리는 줄이 길고 지루해도 사람들이 밀려드는 이유는 이곳이 가장 핫한 유행의 최첨단이며 물이 좋기 때문이란다.

카페도 물 좋은 장소 찾아가는 청년문화가 식당가의 신 풍속도이다. 이곳에서도 맘에 들면 러브사인이 테이블 사이로 오가는지 어디 한 번 눈 크게 뜨고 살펴보자.


LA는 세계적인 엔터테인먼트와 영화산업의 중심지인 만큼 각종 매스컴의 따끈따끈한 스팟이다. 리얼리티 드라마 〈The Hills〉, 〈Spin-off〉에서 배경이 된 밀크Milk 원스톱 쇼핑 스토어와 토스트 카페는 스타덤에 오른 출연자들이 자주 등장했던 장소이기에 더욱 유명세를 떨친다.

남이섬이 〈겨울연가〉의 무대가 된 이후 욘사마 숨결을 찾으려고 일본 관광객이 밀려오듯 LA 3가 거리도 드라마 속 주인공들의 미소를 그리며 친구들과 수다 삼매경에 빠진다. 드라마틱한 사건이 벌어질 것 같은 예감! 정겨운 카페에서 늘씬한 미녀, 꽃보다 아름다운 아이돌 스타, 패션 모자 구경도 여행의 재발견이다. LA 관광청이 LA 100배 즐기기 5일 투어를 소개하며 그 코스 속에 토스트 카페에서 점심 스케줄을 잡으라고 추천했다.

믿을 수 없이 맛있고 폭신한
와플, 바나나 푸딩, 컵케이크
는 상 받은 경력으로 보통 베
이커리와는 다른 품격으로
고급스런 자태를 연출한다.

part 10

# 푸짐한 바비큐(BBQ) 식당

**01**

무한 경쟁

# ALL
# YOU CAN EAT
# BBQ

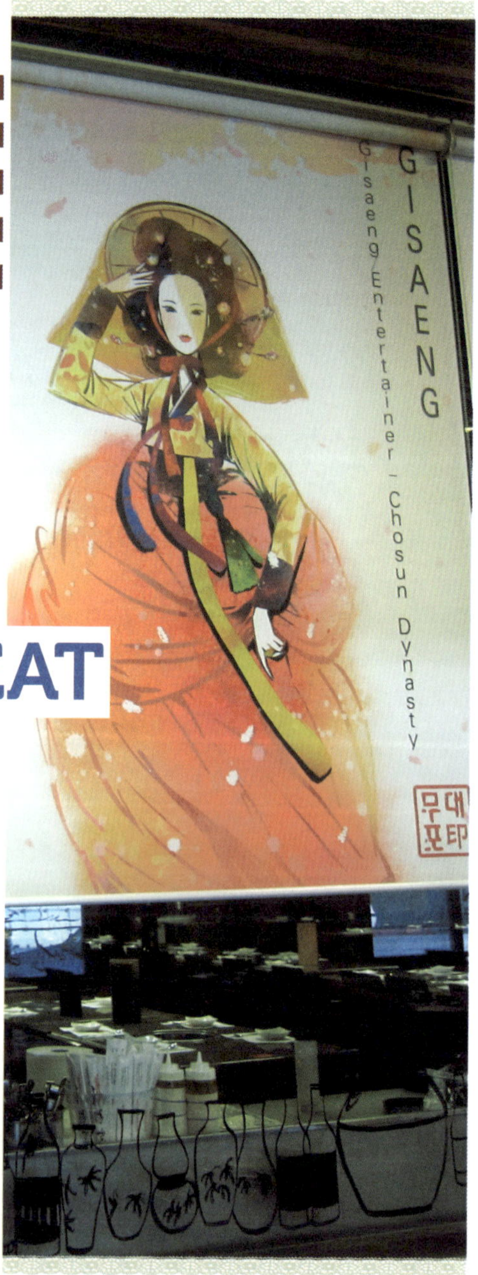

2013년 올림픽 & 웨스턴 거리 식당 풍경은 여전히 ALL YOU CAN EAT BBQ이다. 코리안 몬스터 류현진의 다저스 경기를 보는 날이면 앉을 자리가 없다. 불경기를 타파하기 위해 시작된 고기 무제한 경쟁은 이곳을 청춘들의 스트레스 푸는 광징으로, 회식 징소로 대변신시키는 데 기여했다.

LA 직장인들은 1주일 내내 절식한다고 샐러드, 사과, 바나나 채식 위주로 식생활을 개선했다가 주말에 단백질을 섭취해야 한다는 핑계로 고기 무제한 ALL YOU CAN EAT 식당을 무조건 찾는다.


고기 중에서 쇠고기가 가장 우수하다고 믿는 미국인들은 무한 리필 야채, 버섯, 생고기(생삼겹살, 생목살, 항정살, 돼지갈비)와 차돌박이에 반찬 착하게 좍 깔아주는 코리아타운 금토일의 재미를 판타스틱 파티 월드라고 좋아해도 너무~ 좋아한다.

고기 무제한 식당 앞에서 1시간씩 줄 서서 기다리는 저녁을 위해 〈LA 위클리〉에서는 친절한 맛집 지도까지 소개했다. 더불어 ALL YOU CAN EAT BBQ 광고와 리뷰가 푸드 섹션을 도배한다. 고기 마니아들은 무제한 식당을 보물섬Meat Treasure이라고 찬미하며 다음 주에 또 방문할 것을 예약한다.


ALL YOU CAN EAT BBQ는 고기 품질보다는 푸짐한 양에 중점을 둔 뷔페 수준이지만 이벤트를 좋아하는 LA 문화와 익사이팅한 조합이 잘 맞았다. 다함께 어깨와 코를 들썩이며 흥청대는 분위기에 동화되어 어느새 너와 나 이웃들이 행복한 화합을 도모한다. 직장인 단체, 골프 회식, 그룹 모임으로 인기 있는 장소는 무대포, 별대포, 신정, GEN이며 손님의 80% 이상이 1. 백인, 2. 멕시코인, 3. 아시안이다.

All YOU CAN EAT 무제한 식당들. 1인당 $15~$39.99 에 소등심, 소갈비살, 안창살 등 고기 종류와 로브스터, 해 물까지 모두 즐길 수 있다.

Yelp가 뽑은 핫한 장소는 우국, 청운부페, 구이일번지, 해장촌 돌구이, 청기와, 추풍령, 우가, 소향, 오대산, U2 춘천집, 고기킹, 소나기, 양산박, 꿀돼지 등이며, 별 3~4개로 비교적 무난히디는 평이다.


1인당 $15~$39.99에 소등심, 소갈비살, 안창살, 우삼겹, 갈매기살, 항정살 등 고기 종류와 로브스터, 해물까지 육해공군 메뉴를 모두 다 즐길 수 있으니 이보다 더 만족할 수 없다.

고기를 하루 안 먹으면 어지럽고 사흘 못 먹으면 다리에 힘이 빠진다는 고기 폭풍 흡입파들이 모여드는 ALL YOU CAN EAT BBQ는 위대한 탐식가들이 주인공이다.

1960년대 이민 가는 이유 중에는 '스테이크 실컷 먹으려고 떠난다'는 희망사항도 있었다. 중남미로 여행간 사람들이 브라질의 국가대표 요리 페이조아다 Feijoada(검은 콩을 고기와 함께 끓인 음식)와 쇠고기, 돼지고기, 양고기, 닭고기 등을 꼬챙이에 꽂아 먹는 슈하스코Churrasco 시식 사진을 올리면 지금도 군침이 돈다.


종로 한일관 불고기가 호사스런 회식이었던 내 몸속의 그 날씬한 소녀는 어디로 사라졌나? 고기를 불판에 올려 놓고 먹기 좋게 익는 시간. 옛날 기억을 되살리는 일은 때때로 의미 있다. 마치 부자가 된 느낌! 어쩌면 형편이 훨씬 나아진 이 시대에 사는 행복을 눈앞에서 증명하는 일일지도 모른다.

## ALL YOU CAN EAT BBQ 메뉴 무한 경쟁

　한식은 곡물과 채소, 고기가 적절하게 조화를 이루어 차려지는 전통이 있다. 여러 가지 먹을거리의 어울림이 한국의 기본 상차림이지만 ALL YOU CAN EAT BBQ는 식당마다 치열한 경쟁에서 살아남기 위해 고도의 전략을 똑똑하게 짰다.

　넓고 깔끔한 인테리어 공간 확장은 기본, 다양한 메뉴 강화, 입과 발 달린 홍보 마케팅 전술에 집중, 생일, 가족 행사, 회식, 노래자랑, 깜짝 이벤트, 쇼 볼거리 제공으로 감동의 서비스, VIP 고객관리 등 그 전략은 더 치밀해진다.

　무제한 고기 메뉴의 포커스는 박리다매로, 고객의 80%가 타인종인 무대포2의 경우는 $39.99에 육회, 족발, 연어, 아르헨티나 바비큐가 포함되고, 콤보($99.99)는 앵거스 프라임 꽃살, 낙지, 꽁치, 고등어, 이면수, 옥돔구이, 크렌베리 김치, 백김치, 무쌈말이, 스시롤, 파스타 샐러드, 군고구마, 감자탕, 김치말이국수, 추억의 도시락까지 등장했으니 LA 식당은 지구촌 그 어디에도 없는 서바이벌 정글만리다.

　타인종 청춘들의 해방구 역할을 하는 무제한 식당은 주문하는 소리, 자욱한 연기, 고기 굽는 열기가 불타오르는 용광로다. 초창기 무제한은 고기에 국한되었으나 이제는 스시까지 $19.99~$25.99에 포함, ALL YOU CAN EAT은 한 단계 더 업그레이드되었다.

　아직도 LA 코리아타운은 1970년대 '말죽거리 부동산 불패신화'가 존재하는 강남 특구다. 1990년 초기만 해도 코리아타운은 황폐한 불모지였다. 그 당시에 마당 넓은 허름한 주택을 사서 어린이집으로 개조해 한글을 가르쳤던 선구자들은 지금 빌딩 재벌이 되었다. 그 누가 상상이나 했을까? 강호동 아가씨 곱창 간판이 6가 길에서 나에게 윙크할 줄을. 상전벽해가 되고 천지개벽할 땅은 지금도 지천이다. 미래를 내다보고 말뚝을 박는 자가 건물을 올린다.

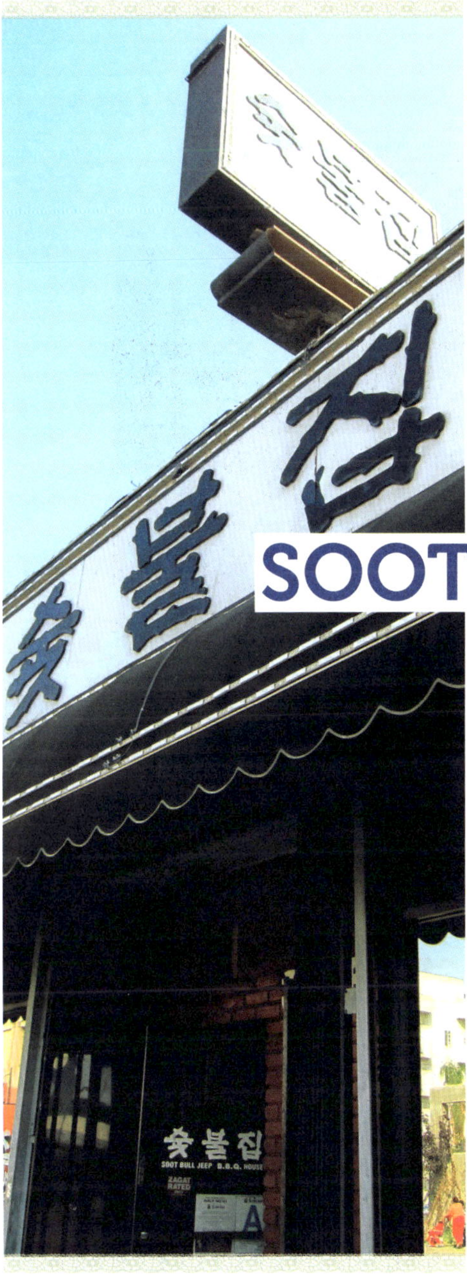


무제한 고기집을

지척에 두고도

굳이 찾아와 먹는

참나무 숯불향기 가득한

숯불 고기집

02

BBQ House

# SOOT BULL JEEP

숯불집

**ADD...** 3136 W 8th St Los Angeles, CA 90005
**TEL...** 213-387-3865
**HOURS...** Mon~Sun 11am~11pm

코리아타운엔 무제한 고기집
이 한 블럭 건너 존재하지만
미국인들은 참나무 향기가 밴
숯불집 고기에 중독되었다.

〈LA 위클리〉에서 숯불집 갈비를 코리아타운 맛집 10에 올려놓자 너도나도 줄 서는 진풍경이 볼만하다. 숯불에 굽는 최고 품질 고기로 돈 쓸어 담는 식당이 바로 숯불집Soot Bull Jeep이다. 1983년에 박부생 대표가 창업했다.

이곳에서는 활활 타오르는 참나무 숯불향기가 고기에 스며들게 굽는다. 이렇게 굽는 고기 맛이 아니 좋을 수가 없다. 오징어도 굽고 소주 한잔하고 다 찌그러진 고추장찌개 냄비도 올려 자글자글 끓인다. 상추와 파무침, 각종 반찬은 그 어느 나라 식당에서 볼 수 없을 만큼 종류가 많다. 그것도 줄줄이 공짜로 무한리필 된다. 가까운 곳에 이런 별천지가 있었구나 싶어 자주 오다 보니 정이 든다. 타인종들은 대한민국 1등 음식 갈비 맛에 홀딱 반할 수밖에 없다.

불고기($19.99), 갈비($21.99), 물냉면, 동치미 국수, 주물럭, 돼지불고기, 닭고기, 뱀장어, 새우도 있다. 코리아타운엔 무제한 고기집이 $9.99, $16.99, $24.99로 한 블럭 건너 존재하지만 미국인들은 숯불집에 중독되었다.

숯불집은 무엇인가 남과 다른 노하우가 있다. 외국인 입맛에 맞게 달달하게 양념한 갈비에 너무 꾸미지 않은 가족적인 편안함일까? 평범 속에 비범함? 어쨌든 숯불집 인기는 식을 줄을 모른다.

숯불집은 2008년 ZAGAT 남가주 최고의 한식당으로 선정됐으며 〈LA 타임스〉와 〈뉴욕 타임스〉의 호평을 받은 것은 물론 ABC와 FOX TV, 요식업계 최고의 잡지인 〈본 아페티Bon Apetit〉, 〈로스앤젤레스 매거진〉에서도 BEST BBQ 장소로 숯불집을 소개했다.

숯불집은 고급 인테리어를 한 멋진 식당이 아니다. 친절하지도 않고 수수한 편이다. 그런데도 불구하고 이웃 같은 가족적인 분위기로 손님들을 끌어들인다. 화양 불볕도시 LA에서 불맛으로 히트친 이 집의 최강무기를 알아낸다면 당신도 성공 DNA가 남다르다. 숯불의 달인 사장님의 인터뷰 기사를 읽어본다.


"리무진을 타고 영화배우와 부호들이 자주 찾아옵니다. 매일 분위기 좋은 레스토랑만 다니다 마치 시골집에 온 것 같은 향수를 느끼나 봐요. 여기 왔다 가는 날에는 숯불에 구운 고기 냄새로 드라이클리닝 비용이 더 들지만 음식 맛 때문에 그 정도쯤이야 감수할 만하다고들 하네요."

"고기 굽는 연기가 너구리 굴 수준인데다 바쁜 시간이면 개구리 굴을 연상시킬 만큼 떠들썩한 저희 집을 실용주의자들인 미국인들이 다시 찾는 이유는 바로 저렴한 가격에 좋은 퀄리티의 음식을 맛있게 먹을 수 있기 때문입니다."

— 스텔라 박 객원기자


세상 살다 보면 별로 부족함이 없는데도 짜증이 날 때가 있다. 그럴 때는 와글와글 고기를 구우며 파무침 한 접시에 행복이 전파되는 숯불집에 또 가고 싶다.

part 11

COUNTRY
GREEN GRASS
전원 식당

와인농장과 럭셔리 리조트, 아름다운 레스토랑으로

연인과 귀부인들이 감춰두고

사랑하는 장소

테메큘라 포도원에서 만난

정말 괜찮은 식당

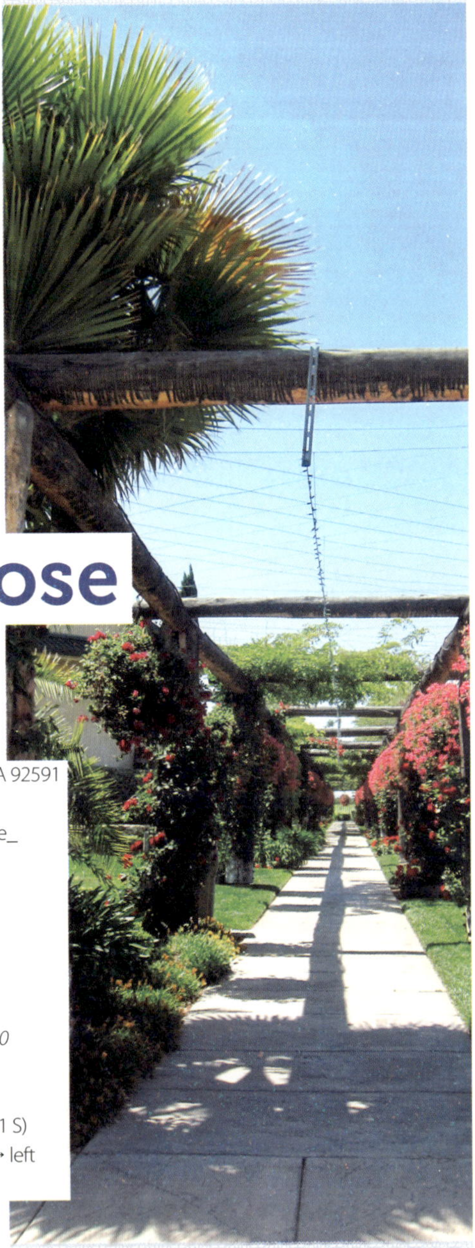

01

아름다운 포도밭

# Temecula Vineyard Rose

테메큘라 빈야드 로즈

**ADD...** 34843 Rancho California Road Temecula, CA 92591
**TEL...** 951-587-9463
**WEB...** www.wineresort.com/tours/Vineyard_Rose_virtual_tour.html
**HOURS...** *Breakfast* Mon~Fri 8am~11am
*Lunch* Mon~Fri 11:30am~3pm
*Dinner* Mon~Sun 5:30pm~9pm
**MENU...**
Shrimp&Scallop Tropical Ceviche *$14*
Crisp Calamari&Shrimp *$13* French Onion Soup *$10*
Specialty Pizzas · Barbeque Chicken *$16*
Sweet Corn&Clam Chowder *$7*
**ROUTE...** Santa Ana Fwy (US-5 S) → 10 E → (CA-71 S) → (CA-91 E) → (I-15 S) exit #59 → Rancho Cal Rd → left Rancho California Rd → 6마일 오른쪽에 위치

LA의 나파밸리, 리틀 소노마로 불리는 테메큘라Temecula는 와인농장과 럭셔리 리조트, 아름다운 레스토랑으로 연인과 귀부인들이 감춰두고 사랑하는 장소이며, 태평양 연안 산맥 레인보우 갭Rainbow Gap 밸리를 통해 불어오는 해풍 덕에 생긴 테메큘라 와인 컨트리는 캘리포니아 관광청에서 적극적으로 홍보한다. (Temecula Valley, you will be amazed by all of the fun things to do.)

산과 호수, 포도가 익어가는 테메큘라에서 슬로 라이프Slow Life로 살아가는 지혜를 배워보자. 이곳에서는 모든 세계가 천천히 움직이기에 특별한 자신만의 시간으로 삶을 제대로 즐길 수 있다.

1968년에 설립된 테메큘라 최초의 와이너리는 벨라 비스타Bella Vista로, 테메큘라 관광청 홍보책자의 Top10 Things To Do에 들어 있다. 또한 책자에서는 올드 타운 프론트 거리Old Town Front St 를 중심으로 들어선 기념품, 올리브, 캔디, 골동품 가게에서 $10 미만으로 살 수 있는 선물을 골라보라고 추천한다.

테메큘라라는 지명은 인디언 언어 'Temecunga'에서 유래되었으며 'Temet'는 'Sun', 'Ngna'는 'place of'라는 뜻이다. 태양의 도시 테메큘라는 사계절 축제를 연다. WinterFest, SpringFest, SummerFest AutumnFest는 각각 특색 있게 진행해 매력 120%다. 한 겨울에는 따스한 기후를 찾아 북미 캐나다에서 〈팜 스프링+테메큘라〉 패키지 상품으로 단체투어를 오는 명소이기도 하다.

이탈리아 토스카니의 우아함을 간직한 이곳은 샌디에이고, 오렌지 카운티, 로스앤젤레스에서 동남쪽으로 100마일. 자동차로 1시간 30분으로 그리 멀지 않다.

세계적인 빈티지 와인 등
감동을 줄 만반의 준비를
갖춘 고상한 분위기에 비
해 비싸지 않은 곳이다.

맛집을 취재하면서 정말 괜찮은 식당을 만났을 때의 환희로움은 이루 다 표현할 수가 없다. 테메큘라 포도원의 빈야드 로즈Vineyard Rose는 떨리는 설렘을 안겨준 잊지 못할 사계절 레스토랑이다.

4월에는 튤립 꽃봉오리로 봄을 열고 5월에는 들장미 넝쿨로 여름맞이 준비를 한다. 초여름 포도밭에 내려앉는 태양빛은 청포도가 맘껏 익어가게 찬란하다. 가을에는 와인이 완성되는 순간을 기다리는 미식가의 성지가 되며, 겨울 장작불 타오르는 벽난로 옆 테이블에서 숙성된 포도주 코르크 뚜껑을 오픈하면 유리잔에서 찰랑~, 향기로운 연기가 마법처럼 퍼진다.

세계적인 빈티지 와인을 수집하고 웨딩, 가족 파티룸은 언제라도 감동을 줄 만반의 준비를 갖추었으며, 2012년 와인 스펙 테이터와 OpenTable.com에서 주는 최고의 레스토랑&요리사상을 수상했다.

고상한 분위기에 비해 결코 비싸지 않은 가격($12~$25)도 흡족하다. 재능 있는 셰프가 만든 예술적 요리는 감탄하기 바쁘다. 테미큘라를 추억할 때 제일 먼저 떠오르는 장면은 이 레스토랑이다.

달콤하고
신선한 맛이 넘치는
사과가 무르익는 농장과
그곳에 있는
앤틱 창고 같은 카페

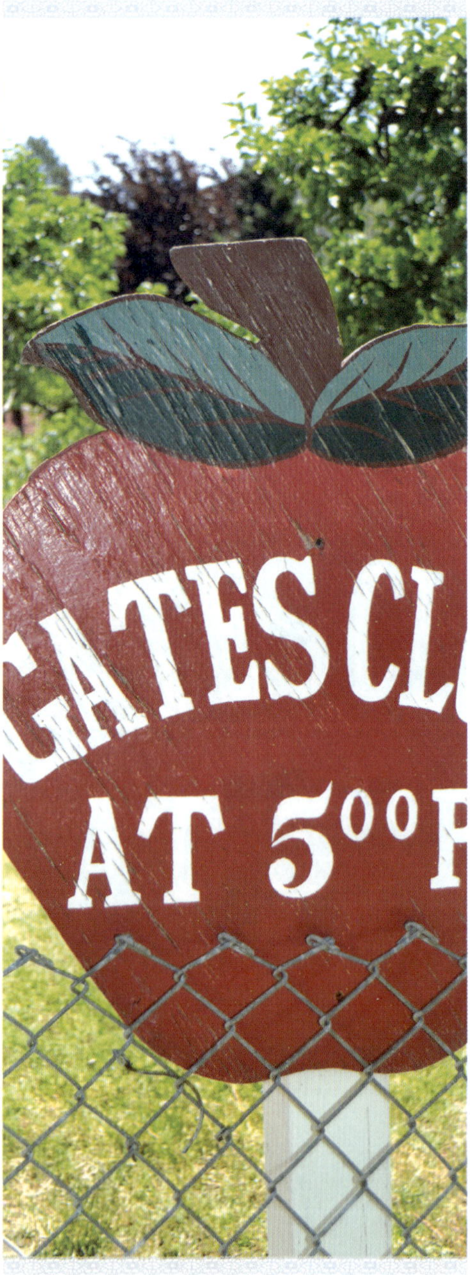


02

사과 아가씨가 예쁜 사과 마을

# Julian 줄리앤

**ADD...** 2112 Main St Julian, CA 92036
**TEL...** 760-765-2712
**WEB...** www.julianca.com
**ROUTE...** 101 S → 10 E → CA-71 S → CA-91 E → I-15 S → exit #46/CA-76/Pala/Oceanside → Turn left Pala Rd(CA-76) → Turn right CA-79 → Turn left Julian Rd(CA-78, CA-79) → Turn left → Main Street

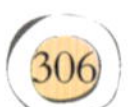

산길을 굽이굽이 달려간다. 거대한 돌산을 지나고 호수를 지나고 고원의 첩첩 산을 한 고개 넘으면 분지 위에 광활한 사막이 펼쳐진다. 미국의 대자연이 주는 위대함에 놀라고 산 정상 바위 위에서 아슬아슬 줄타기를 하는 록 크라이머들의 암벽 등반에 경탄한다. 어디 그것뿐일까? 서부 시대와 다름없이 지금도 언덕을 말 타고 따각 따각 올라가는 주민들, 카우보이 모자 쓴 승마족을 만나는 풍경이 완전 개척시대 총잡이 영화 속이다.

곰이 출현할 듯한 꼬불꼬불 오솔길을 오르락내리락 하다 보면 사과농장이 저 멀리 보인다. 샌디에이고에서 동쪽으로 1시간 30분 정도 운전해서 겨우겨우 줄리앤Julian에 도착했다. S자 형태의 운전 연습장보다 더 휘어져 바짝 뒤따라오는 차라도 있으면 꼼짝없이 숨죽이고 긴장해야 하는 드라이브 난코스다.


캘리포니아에서 오크글렌 사과 축제(www.oakglen. net)와 함께 줄리앤 애플농장도 사과 행사로 봄, 가을에는 자동차 행렬이 꼬리에 꼬리를 문다.

줄리앤에는 사과에 관한 것은 다 있다. 사과 초콜릿도 있고 사과 소스 만들기, 사과 껍질 벗기기 대회도 한다. 애플 사이다Apple Sider(주로 뜨겁게 마시는 사과 주스 종류) 체험 상점도 있다. 특히 이곳의 '엄마손 사과파이'는 세계 각국 여행잡지, 트래블 채널, TV에 소개되었다.

더불어 꽃구경, 사과 따기, 낚시, 마차타고 마을 구경하기 행사가 흥미롭다. 사과 밭 아담한 옛날 호텔에서 하룻밤 숙박하기 등 아기자기한 재미로 21세기를 사는 사람들에게 19세기 타임머신을 태워준다.


줄리앤 홈페이지(http://www.julianca.com/about_julian/index.htm)를 클릭하면 옛날 옛적 금 캐던 시절의 이야기가 호기심을 더욱 유발시킨다.

남북전쟁에 불안한 동맹군들은 서부의 새 개척지를 찾아왔고 마이크 줄리앤이 처음 이곳에 정착했다. 1869년에는 강에서 금을 발견했는데 그것이 샌디에이고 카운티 최초의 골드러시였다.

골드러시는 거의 10년 만에 끝나 단명했고 개척자들은 마을에서 농사를 짓고 많은 작물이 심었는데, 줄리앤은 사과를 재배하기에 적합한 곳으로 판명. 달콤하고 신선한 맛이 넘치는 사과 농장으로 발전했다.

금노다지 스토리까지도 로맨틱한 줄리앤은 애프터눈 티Tea를 마시며 아트갤러리를 감상하고, 마차를 타고Carriage Rides 다니며 이곳저곳 재미있는 서부개척사를 들을 수 있다.

사과마을 줄리앤의 예쁜 가게 곳곳에서는 백 년 전에 쓰던 가구와 난로, 주방기구들이 녹이 슬어도 여전히 움직이며, 수제 사과잼과 사과주스를 만들고 애플파이를 구워낸다. 꿀 넣은 천연재료이니 하루쯤 맘 놓고 먹어도 좋을 것이다.

앤틱 창고 같은 줄리앤 카페에서 내가 본 장면을 순서대로 적어보면 다음과 같다.

1 문을 열고 들어섰을 때 손님들로 꽉 찬 광경에 놀랐다. 마치 '바람과 함께 사라지다'에 나올법한 남북전쟁 피난열차 같다. 하지만 모두 싱글벙글 웃고 있으며 식탁마다 애플파이를 먹는다.

2 가격대비($9~$15) 맛과 서비스가 진지하고 진심을 담았다. 엄청 푸짐하다.

3 모두들 파이를 한 보따리씩 집으로 투고(To-Go)해간다.

4 가장 놀라운 점은 이렇게 바쁘고 정신없이 사람들이 밀려드는 식당인데도 종업원들이

행복한 사람들의 미소가 넘쳐
나는 별 볼 것 없는 시골 카페
줄리앤에는 No.1 파이로 선정
된 애플파이, 먹음직스런 돼지
갈비, 사과향 소스 샐러드와 미
트 로프 등이 기다리고 있다.

짜증 한 번 내는 법 없이 시종일관 웃음으로 손님을 반긴다는 점이다.

흘러간 명배우 수잔 헤이워드 닮은 카페 주인은 매년 다시 찾아온 얼굴들을 넉넉하게 안아준다. 좁은 주방에서 땀 흘리며 일하는 주방장의 스테이크는 다른 집 2인분보다 크고 돼지갈비($14.99)는 먹음직스럽다. 사과향 소스 샐러드와 미트 로프Meat loaf는 양도 많고 스코트랜드의 전통 맛을 그대로 재현했다. 파이 위에 아이스크림도 얹어주고, 달지 않고 따뜻하다.

나는 어쩌면 당분간 줄리앤 카페에서 받은 위안으로 힘차게 살아갈 것이다 그들이 내게 무상으로 건네준 위로와 친밀감, 함께 사진 찍기, 동심으로 돌아가 공주놀이로 맘껏 웃어준 감동에서 헤어 나오지 못할 것 같다. 줄리앤 사과밭에 '로미오'라는 이름의 Teapot 허브 카페를 차리는 게 내 꿈이다.

### 줄리앤의 유명 파이집

애플파이와 서정적인 줄리앤의 낭만은 궁합이 잘 맞는 환상의 조합이다.

*** Apple Alley Bakery**
  **ADD.** 32307 Main Street  **TEL.** 760-765-2532  **WEB.** www.baileybbq.com

*** Go Get Em Tiger**
  **ADD.** 2307 Main Street  **TEL.** 760-765-2532  **WEB.** www.baileybbq.com

*** Julian Pie Company**
  **ADD.** 2225 Main Street  **TEL.** 760-765-2449  **WEB.** www.julianpie.com

*** Mom's Pies**
  **ADD.** 2119 Main Street  **TEL.** 760-765-2472  **WEB.** www.momspiesjulian.com

*** Julian Chamber of Commerce**
  **ADD.** 2129 Main Street  **TEL.** 760-765-1857

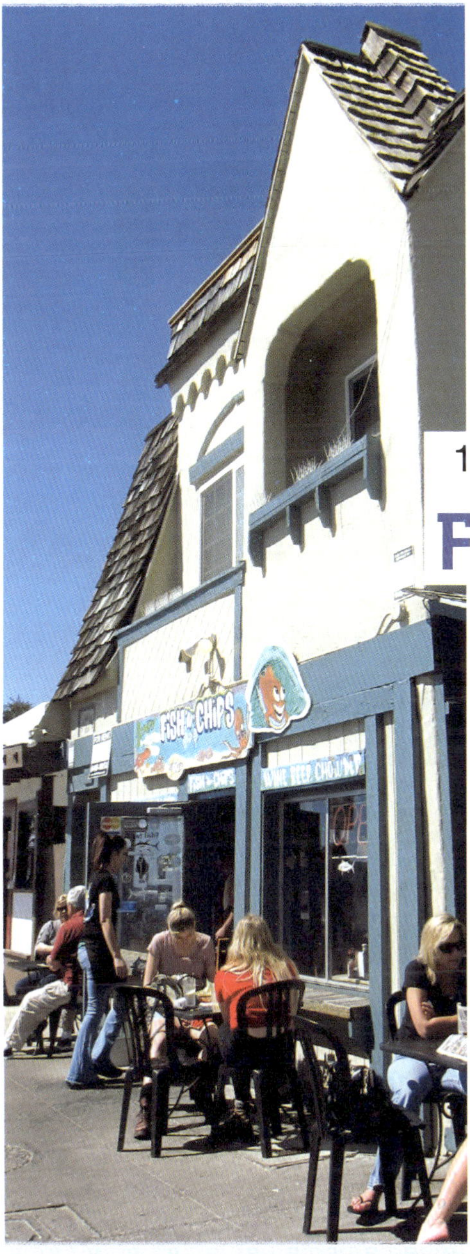


사방에

돈이 다닥다닥 붙어 있어

둘러만 봐도

주머니에 달러가 가득

쌓일 것 같은 요술집

03

## 1달러 식당으로 돈 구경 오세요!

# FISH&CHIPS

### 피시앤칩스

**ADD...** 1125 S Seaward Ave Ventura, CA 93001
**TEL...** 805-653-1511
**HOURS...** Mon~Sun 11am~9pm
**MENU...**
Fish Tacos *$8.95* Shrimp Tacos *$9.95*
Halibut Tacos *$7.95*
Captains Choice 3pc, cod, chips, slaw, rings *$14.95*
Great Big Combo 3pc, cod, chips, 3 shrimp, clams *$13.95*
**ROUTE...** 101N → exit Seaward Ave → Turn left → S Seaward

벽과 천장에 달러가 붙어 있는
실내의 모습. 이곳 음식 가격은
$7∼$18로 분식집 수준인데,
맛은 멕시코 칸쿤에 있는 호텔
급이다.

미국 텍사스 애리조나 산타페 쪽으로 대륙횡단을 하다 보면 마더 로드Mother Road 66번 구도로의 달러로 치장한 옛날 식당들을 자주 만난다. 1910년대 금광을 찾아온 광부들이 술값을 벽에 붙여 두고 가면서 $1 살롱들은 유행을 탔고, 이 마더 로드 옛길에서 존 스타인벡과 케루악은 『분노의 포도(The Grapes of Wrath)』,『On the Road(길 위에서)』와 같은 작품을 썼다. 바비 트루프는 66번 도로에 대한 노래(Get Your Kicks on Route 66)를 불렀으며, 〈Route 66〉이라는 TV 시리즈도 있었다.

LA에서 1시간 10분. 매혹적인 휴양지 벤추라Ventura는 박물관, 미션, 레스토랑을 순례하고 경쾌하게 해양스포츠를 즐기기에 2박 3일도 부족하다. 초기 스페인 이주민들은 이 지역을 '여름이 끊이지 않는 땅'으로 표현했고, San Buenaventura, 즉 '행운의 땅'이라고 이름 지었다.

채널 아일랜드로 떠나는 벤추라 하버에서는 생선튀김 레스토랑이 거부할 수 없는 유혹의 냄새를 풍긴다. 아침부터 붐비는 선착장도 구경거리다. 어부들이 직접 잡은 물고기 시장에서는 우럭, 성게, 대합도 판다.

아름다운 해안에 서부 영화 세트장 같은 식당이 있다. 66번 INN. 모텔 빌리지(1달러 벽화를 한 식당들이 있는 빌리지 형태의 관광촌락)에서 만난 달러가 다닥다닥 붙어 있는 바로 그런 요술집이다. 은행에서 돈 많이 보았지만 무감각했는데 처음으로 이 집에서 돈을 구경하는 것만으로도 힐링이 되는 경험을 했다. 가만히 앉아 꿈인가? 생시인가? 사방을 둘러보면 자꾸 벙글벙글 웃음이 터진다.

벤추라 피시앤칩스FISH&CHIPS는 돈이 그리운 날 찾아가 한참 바라보면 달러가 주머니에 가득 쌓일 것 같은 부자 콘셉트의 식당이다. 창밖에서 바람이라도 세차게 불면 천장 가득 붙어 있는 돈이 휘리릭 다 날아갈 것만 같아 안타깝다. 아주 작은 오두막이어서 더욱 깜찍하다.

이곳에선 늘씬한 여주인이 혼자 부지런히 일한다. 음식이 너무 맛있어 자꾸 메뉴를 펼쳐본다. 가격은 $7~$18로 분식집 수준인데 맛은 멕시코 칸쿤에 있는 호텔 급이다. 리뷰를 읽어본다.

"Excellent. unique atmosphere (독특한 분위기를 자아내는 빼어난 생선집)"

"It's a small~delicious. dollar bills stapled to the wall… people's signatures, etc. It's a fun idea. (작은 맛집. 사방 벽에 달러 지폐, 사람들의 사인 등 재미있는 아이디어로 가득 찬 식당)"


친절해서 기분 좋고 맛있어서 행복하고 귀한 달러 실컷 구경하니 눈이 호강이다. 손님들은 오가며 행운의 달러를 벽에 붙여 놓고 간다. 내가 만약에 창업을 한다면 이렇게 돈방석에 앉고 싶다고 간절히 기도드리고 싶은 정다운 맛집이다.

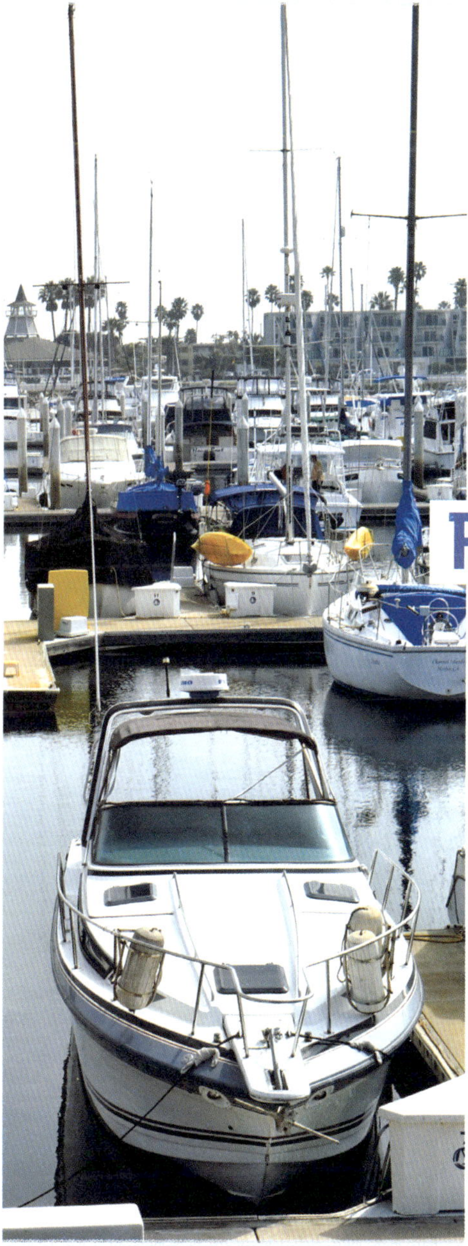

어부가 잡아온

물고기를

두툼하게 회를 떠

제공하는

바다가 보이는 횟집

04

옥스나드에서의 현명한 창업

# Fisherman's House

어부의집

**ADD...** 2810 Harbor Blvd #B13 Oxnard, CA 93035

**TEL...** 805-984-3443

**ROUTE...** 101N → Victoria Ave/Channel Isl Harbor exit → Turn left → S Victoria Ave → Turn right → W Channel Islands Blvd → Turn left W Channel Islands Blvd → Left Harbor Blvd

LA에서 북서쪽으로 약 60마일 거리에 위치한 옥스나드는 딸기, 수박, 상추 등을 재배하는 캘리포니아 대표 농장 지대다. 특히 옥스나드 딸기는 당도가 높아 셰프들이 탐내는 싱싱한 요리 재료다. 딸기밭에는 꽃처럼 방울방울 줄줄이 피어난 딸기 송이들이 송알송알 탐스럽다. 태어나 처음 본 풍경이다.

딸기 밭 너머에는 태평양 바다가 출렁거린다. 잔잔한 바다 위에서 돛배와 요트는 출항을 기다리며 오수에 잠긴 듯하고 맹랑한 갈매기는 해변의 아름다운 모델 같다.

1984년부터 해마다 5월에 개최되는 옥스나드 딸기축제는 세계 각국에서 뽑힌 딸기 아가씨들이 참가한다. 다채로운 딸기 요리를 즐기며 웨건을 타고 농장을 둘러보는 딸기 따기 체험 프로그램도 있다.

*** 옥스나드 딸기 축제**
  **ADD.** 3250 S. Rose Ave. Oxnard
  **ROUTE.** 101번 N 프리웨이를 타고 계속 북상한다. 채널 아일랜드 대로(E. Channel Islands Blvd)에서 내려 좌회전한 후 로즈 애비뉴(S. Rose Ave)를 만나 좌회전하면 주차장이 나온다.

옥스나드에는 이 먼 곳까지 와서 횟집을 경영하는 어부의 집Fisherman's House Oxnard이 있다. 이름 그대로 어부가 잡아온 물고기를 두툼하게 회를 떠서 손님에게 제공한다. (살아 있는 광어회+매운탕+해삼 1접시 4인분을 $100에 먹을 수 있다.) 바다를 내다볼 수 있는 사랑방은 주말에 앉을 자리가 없을 정도로 붐빈다.

옥스나드 채널 아일랜드 쇼핑몰 광장 안에 있는 어부의 집 앞마당에는 하얀 돛배들이 정박해 있다. 기막히게 좋은 전망의 늘 푸른 바다를 완전 독차지했다. 이런 장소를 미리 찜해두고 광어회를 1인분 $25에 선보이니 누구나 군침을 흘리는 바닷가 횟집이다.

LA 코리아타운에는 생선 횟집이 무수히 많다. 대부분 $99~$120에 한상 그득 차려주는 광안리 해수욕장 스타일의 식당들이다. LA는 잘 된다는 소문이 나면 같은 업종이 우후죽순 생겨나고 서로 무한경쟁하느라고 막 퍼준다.

유태인이나 중국인들은 아주 오랜 경험을 통해 그 나라의 문화를 완전히 습득한 다음 자신만의 노하우로 창업 준비를 하며, 그 동네 같은 동포가 있으면 보따리 싸서 다른 곳으로 사라진다. 서로 상생하려면 새로운 지역에 가서 홀로 먹잇감을 챙겨야 한다는 원칙을 지키는 것이다.

어부의 집 주인 김영부 사장도 한국인들과의 경쟁을 피해 멀찌감치 옥스나드에 자리 잡았다. 1992년 오픈해 어언 20년이 되었으며 식당 일은 처음이고 한국에서는 비즈니스를 하셨단다.

실제로 낯선 장소에서 투혼을 발휘하며 자신만의 전문성을 발휘해 성공한 사례는 매스컴에 많이 보도된다. 어떤 청년은 아발론 해변 한적한 마을에 사진관을 차려 동네 노인들 영정사진을 무료로 찍어주며 친목을 쌓아 문 닫기 직전 기사회생하였다. 또 어떤 젊은이는 스시식당이 하나도 없는 오지 콜로라도 산골 덴버 외곽으로 들어가 캘리포니아 롤과 김밥을 전파해 창업 2년 만에 예쁜 레스토랑 지점을 3개로 늘리고, 오너 셰프로 그 마을의 비빔밥 전도사가 되었다.

창업을 할 때는 아무도 가지 않는 곳에서 2, 3년 길 닦는다는 마인드로 도전

어부의 집 앞마당은 하얀 돛배들이 정박해 있다. 기막히게 좋은 전망을 독차지하고 있는 이곳은 주말이면 앉을 자리가 없을 정도로 붐빈다.

하는 남다른 창의적 발상이 있어야 한다. 옥스나드 어부의 집은 누구도 생각지 못한 관광지에서 대담하게 태극기 휘날리며 사시미를 저며 팔아 만남의 장소가 되었다. 캘리포니아 청정 해수에서 헤엄치던 새우, 흑돔, 광어를 어부의 집 수족관에서 만날 수 있다.

옥스나드 젊은이들은 Yelp 맛집 사이트에 어부의 집 생선튀김을 최고의 맛이라고 별 4개를 주었다. 영국식 피시앤칩스Fish&Chips보다 훨씬 더 폭신하고 두툼하다.


옥스나드 항구는 서늘하고 아름다우며, 캘리포니아 유일의 해상국립공원 채널 아일랜드Channel Islands가 있다. 이곳에서는 또한 해양스포츠 패러세일링Parasailing, 카누경기를 즐기는 모습을 바라만 보아도 상쾌하다. 또 근처에 까마리요Camarillo 프리미엄 아울렛이 있어 쇼핑을 즐기는 주부들이 좋아하는 드라이브 코스이기도 하다. 바람도 쐬고 횟집에 앉아 바다를 이야기하며 점심 나들이하기에 안성맞춤인 곳이다.

 어부의 집 외에 가볼 만한 횟집

*** Ventura Harbor 항구횟집**
 **ADD.** 1575 Spinnaker Dr #103 Ventura, CA 93001 **TEL.** 805-639-0808

# 05

## 밤의 열기를 찜하는 프랑스 요리

# Pomme Frite

폼므 프리트

**ADD...** 256 S Palm Canyon Dr Palm Springs,
CA 92262
**TEL...** 760-778-727
**WEB...** www.pomme-frite.com
**HOURS...** Dinner 5pm~10:30pm
**ROUTE...** La → 10E → CA-111 Palm Springs →
N Palm Canyon Dr → S Palm Canyon Dr

사막의 오아시스 팜 스프링의 고급 식당가에는 내로라하는 레스토랑들이 특별 메뉴로 식도락을 제안한다. 마음먹고 돈 쓰러 나온 주말이니 이왕이면 프랑스 식당을 골라가자!

폼므 프리트Pomme Frite. 이름도 예쁜 집에서 우아하게 웨이터가 추전한 요리를 선택한다. 홍합 오르되브르(전채요리) '뮬 에스카르고'와 양파 수프(French Onion), 셰프의 스페셜 '토요일 밤의 Chicken Breast'를 기다린다. '토요일 밤의 Chicken Breast'가 무엇이냐고 했더니 백포도주로 흠뻑 마사지를 받은, 백조로 신분상승한 닭요리란다. 거기에 붉은 와인 소스로 기막힌 맛을 낸 최상의 코코뱅. 와우~. 코코뱅은 프랑스 요리의 대표급이니 귀가 솔깃해진다.

드디어 특별요리가 눈앞에 나타났다. 살이 뽀얗게 오른 통통한 넓적다리가 붉고도 검은 소스 아래 요염 섹시하다. 코코뱅은 붉은 포도주로 만든 특별소스가 진미다. 웨이터의 수다를 요약하면 이 요리에는 프랑스 3대 비밀스런 맛을 첨부한다고. 트리푸(송로버섯), 푸아그라(거위 간), 캐비어(철갑상어 알)를 이 정체모를 검은 소스가 다 포함했다는 그런 뜻일까? 물음표를 안고 음미한 토요일의 특별 닭은… 흠~. 하나도 특별하지 않고 그냥 평범한 '찜닭'이었다.

얇은 양철접시 '에스카르고'도 완전 버터 범벅이다. 웨이터 말씀이 달팽이보다 더 귀한 녹색 홍합으로 만든 애피타이저가 명성 높은 '뮬 에스카르고Moule Escargots'란다(프랑스어로 홍합이 뮬, 달팽이가 에스카르고다). 다진 파슬리로 버터 목욕을 한 홍합구이는 홍합 본래의 맛은 다 사라지고 마늘과 파슬리 맛이 진하다.

양파 수프는 진진한 맛이 제대로다. 서양 사람들은 삼겹살, 돼지갈비에 턱 등장하는 큰 가위를 보면 질색하는데, 이곳 양파 치즈 수프에는 작은 연두색 가위가 얹혀 나온다. 질긴 모차렐라 치즈를 싹둑 잘라 먹으라는 의미다.

프랑스 식당의 인테리어는 유럽 영화와 같다. 향락주의자들이 욕망하는 술이 가득하고 샹송과 칼바도스(사과로 만든 브랜디)가 지친 몸을 토닥거린다. 먼 여행지에서 프랑스 요리로 가끔 호사를 부리는 것도 나를 사랑하는 '행복한 선물'이다.

part 12

# 소박한 가족 식당

# 01

## LA 대표 음식 20에 뽑힌

# HAM JI PARK

함지박

본점 **ADD...** 4135 W Pico Blvd Los Angeles, CA
90019 **TEL...** 323-733-8333
2호점 **ADD...** 3407 W 6th St #101-C Los
Angeles, CA 90020
**TEL...** 213-365-8773
**HOURS...** Mon~Sat 11am~10pm

코리아타운에서 돼지갈비로 확실한 성공신화를 기록한 함지박 김화신 사장(75세)은 강렬한 포스가 대단한 여걸이다. 따뜻한 위엄과 넘치는 열정으로 처음 만나는 사람을 금방 백년지기로 만드는 친화력을 천부적으로 타고났다.

김 대표는 생색 안 내고 신행을 베풀고 밥과 쌀을 막 퍼주는 큰손 '밥 퍼' 할머니다. 서울여상 남가주동문회장을 맡아 모교 졸업생들은 함지박 열혈 마니아들이고, 사랑의 쌀 나눔 행사 일등공신이다. 2009년 돼지 인플루엔자 파동 때, 삼겹살을 하루 종일 무료로 제공하는 이벤트를 벌여 고객들의 좋은 반응도 얻었다.


김화신 대표는 7남매의 장녀로 6.25전쟁을 겪은 대한민국 엄마의 탱크파워가 넘친다. 학창시절 농구 선수로 코트를 종횡무진 뛰던 날쌘 순발력은 훌륭한 덕성과 훈훈함, 태평양 바다 같은 넉넉한 인품을 만들었다. 다소 후진 거리 피코Pico에서 돼지숯불갈비 하나로 명성을 떨친 함지박 할머니의 창업 성공 스토리도 눈물로 시작된다.

"미국에 이민 온 것은 50세를 넘긴 1989년이야. 처음엔 한인타운의 한식당에서 부엌일부터 시작했어. '내가 왜 이렇게 살고 있나'하는 자괴감에 몇 번이나 죽을 생각도 했지. 하지만 '미국에서는 배우나 못 배우나 살기 위해 일하는다 똑같은 이민자일 뿐'이라는 동료의 위로 한마디에 벌떡 일어났어."

그날 이후 오뚝이로 다시 태어난 초심은 음식달인이 되기 위한 목표를 뚜렷하게 세우고 마켓과 식당을 오가며 열심히 한 우물을 파고들었다.

"주방에서 눈여겨본 요리는 그날그날 노트에 빠짐없이 메모하고 밤새워 닥치는 대로 연습해 보는 거야. 여러 군데 한식당, 양식당의 주방장을 거쳐 1992년 피코와 크렌셔의 함지박을 열고, 10년 만에 함지박 2호점을 냈지. 딸하고

지방질을 제거하느라 재료의 반을 과감하게 버릴 만큼 아낌없이 투자해 담백한 맛을 낸 만큼 함지박의 돼지갈비는 꼭 먹어봐야 할 필수음식이다.

사위가 경영해."

함지박 1, 2호점은 타인종이 50%로, LA 한식 애호가 Yelp 맛 평가는 별 4.
5로 최고 점수를 받았고 요식업계 블로그 사이트 Eater LA는 단일 메뉴로 전
분성을 인성해 함지박 돼지갈비($16.99)를 LA 대표 음식 20에 선성했다.

함지박은 달콤매콤한 양념에 잰 숯불 돼지갈비를 철판에 윤기 잘잘 흐르게
얹어내 먹음직스럽다. 돼지갈비 말고도 삼겹살, 양상치로 만든 샐러드와 김치
찌개($9.99), 감자탕($15)도 인기 메뉴다. 미국식 돼지갈비Pork Ribs와는 또 다
른 별미로 돼지고기가 쇠고기보다 맛있다는 것을 증명한다.

함지박의 성공 비결은 무엇일까?
"음식 장사는 순전히 사람 장사야. 뛰어난 요리사가 하는 식당이라도 음식과
서비스에 손님을 위한 정성, 진심이 담겨 있지 않으면 그 식당을 한 번은 찾지
만 두 번은 찾지 않지. 난 우리 집에 온 손님 절대로 그냥 안 내보내. 메뉴에
없는 것은 10분만 기다리라고 하고 당장 옆 슈퍼에 뛰어가서 재료 사다가 원
하는 걸 뚝딱 만들어줘."
이렇게 고객을 위한 일이라면 무엇이든 당장 실천하는 무한열정이 김 대표의
성공 비결이다. 김 대표는 손님이 오면 트레이드마크 함박웃음으로 반겨주고
일상의 안부를 묻는다. 겉치레가 아닌 깊은 애정으로 건강, 육아, 부부문제,
미국생활의 어려움을 상담해주는 속 시원한 해결사다.
반찬을 칭찬하면 얼른 따로 담아주고, 먹다 남은 탕을 싸갈 때도 어김없이 새
국물을 한 통 더 얹어준다. 감자탕을 투고To-Go 하면 1+1으로 집에 가서 또 한
번 제대로 먹을 만큼 한 보따리 포장해준다. 어디 그뿐이랴! 며느리도 모른다

 소문난 내 맛집 들여다보기

는 레시피를 쉽게 그냥 가르쳐준다.

"고추장, 설탕, 참기름 등 돼지갈비 맛을 내는 기본 재료들을 쓰면서 최대한 지방질을 제거해 담백한 맛을 내는 거지. 난 $1,000 어치 고기 사다가 반은 다 잘라 버려. 어느 때는 아까워 눈물이 찔끔 나지만 그래야 맛닌 돼지갈비가 손님상에 올라가니 자신감이 생겨."


함지박을 경영하면서 어려운 점은 무엇일까?

"식당을 한다는 이유로 손님들에게 멸시를 많이 받아. 손님들은 이 불경기에 당신 집에 와준 것으로 왕 대접 해달라는 식이야. 가끔 힘들게 하는 손님들 때문에 가슴이 너무 아파. 돌아서면 서러울 때도 많지만 장님이 개천을 나무라면 안 된다는 말로 나를 위로해. 늘 종업원들에게 '너희가 잘못하면 내가 싹싹 빌어야 하니까 항상 친절하게 서비스해라.' 당부하고 또 부탁하지. 손님들도 업주들의 고충을 이해해주면 얼마나 좋아."

"어느 날은 6명이 와서 돼지갈비 1인분, 두부찌개 1인분을 시킨 적이 있었어. 난 일부러 두부찌개를 넘치게 많이 준다고. 왜냐고? 그래도 줄서서 기다려준 마음이 고마워서 특별 서비스를 하는 거야. 야박한 손님 만나면 두 배 세 배 더 퍼주지. 먼저 호쾌하게 베풀면 다음엔 철들어서 생각 없는 행동을 안 하더군."


마지막으로 김 대표가 창업을 꿈꾸는 사람들에게 전하는 말은 다음과 같다.

"누구든지 창업할 때는 성공할 수 있다고 믿어. 자신 있으니까 금쪽같은 돈 투자해 오픈하잖아. 그러나 음식 맛, 식당 경영, 인력 관리 등에 완벽한 전문성을 갖고 있지 않으면 실패할 확률이 높아. 종업원을 리드할 리더정신과 전문지식, 몸 던져 일할 자세가 제대로 준비되지 않으면 창업은 꿈도 꾸지 말아야 해. 매니저를 고용해도 주인이 실력과 지식, 노하우가 없으면 말 안 듣고 사사건건 지시가 안 먹히는 거야.

또 그 식당만의 대표음식으로 내세울 비장의 무기가 있어야지. 프로의 기술 전략이 없으면 음식업은 정말 어려워. 유행 따라하면 문 닫기 쉽지. 끝내 질리지 않는 맛을 개발해야 해. 고객들이 무엇을 원하는지 지속적인 연구와 공부, 치열한 노력 없이는 망하기 십상이지."

"종업원 교육도 머리부터 발끝까지 완벽하게 시켜야지. 바쁘고 잘되는 식당은 손님이 계속 밀려드니까 서비스가 간혹 소홀할 수도 있어. 주인이 평생 몸 바쳐 쌓은 공덕을 피곤한 웨이트리스들의 말실수, 경솔한 행동이 한 번에 다 무너뜨린다니까. 식당은 고용인이 95% 흥망의 열쇠를 쥐고 있어."

정성으로 맛을 우려 인정을 담아내는 함지박은 잘 숙성된 연한 돼지갈비와 할머니 손맛의 내공이 코리아타운 돼지갈비 1등으로 상 받을 만하다. 돼지가 함지박 숯불에 빠진 날은 포식으로 위대해지는 날이다.

### ★ 함지박 성공 요인

❶ 재료를 과감히 잘 버린다. 아깝다고 뼈에 붙은 고기를 다 사용하면 잡냄새 때문에 상품 가치가 떨어지기 때문이다.

❷ 먹는 것 하나라도 양심 지키며 푸짐하게 손님상에 내놓는 것이 미국 와서 내가 할 일이라는 사명감으로 경영한다.

❸ 다른 집과 차별화되는 메뉴가 있다. 등뼈를 푹 고아 매콤하게 속을 풀어주는 감자탕은 한 번 찐 감자를 넣어 국물이 칼칼하고 구수하다. 허브 월계수 잎과 토마토를 더하여 맛을 냈다고 한다.

❹ 손님과 대화를 통해 돈독한 정을 쌓고 개인 취향을 살펴 맞춤 서비스를 한다.

'대통령의 햄버거'로

하루아침에

'벼락 스타'가 된

다섯 형제의

럭셔리 햄버거

**02**

# 아버지와 다섯 아들이 함께 하는

# FIVE GUYS

파이브 가이즈

**ADD...** 5550 Wilshire Blvd Ste 101D Los
Angeles, CA 90036
**TEL...** 323-939-2360
**WEB...** www.fiveguys.com
**HOURS...** Mon~Thu/Sun 11am~10pm,
Fri&Sat 11am~11pm
**MENU...** www.fiveguys.com/menu.aspx
Hamburger  Cheeseburger  Bacon Burger
Little Hamburger
Kosher Style Hot Dog  Veggie Sandwich
Cajun Style Fries

땅콩기름으로 튀긴 프라이와
지역에서 가장 맛있는 빵, 13가
지의 프리 토핑으로 무장한 버
거가 백미! 기다리는 동안 먹으
라고 주는 무료 땅콩도 재밌다.

햄버거 마니아들은 서부 최고 햄버거 인앤아웃IN-N-OUT이 맛있나 동부의 파이브 가이즈FIVE GUYS가 더 맛있나 토론을 벌인다. 요식업 애널리스트 스티브 웨스트Steve West는 "파이브 가이즈는 가격과 제품이 인앤아웃과 콘셉트가 비슷해 서로 경쟁자가 될 것"이라고 하면서 "인앤아웃은 드라이브 스루Drive-through:차에 탄 채로 음식을 주문하고 계산해 가는 테이크아웃 방식이기에 가게들이 주로 대로변에 위치한 반면 파이브 가이즈는 대형 쇼핑몰에 위치한다."며 그 차이점에도 주목한다.

'LA를 찾은 오바마 대통령이 먹은 음식은 무엇일까?'라는 퀴즈까지 생긴 일명 '대통령의 햄버거'로 부르는 파이브 가이즈는 하루아침에 '버락 스타'가 되었다. 백악관 앞에 체인점이 생긴 이후에 대통령이 즐겨 찾는 파이브 가이즈는 NBC가 특집물로 '백악관에서의 하루'라는 프로그램을 녹화하다가 점심을 위해 워싱턴 D.C. 듀폰 서클에 있는 이 가게에 들러 양상추와 토마토를 곁들인 치즈버거를 주문한 이후 전 지역으로 토픽뉴스가 전파되었다.

북미 대륙을 돌며 햄버거를 맛보는 버거 투어 청춘 유랑단이 파이브 가이즈 버거를 No1으로 손꼽는 데는 이렇게 오바마 대통령의 행보도 한몫을 단단히 했다. 우리나라 박근혜 대통령을 완판녀로 만든 '소산당'의 인기가 폭발했던 것처럼 대통령이 LA를 방문한 날 매장은 주문 폭주로 5 Guys가 숨차게 버거를 날랐다.


파이브 가이즈는 1986년 버지니아에 첫 가게를 연 후 2011년 770개의 지점을 넘어섰고 미국과 캐나다에 1,000개 이상의 지점을 꿈꾸는 야무진 햄버거 체인이다. 매장은 아메리칸 아이돌이 좋아하는 컬러, 화이트 & 레드로 페인팅해 밝고 명랑하다.

카운터에서 주문하면 번호표를 주면서 옆에 놓인 상자를 가리킨다. 심심풀이 땅콩을 먹으며 기다리라는 배려다. 파이브 가이즈 버거는 80% 지방이 없는 다진 고기만을 사용한다는 원칙을 고수한다. 땅콩기름으로 튀긴 프라이와 지역에서 가장 맛있는 빵을 공급받아 사용했고, 여기에 13가지의 프리 토핑Free Topping 시스템으로 감칠맛을 더했다. 베이컨 치즈버거Little bacon cheesburger의 깔끔한 맛은 소녀 취향이고, 육즙 가득한 패티 2장과 치즈를 더블로 올린 후 매큼한 케이준 프라이Cajun fries을 추가하면 진한 맛이 된다.

아이다호 포테이토와 순수 땅콩오일로 튀김하고 얼리지 않은 생고기를 사용해 패티가 고소하며 무엇보다 $5~$8 가격으로 유행하는 고품격 버거를 맛볼 수 있는 장점이 경쟁력이다. 온라인으로 주문할 수 있고, 각종 매스컴에서 받은 베스트 치즈버거 수상 기록은 이루 다 열거하기가 힘들다.


뉴욕 베이글, 뉴욕 피자 같은 동부의 대표 브랜드들은 서부로 진출해 별로 빛을 못 보는 추세라 LA 사람들은 '카우보이들이 젠틀맨을 능가한다'고 농담들을 하는데 파이브 가이즈는 캘리포니아 절대지존 인앤아웃 버거를 공략, 햄버거 전쟁을 선포하며 승부를 겨룬다.

창업주 제리 머렐Jerry Murrel 씨가 파이브 가이즈를 시작한 동기도 흥미롭다. 아들을 5명이나 둔 그는 아들들이 성장해서도 옛날 대가족처럼 함께 지내기를 원했다. 그는 "아들들이 공부에는 재능이 없는 것 같았고, 성장한 이후에도 항상 주변에 두고 같이 살고 싶었다. … 장남과 차남의 대학 입학금으로 마련해 둔 돈을 투자해 햄버거 가게를 시작했다."고 〈USA 투데이〉와의 인터뷰에서 밝혔다. 자녀의 학교 성적이 별 볼일 없을 때 물고기 잡는 법을 가르치기 이전에 어장을 확보한 지혜 넘치는 판단이다. 가게 상호도 다섯 아들을 상징하는

파이브 가이즈로 짓고 '불경기에는 기술을 배워 헤어숍이나 먹는장사를 하라'
는 조부모님 말씀을 항상 명심한 결과 자연스럽게 미국 대표 먹거리 햄버거 식
당을 열었단다.

제리가 재무를 총괄하는 가운데 부인 제니는 가게 관리, 장남 짐과 차남 매
트는 요리와 주문을 맡는 형식으로 출발한 가게는 나중에 다른 세 아들도 모
두 가게 운영에 참여하는 가족기업으로 발전했다. (〈Restaurant Business〉,
〈Franchise Times〉 참고)


오픈할 당시에는 오늘날 파이브 가이즈 프랜차이즈의 압도적인 성공을 전혀
예상하지 못했다고 한다. 가족이 단합해 뭉친 드림팀. 아빠와 아들 오형제 햄
버거 그룹은 한국인 정서와 잘 맞고 배울 점이 많다.


### ★ 파이브 가이즈의 성공 요인

❶ 80% 지방이 없는 다진 고기만을 사용한다는 원칙을 고수한다.

❷ 100% 땅콩기름으로 튀긴 프라이와 생산지에서 가장 맛있는 감자와 빵을 공급받아 사용한다.

❸ 13가지의 토핑 재료를 각 메뉴에 섞어 햄버거 본래의 맛을 업그레이드 했다.

❹ 무료 서비스가 화제를 일으켰다. 덤으로 준 땅콩이 재미있어 발길이 꼬리를 문다.

❺ 채식주의자들을 위한 햄버거도 준비되어 있다.

지혜로운 가정식 밥상으로
떠들썩한 광고 하나 없이
조용히 성장한
소박하면서
맛있는 밥집

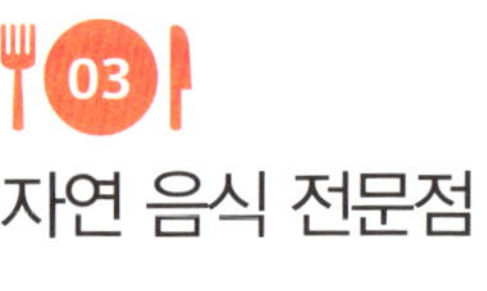

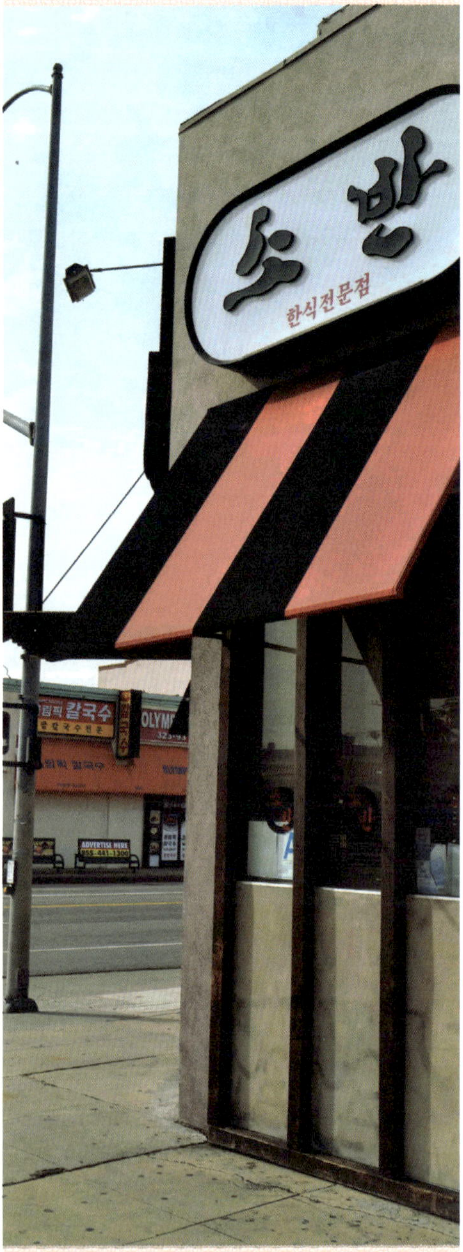


03

자연 음식 전문점

# Soban 소반

ADD... 4001 West Olympic Blvd Los Angeles, CA 90019
TEL... 323-936-9106
WEB... www.sobanusa.com

한식의 세계화로 화려 찬란한 한정식이 즐비한 LA에서 슬로푸드, 나물 중심의 청정한 재료로 자연음식 밥상을 차려내는 소반Soban은 한번 맛들이면 자꾸만 가고 싶어지는 소담한 식당이다.

소반(小盤)은 일명 '개다리소반'이라고도 부르는, 종갓집에 귀한 손님이 오면 참한 며느리가 부엌에서 정성들여 차리는 간결한 개인상이며, 70년대 초 이민 올 때 짐 가방에 어김없이 따라와 서양식 거실 구석에서 가끔씩 눈 마주치면 향수를 달래주는 장식 소품이 되었다. 단골손님들은 소반 밥상을 '이모가 지어준 집밥'이란 정다운 별명을 붙여주었다.

음식 평론가이자 푸드 칼럼니스트 조나단 골드는 소반의 잊을 수 없는 맛으로는 은대구조림($24), 황태구이($19.99), 가장 아찔한 추억으로는 간장게장($29.99)을 손꼽았다. 그리고 "소반의 간장에 절인 뾰족한 게 다리는 모험을 각오해야 하지만 짜지 않은 게살은 아이스크림보다 사르르 입속에서 녹아든다."고 절묘하게 표현했다.

이 소박한 식당의 비밀무기는 옛날부터 먹던 따뜻한 밥을 진솔하게 그대로 제공하는 점이다. MSG도 사용하지 않는다. 소반은 집에서 자주 먹는 소탈하고 간단한 음식을 정감 있게 서빙한다.

"2010년에 오픈해 4개월 만에 입소문이 나면서 한 번 다녀간 손님들이 또 찾아와요. 어떤 이는 '맛있게 잘 먹었다'고 저를 고급 식당에 데려가 비싼 밥도 사주고 '요리 만드는 레시피를 가르쳐달라', '소반 지점을 내라'고 권유를 많이 합니다."

소반의 밥도둑 간간한 강된장 곁들인 쌈밥($9.99)은 입덧하는 임산부의 잃어버린 입맛까지도 되살려내 꼬리에 꼬리를 무는 맛 소문은 한인타운을 폴짝 뛰어 넘어 할리우드 뒷산 밸리 벤추라까지 퍼져나갔다.

소반의 영양밥은 알찬곡식이 구수한 현미밥이다. 봄나물을 한 상 가득 순서대로 정렬하면 식당 안 여기저기서 어머머 예뻐라~, 감탄사가 터진다. 생선구이($14.99~), 갈비찜($35) 등 메인 메뉴가 등장하기 전 밑반찬이 펼쳐진 녹색 식탁은 긴 시간 공들여 만든 사찰음식 향내가 난다.

주메뉴는 생선요리(조림, 매운탕, 지리, 구이), 매운 갈비찜, 쌈밥, 한치 물회($24.99), 찌개(된장, 김치), 해물 두부전($12.99) 등이다. 대중식당치고는 다른 집보다 가격이 좀 세다. 그만큼 정성들인 음식이니 가치가 있다는 당당함이다.


보통 밥상에서 동그란 하얀 접시는 많이 사용해도 앙증맞은 정사각형 접시는 흔치 않은데, 소반의 도자 접시에 담은 반찬은 멋 낸 티가 안 나게 시선을 집중시키는 패셔니스타처럼 은근 재치 있다. 쌈 쟁반 물미역 위에 달랑 1개 누운 풋고추도 푸드 디자이너 눈에는 서정 미학이 느껴지는 맛있는 디스플레이다.


소반의 가지무침, 오이, 무채, 각양각색의 반찬에서는 산골 아낙네의 일상이 선명하게 그려진다. 들판에 지천으로 피어난 푸성귀를 치마폭에 가득 뜯어 한 잎 한 잎 다듬어 모내기하는 새 신랑을 위해 바구니에 이고 논두렁을 걷는 새참 풍경 말이다.

'남편은 생선전문, 나는 나물전문'이라고 말하는 안주인은 틈틈이 주방을 나와 밥 먹는 사람들 표정도 살피고 시래기 콩가루무침, 샐러리 들깨나물 만드

간간한 강된장 곁들인 쌈밥($9.99), 해물 두부전($12.99) 등 이곳의 음식은 대중식당치고는 가격이 좀 세지만, 그만큼 자신감이 묻어난다.

는 법을 알려달라는 새댁들에게 손쉽게 나물 만드는 비법을 설명해준다.

"먼저 샐러리는 적당한 크기로 잘라서 부드러워질 때까지 삶아냅니다. 팬에 들기름을 두르고 다진 마늘 약간을 넣어 볶다가 샐러리와 들깨가루를 넣어 볶아주면 되지요. 나물 무치기 하나도 어렵지 않아요. 자꾸 하다보면 솜씨가 늘어요."

조미료에 굳어진 혀에는 원재료 본래의 맛을 잘 살린 싱거운 듯한 소반 반찬이 입에 착착 감기지 않는다. 허나 소반의 웰빙식은 이역만리 타향살이의 애환을 달래줄 위로의 밥상임이 분명하다.

바야흐로 100세 시대, 인생은 60부터라고 다짐하지만 낯선 땅 미국에서 젊지 않은 나이 66세에 경험 하나 없이 식당을 창업해 소반처럼 승승장구하기란 쉽지 않다.

LA에서 제대로 된 집밥의 대명사가 된 소반의 류시우 대표 부인은 69세다. 전라도 광주에서 태어나 하회마을이 있는 안동으로 시집을 갔고 경상도 양반 고을에서 '음식 잘한다'는 칭찬 하나로 용기를 냈다고 한다.

소반의 사장과 간단한 인터뷰를 해보았다.

"이전에 식당을 해 본 경험이 있나요?"

"남편은 60살이 넘도록 식당하고는 거리가 먼 건설 일을 했고요. 저는 집안에서 사모님 호칭 들으며 살림만 했지요. 정말로 이 멀고 먼 미국까지 와서 식당을 할 줄은 꿈에도 몰랐어요."

연륜이 묻어나는 집밥의 달인은 오로지 식구들 밥상을 그날그날 성의를 다해 차렸고, 그 마음으로 손님의 식탁을 준비한다. 부부가 65세 넘어 건강한 두 손과 우직한 정신만 믿고 겁 없이 뛰어든, 한마디로 '용감한 창업'이다.


"식당을 열게 된 계기는 무엇인가요?"

"지인들이 반찬 솜씨 좋다고 부추기는 바람에 얼떨결에 식당을 개업했어요. 신문 광고 한 번 낸 적 없어요. 우리집 음식은 화학조미료에 과잉반응 일으키는 알레르기, 아토피 피부염 환자들이 좋아해요."

소반의 음식은 대체로 친근하고 담담하고 여백이 있는 맛이다. 산골짜기 자연 속에 꽁꽁 숨어 있던 산빛 오롯한 반찬을 천천히 음미하면 이민생활의 이런저런 시름이 다 사라지고 향긋한 햇살 에너지가 솟아난다.


"소반의 맛 비결은 무엇인가요? 소반은 어떻게 '집에서 먹는 질리지 않는 맛'을 LA에서 낼 수 있나요?"

"여기는 타향. 흙과 햇빛, 공기가 다른 까닭에 한국 토종맛과 같을 수가 없지요. 이익을 생각하면 한국 직송 재료를 못 쓰지만 좋은 재료 사용하는 것을 대환영하고 맛을 알아주며 반겨주는 손님들이 있으니 이윤을 조금 챙기는 것으로 만족합니다."


"소반의 맛있는 현미 밥짓기 비결은 무엇인가요?"

"몸은 미국에 있어도 마음은 한국에 두고 온 사람들에게 가마솥 밥맛을 내주는 세계적인 브랜드 '휘슬러'의 압력솥이 제가 해본 Rice Cooker로는 최고예요."

“소반의 맛 자랑 좀 해주세요.”

“소반의 자랑은 김치입니다. 우리집 김치 하나만은 미국 어디에서도 맛볼 수 없는 명품김치랍니다. 진짜 보증해요. 사신 있어요”

‘소반표 김치’는 땅속에 저장한 옛날 김장김치의 유산균 효소가 그득하게 살아있다. 전라도의 감칠맛과 경상도의 깊은 맛의 결합이다.

“정신없이 일하다보면 온몸이 힘들어도 노력한 만큼 돈이 쌓이니 보람 있어요. 창업하려는 분들께 당부하고 싶은 것은 왠지 모르게 식당업을 하다 보면 자주 ‘무시당한다’는 느낌을 받지만 그런 잡념은 얼른 버려야 한다는 겁니다.”

백년식당이 존경받고 셰프의 로망이 오너창업인 미국에서 요식업이 무시당하는 일은 곧 사라질 것이다. LA에서 식당으로 성공하면 미국 50개주 어느 지역에서 창업해도 사랑받는다. 그만큼 LA는 미식가의 천국이며 맛으로 승리하는 경쟁력이 치열한 도시다.

### ★ 소반의 성공 요인

❶ 캘리포니아 생산 재료를 사용해서 한국 고유의 맛을 찾아내려고 쉴 새 없이 실험했다. 나물, 찌개 메뉴 연구를 1년 넘게 했다.

❷ 한국 음식의 간판인 된장, 고추장 모두 공수해온 국산콩으로 메주를 직접 담가서 밑반찬 양념으로 사용한다.

❸ 내 가족 밥상 준비하는 마음으로 소규모 식당으로 시작했다.

❹ 자존심은 집에 두고 식당에서는 겸손하게 미소로 손님을 대한다.

**04**

## 필라델피아 본바닥 맛

# BOOS
# PHILLY
# CHEESESTEAKS

부스 필리 치즈스테이크

**ADD...** 4501 Fountain Ave(Corner of Virgil)
Los Angeles, CA 90029
**TEL...** 323-661-1955
**HOURS...** Mon~Sat 11am~10pm
**WEB...** boosphilly.com
**MENU...**
Boo's Original Steak *$6.95*  Boo's Cheesesteak *$7.95*
Boo's Pepper Steak *$8.95*
Boo's Mushroom Steak *$8.95*
Boo's Pizza Steak *$8.95*
Boo's Cheesesteak Hoagie *$8.95*
Boo's Tuna Hoagie *$8.95*
Boo's Italian Hoagie *$8.95*

필라델피아를 여행해본 사람은 반드시 경험한 맛 필리 치즈스테이크Philly Cheesesteaks는 미국에서 죽기 전에 먹어야할 음식 101에 뽑혔다.

필리 치즈스테이크는 두툼한 뉴욕 스테이크와는 달리 우리나라 불고기처럼 얇게 슬라이스한 등심 고기를 그릴이나 프라이팬에 지글지글Sizzling 구워 롤빵 위에 잘 녹은 치즈와 함께 얹어 주는 샌드위치를 말한다. 당연히 나이프와 포크는 필요 없이 핫도그처럼 손에 쥐고 입가에 육즙을 흠뻑 묻히며 먹는다.

필라델피아에서 가장 맛있는 Jim's, 최초 치즈스테이크인 Pats', Rick's에서 보듯 필리 치즈스테이크는 상호에 이름을 붙이는데, Boo's는 온 가족을 이끌고 와 필라델피아에서 레스토랑을 운영하신 이민 선구자 장모님 이름에서 따왔다고 한다.


부스 필리 치즈스테이크BOOS PHILLY CHEESESTEAKS는 미국 식도락가들이 일부러 필라델피아를 찾아가 먹는 명물 필리 치즈스테이크를 본바닥보다 더 맛있게 만든다. 한국인 안 사장이 바로 이민 첫 걸음을 필라델피아에서 시작한 덕분이다. 아들 팀 안Tim Ahn이 로스앤젤레스를 좋아해 정든 필라델피아를 떠나온 안 사장은 1981년 이민 와서 13번이나 식당을 창업했고, 한때는 이태원에서 멕시칸 프랜차이즈도 개업한 식당업의 고수다.


할리우드의 입맛 세련된 스타들도 맛있다고 꼬박꼬박 매주 한 번씩 와서 단골집 인증 사인을 남긴 영화 포스터가 벽에 크게 걸려 있으며, 필라델피아에서 1930년 오픈한 역사 깊은 정통 치즈스테이크 전문점 Pat's King of Steaks를 잊지 못한 동부에 살던 사람들도 찾아오는 이곳은 가장 전통 맛과 가까운 LA 필리 스테이크 맛집으로 등극한 이유가 있다. 고기와 빵을 전부 필라델피아에

얇게 슬라이스한 등심 고기를 그릴이나 프라이팬에 구워 롤빵 위에 잘 녹은 치즈와 함께 얹어주는 필리 치즈 스테이크는 빵 속에서 착 붙는 연한 고기 맛이 일품이다.

서 직접 공수해 와서 고기가 유난히 촉촉하고 치즈의 향이 녹아든 식감이 특별하기 때문이다. 필라델피아 식재료를 사용하지 않으면 이곳만의 치즈스테이크 맛이 안 나온다니 Made in USA라도 다 같은 아메리칸 고기가 아닌 모양이다. 양파와 매운 고추, 피망이 잘 어울린 필리 스테이크 가게노 팀 필리스 Phillies:메이저리그 필라델피아 야구 구단 티셔츠와 모자가 마스코트다.

캘리포니아 사람들을 감동시킨 이곳 치즈스테이크를 시식했다. 커다랗고 고기가 풍성해 처음엔 1인분 갖고 둘이 먹어도 충분하겠다 싶었는데 야금야금 먹다보니 어느 새 꿀꺽! 혼자 다 먹어버렸다. 차가운 서브웨이 샌드위치와는 달리 따끈따끈할 때 먹으면 치즈가 마법을 부려 고기가 양파와 어울려 더 진미가 우러난다. 맛있는 음식은 입속의 혀가 먼저 알아보고 뇌의 절제력을 무시하고 왕성하게 탐닉해 버리니 다이어트는 내일부터~, 다시 결심한다. 감자튀김도 깨끗한 스킨이 보이고 짜지 않다. 바삭바삭 달그락 맛있는 소리가 봉투속에서 자꾸 살금살금 튀어나와 내 손을 이끌어가며 오감의 여운을 남긴다.

한창 바쁜 점심시간 비좁은 부엌에서 안 사장 내외가 바쁘게 일하는 모습이 마치 휴먼다큐 인간극장에 나오는 역경을 이겨낸 부부처럼 잔잔하다. 이민 와서 온가족이 합심해 손발 걷어붙이고 최선을 다하면 자녀들 좋은 교육시키고 나름 만족하며 살 수 있는 행복한 가정의 모범 케이스다.

처음 이곳의 간판을 보았을 때는 더 산뜻한 코발트블루나 오렌지색으로 개성 있게 페인트를 하면 손님이 얼른 발견할 수 있고 장사가 더 잘 될 텐데, 하는 아쉬움이 있었지만 차츰 눈에 익숙해진다. 저 퇴색한 회색 컬러야말로 필라델피아 하늘 색깔이구나 싶다. 식당 간판은 주인을 닮아가고 사장님은 겸양지덕 인간미가 물씬 풍긴다.

★ 부스 필리 치즈스테이크 성공 요인

❶ 필라델피아에서 모든 재료를 직송해 본고장의 필리 스테이크 맛을 고수한다.

❷ 장모님이 필라델피아 독일타운에서 전수받은 필리 원조 맛을 이어 받았다.

❸ 욕심내지 않고 작은 가게로 오픈했다.

❹ 자녀들의 인터넷을 통한 식당 소개도 로컬 주민들의 발길을 끌어 모으는 마케팅 역할을 똑똑히 했다.

필라델피아에 간다면 꼭 가볼 Best TOP10 치즈스테이크

필라델피아에 간다면 꼭 가볼 치즈스테이크를 소개한다. 한류열기가 퍼진 캘리포니아 지역에서 퓨전 불고기 김치 치즈스테이크를 창업해도 좋은 아이디어가 될 것이다.

1. **Pat's King of Steaks : ADD.** 9th Street & Passyunk Ave **TEL.** 215-468-1546

2. **Geno's Steaks : ADD.** 1219 S 9th St **TEL.** 215-389-0659

3. **Jim's Steaks : ADD.** Fourth Street 400 South St **TEL.** 267-519-9253

4. **Tony Luke's : ADD.** 39 E Oregon Ave **TEL.** 215-551-5725

5. **John's Roast Pork : ADD.** 14 Snyder Ave **TEL.** 215-463-1951

6. **Campo's : ADD.** 214 Market St **TEL.** 215-923-1000 **WEB.** camposdeli.com

7. **Rick's Steaks : WEB.** rickssteaks.com

8. **Dalessandro's Steaks : ADD.** 600 Wendover St **TEL.** 215-482-5407
   **WEB.** dalessandros.com

9. **Steaks on South : ADD.** 308 South St **TEL.** 215-922-7880
   **WEB.** steaksonsouth.com

10. **Shank's Original : ADD.** 120 South 15th St **TEL.** 215-629-1093
   **WEB.** shanksoriginal.com

팬시한 인테리어와

비싸지 않은 중간대 **가격으로**

곰락해 아타를 날린

새로운 스타일의

스시집

**05**

# 혁신적 스시의 장인, 노자와<sup>Nozawa</sup>의

# SUGARFISH
## 슈거피시

**ADD...** 212 N Canon Dr Beverly Hills, CA 90210
**TEL...** 310- 276-6900
**WEB...** sugarfishsushi.com
**HOURS...** Mon~Sat 11:30am~10pm,
Sun 12pm(noon)~9pm
**MENU...** 미니 단품요리 *$12~*
런치 코스 *$17~$25* 디너 *$37*

일본 전통 식당 인테리어에서 탈피해 초현대적인 분위기로 장식한 이곳에서는 셰프 카즈 노리 노자와의 특제소스가 가미된 초밥을 맛볼 수 있다.

슈거피시SUGARFISH는 가장 미국화된Americanize 새로운 감각의 스시 레스토랑이다. 점심, 저녁 코스가 제일 인기가 많은데, 딱 우리나라 송편만 한 크기의 동그란 스시가 한 접시에 2, 3개 올려져 나오고, 완두콩부터 시작하여 생선 한 두 점씩이 4~5 코스로 서빙된다. 먹은 듯 안 먹은 듯 간에 기별도 안 가게 포만감이 적지만, 질 높은 최상의 스시를 한 조각씩 입가에 첫 키스 감촉하듯 스치다 보면 또 다시 가고 싶어지는 마성의 스시집이다.

촉촉하면서도 몽글몽글한 흰 쌀밥이 기존의 초밥과 온도가 달라 차갑지 않다. 입안에서 사과향기와 백포도주의 풍미가 미세한 정열로 떨리며, 스시맨의 정성을 담은 손가락 온기가 머리끝까지 전달된다. 초밥 속에 특제소스를 가미한 셰프 카즈노리 노자와Kazunori Nozawa가 당당하게 자신의 이름을 걸고 'Trust me'라고 식당 벽에 써 붙인 이곳은 일본 전통 식당 인테리어에서 완전 탈피해 초현대적인 분위기와 빠르고 효율적인 서비스로 스시의 아이콘으로 성장했다.

1990년대 초 미국에서 일본문화와 스시열풍이 분 이후, 평범한 스시집은 대부분 한국인이 주인공이고, 베벌리 힐스 같은 명품가에 1개 $10~$20, $100 넘는 엄청 비싼 럭셔리 초밥집 주인은 일본인이다. 또한 점심시간이면 손님이 미어터지는 겐 스시 같은 대중식당은 정통을 고집하는데, 영리한 오너 노자와는 이 틈새시장을 팬시Fancy한 인테리어와 중간대 가격으로 공략해 안타를 날렸다.

슈거피시는 아메리칸 드림을 이룬 모범케이스로 스시맨들에게 회자된다. 노자와는 LA에 정착하자마자 1985년 스튜디오 시티에 '스시 노자와'를 창업. 너도나도 따라 하는 캘리포니아 롤과 이름도 없는 일본 퓨전 요리를 멀리하고 핵심 메뉴 3가지에 자신만의 고유한 폰즈소스 만들기에 심혈을 쏟으며 2012년까지 운영했다. 일반 스시집과 다른 노선으로 특별한 지혜와 수완을 보인 그는 스시 경력 50년의 베테랑이다. 그는 보통 사람들보다 1시간 먼저, 생선시장이 문 열기도 전부터 부두에 나가서 선박들을 살피고 어부들과 친교를 나눈다. 그리고 웃돈 주고 사들인 최고의 상품만으로 기본에 충실한 요리들을 손님에게 맛보이는 기쁨으로 가게를 연다. 항상 무엇이 부족한가를 고심한 그의 유난스런 장인정신은 까다로울 정도다.

식당 안에서 큰소리로 휴대폰 사용을 하다가는 망신당할 수 있다. 노자와는 완벽하게 자신의 음식에 집중해주길 바라기 때문이다. 톰 행크스가 전화 통화를 하다가 쫓겨났다는 가십Gossip은 한동안 할리우드 통신에서 핫이슈로 떠오르기도 했다.

슈거피시 성공 스토리에서는 '열정Passion과 끈기Persistence로 이민자처럼 생각하고, 장인Artisan처럼 일하며, 웨이터처럼 행동하라'고 말한 〈뉴욕 타임스〉 칼럼니스트 토머스 프리드먼의 어록이 오버랩 된다.

노자와 스시집은 Beverly Hills, Brentwood, Calabasas, Downtown LA, Marina Del Rey, Santa Monica, Studio City 7군데 있다.

 소문난 LA 맛집 들여다보기

part 13
소규모 퓨전
Ramen
Story

눈물 나게 매운
라멘 먹기 대회에
또 다시 도전하려고
친구들과 주말을 약속하는
중독성이 있는 라멘집

01

뜨거운 열기, 젊음의 광장

# OROCHON RAMEN

오로촌 라멘

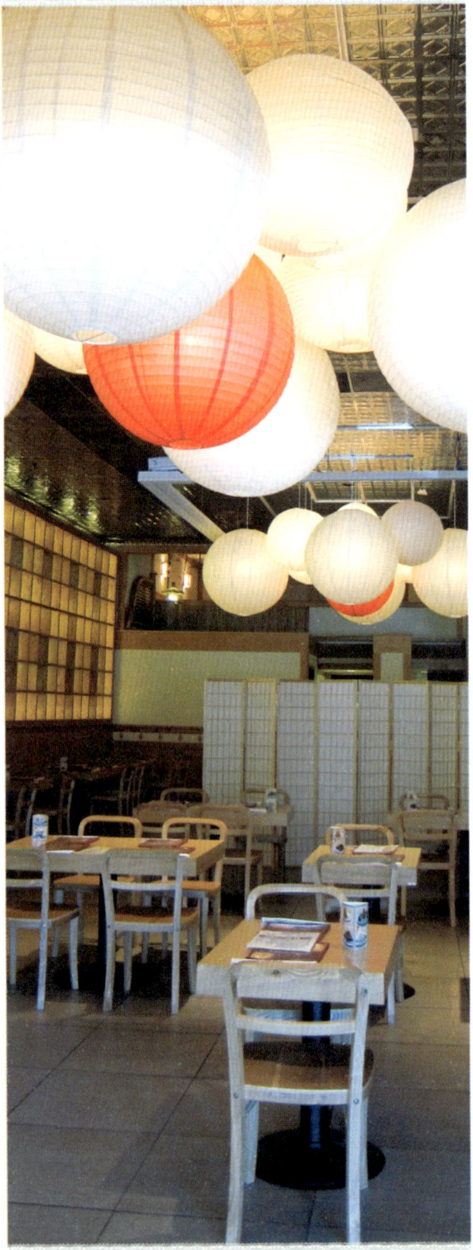

♥

❶ **ADD...** 123 S Onizuka St Los Angeles 90012
**TEL...** 213-617-1766
❷ **ADD...** 220 N San Fernando Blvd Burbank, CA 91502 **TEL...** 818-845-0817
**WEB...** www.orochonusa.com
**HOURS...** Mon~Thu/Sun 11:30am~10pm, Fri&Sat 11:30am~10:30pm
**MENU...**
Miso *$7.45* Soy Sauce *$6.95* Salt *$6.95*
Dumpling *$3.50* Cha-Shu-Plate *$6.95*
Bamboo Vegetable Saute *$5.50*
Extreme Orochon/Hyper Orochon/Impact Orochon/Orochon/Osae Orochon/Osae-Osae Orochon/ Non-Spicy Orochon *$6.95~$18.99*

이곳은 소문난 라멘집의 대표 주자답게 '매운맛 도전 라멘 먹기 대회'로 밤마다 화끈한 열기가 청춘의 노트, 기록 갱신을 선사한다. 오로촌OROCHON은 매운 맛을 1~7단계까지 분류해 손님에게 제공한다. 오로지 맵기만을 강조해 맛은 별로이지만 '오로촌'의 간편 의미대로 '용삼하게 매운 맛'을 30분 안에 국물까지 다 마신 손님은 라멘 영웅이 되고 기념촬영을 해서 벽에 장식해 준다. 이런 FUN 이벤트와 짜릿한 퍼포먼스로 저녁마다 가게는 밀려든 손님들이 줄을 서고, 열광하는 환호성이 길거리 밖 멀리 산타 모니카 해변까지 퍼져나간다. LA 리틀도쿄의 유명 라멘집들은 대부분 이렇게 스페셜 쇼를 하며 돈을 썩 잘 번다.

라멘집에서 대형 이자카야 레스토랑으로 발전해 월등한 경쟁력을 과시하는 오로촌은 감성적인 사케+와인 바와 세련된 인테리어로 독일의 호프 스타일을 덧입혀 자유분방한 예술인들이 좋아한다.

오로촌의 장점은 15여 개의 토핑과 매운 정도를 선택할 수 있다는 점이다. 고추기름, 소금, 간장, 된장 소스로 간을 맞췄고, 미소라멘은 달큰 짭조름하다. 진한 육수 맛이 특별하고 감자튀김, 차슈(돼지고기 조림)도 부드럽다.

카레라멘을 선보이는 주방장은 라멘을 처음 먹는 미국인에게 먹는 법을 상세하게 알려준다.

1 먼저 눈으로 예술 작품을 보듯 감상할 것

2 라멘 국물 한 숟가락 떠서 천천히 음미할 것

3 면발을 젓가락으로 튕겨 탄력을 느낄 것

오로촌의 장점은 15여 개의 토핑과 매운 정도를 선택할 수 있다는 점이다. 고추기름, 소금, 간장, 된장 소스로 간을 맞췄고, 미소라멘은 달큰 짭조름하다.

**4** '후룩후룩 후루룩〜' 맛있는 소리로 실내 공기 속에서 면발을 식히는 것을 잊지 말 것

얼마든지 독창적인 토핑 구성을 통해 요식업계의 신화를 쓸 수 있는 창업의 장르로 라멘은 의외로 간단할는지도 모른다. 인제나 대 히트 작품은 단순하고 명료하며 남보다 딱 한 발짝 앞서 있다.

탕 문화권의 대한민국 서민들의 삶과 마음을 위로해주는 따스한 국물의 신기록! 새로운 라멘의 성공역사를 라면 종류가 제일 많은 우리나라 청년들이 쓰기를 소망한다. 매운 라면이라면 당연히 대한민국이 세계 최강, 최고다.

라멘 평가 전문 블로그 '라멘레이터(www.ramenrater.com)'의 운영자 한스 리네시Hans Lienesch는 시애틀의 우기, 비 젖은 날씨 속에서 한국 라면 맛에 반한 독특한 열혈 팬이다.

오로촌은 미국 TV 인기 프로그램 〈Man VS Food〉에서 먹방 스타 아담 리치맨Adam Richman이 최고 매운 라멘에 도전해 더욱 유명해졌다.

## LA는 라멘 샹그릴라

맛있는 식당이 많이 모여 있는 LA 재팬타운에 가면 길게 줄 서서 기다리는 진풍경을 많이 볼 수 있는데 그 집들이 대부분 라멘집이어서 깜짝 놀란다. 젊은 커플들의 데이트 코스로 빠르게 전파된 라멘집은 된장의 구수한 국물과 간장으로 조림한 돼지수육 맛을 미국 젊은이들에게 유행시켰다. 21세기 세계 3대 요리로 손꼽히는 스시가 일본의 영혼(Soul)이라면 라멘은 심장(Heart)이다.

라멘의 기본 차림표는 미소라멘(된장), 소유라멘(간장), 시오라멘(소금), 돈코츠라멘(돼지국물)이다. 여기에 토핑으로 여러 가지가 첨가되어 고유의 향미 가득한 또 다른 라멘을 창조한다.

라멘에 대해 더 알기 위해 일본에서 '라멘왕'으로 불리는 요리사 가와하라 시게미의 유자향에 소금으로 간을 한 특미 라멘. 유즈시오에 반한 열혈 팬들이 이푸도Ippudo(一風堂)에서 라멘 스토리를 들었다. 1985년 후쿠오카에서 창업한 라멘 브랜드 이푸도는 NY 미슐랭 가이드에 올라 뉴욕 최고의 라멘 레스토랑으로 인정받았다.

우동이나 소바가 감촉으로 먹는 음식이라면 라멘은 알맞은 조합으로 먹는 음식이다. 염분과 지방을 적절히 조절하고 입에 딱 맞는 온도로 맞추는 게 라멘 맛의 핵심이다. 삿포로 · 도쿄 · 후쿠오카 등 고장마다 제조법도 다르고 풍미도 다 다르다. 삿포로 라멘은 돼지뼈와 전갱이를 넣고 푹 끓인 국물에 된장 · 간장 · 소금 중 하나를 골라 국물 맛을 낸다. 규슈 지방 라멘은 삿포로보다 돼지뼈를 더 오래 푹 고아서 만든다. 국물 맛이 더 강해 은근히 중독된다.

도쿄 라멘은 반면 간장 맛을 더 중시한다. 오사카 라멘은 좀 더 맑고 다시마 등으로 맛을 내서 개운한 것이 특징이고, 최근엔 정통 하카타 돈코츠에 돼지뼈 냄새를 없애고 좀 더 깔끔하게 만든 라멘이 주목받고 있다.

– 가와하라 시게미

이푸도는 '하나의 바람을 일으키는 가게'라는 라멘 다이닝 브랜드로 '도쿄 라멘 오브 더 이어'에서 2년 연속 우승했다. 창업자인 가와하라 시게미는 다른 라멘점과의 차별화를 위해 스타일리시한 인테리어, 모던 재즈의 BGM, 친절하고 따뜻한 서비스 등으로 돌풍을 일으켰다. 그의 가게 앞에는 청춘들의 물결이 장사진을 친다.

음식 평론가 조나단 골드는 라멘 먹는 기쁨을 'Flavor Bomb(맛의 폭탄)'이라고 표현했다. 〈LA 타임스〉 푸드 섹션에 소개한 'Jonathan Gold picks his Top10 Ramen' 기사를 읽고 재팬타운을 방문한 Yelp 맛 탐험대는 풍부한 국물, 돼지고기의 부드러움 등 라멘 찬가를 부른다.

"I prefer a more rich, creamy, savory broth for my ramen! (진한 크림 국물 라멘맛을 선호해요!)"

"You get pork two ways: chashu pork and pork belly. (차슈와 삼겹살 2가지를 맛볼 수 있어요.)"

"The tonkotsu ramen is delicious and flavorful! (최고로 맛있는 라멘은 돈코츠 라멘!)"

### 〈Jonathan Gold Top 10 Ramen〉의 맛집 라멘식당

**1. Men Oh Tokushima**
ADD. 456 E 2nd St Los Angeles, CA 90012  TEL. 213-687-8485
WEB. www.menohusa.com/home

**2. Yamadaya**
ADD. 1248 Westwood Blvd Los Angeles, CA 90024  TEL. 310-474-1600
ADD. 11172 Washington Blvd Culver City  TEL. 310-815-8776
WEB. www.ramen-yamadaya.com

**3. Shin Sen Gumi**
ADD. 2015 W Redondo Beach Blvd in Gardena

**4. Daikokuya**
ADD. 327 E 1st St Los Angeles, CA 90012  TEL. 213-626-1680

**5. Ikemen**
ADD. 1655 N La Brea Ave Los Angeles, CA 90028

**6. Iroha Marukai Market**
ADD. 1740 W Artesia Blvd Gardena  WEB. www.menya-iroha.com/us

**7. Tsujita(Ramen is served only at lunch)**
ADD. 2057 Sawtelle Blvd Los Angeles, CA 90025  TEL. 310-231-7373
WEB. tsujita-la.com

**8. Jinya**
ADD. 11239 Ventura Blvd Studio City, CA 91604  TEL. 818-980-3977

라멘은 이제 LA 재팬타운에서 발전해 할리우드를 넘어 버뱅크 맛 타운으로 진출했다. 파라마운트 영화사 스타 PD들의 단골집 오로촌은 완전 영국 펍+모던 이자카야 스타일로 라멘식당 성공사례의 롤 모델이다.

나는 미국의 콜로라도, 덴버, 시애틀, 오리건 같은 한국인이 별로 없는 추운지방 오지에 가서 콤보 세트(캘리포니아 롤+김밥+불고기+만두+김치라면)를 전파하며 신천지를 개척해 보라고 권하고 싶다. 처음부터 돈 벌기에 목숨 걸지 말고 느긋하게 지역 사람들에게 맛보기로 김밥 1줄, 라면 한 공기씩 선보이고 한국인의 정과 음식에 자부심을 걸면 반드시 성공 스토리가 신문에 실릴 날이 올 것이다. 잘되는 식당 요리 장인들은 입 모아 말한다. "희망을 갖고 시작했더니 아침에 문 열 때 행복하고, 밤에는 문 닫기가 싫을 정도로 돈이 수북이 쌓이더라."

일본 라멘은 도쿄의 소유라멘, 홋카이도의 미소라멘, 하카타 돈코츠라멘에서 보듯 지역별로 특색이 있다. 이렇듯 라면은 무한변신이 가능한 음식으로 다채로운 재료를 사용해 크리에이티브 새 메뉴 라면을 얼마든지 생산할 수 있다. 아이디어를 함께 내보자. 나도 10개 이상은 만들 수 있다는 자신감이 있다면 창업 성공에 소질이 보인다.

프랑스 식당에서 양파 수프를 먹어본 사람은 라면사리를 추가하고 싶은 간절한 느낌, 아쉬움이 있었을 것이다. 그래서 나는 뚝배기에 모차렐라 치즈 라면가게를 창업하고 싶다. 양송이 크림치즈 라면도 잘 팔리는 메뉴가 될 것이다. 돈가스라면, 불고기 갈비라면, 미역 해초라면, 헬시 채소 브로콜리 콩나물 야채라면, 토마토, 참치, 연어, 해물잡탕 등 무엇을 얹어도 토핑 궁합이 잘 맞는 라면은 국물을 잘 우려내는 방법이 최대 관건이다.

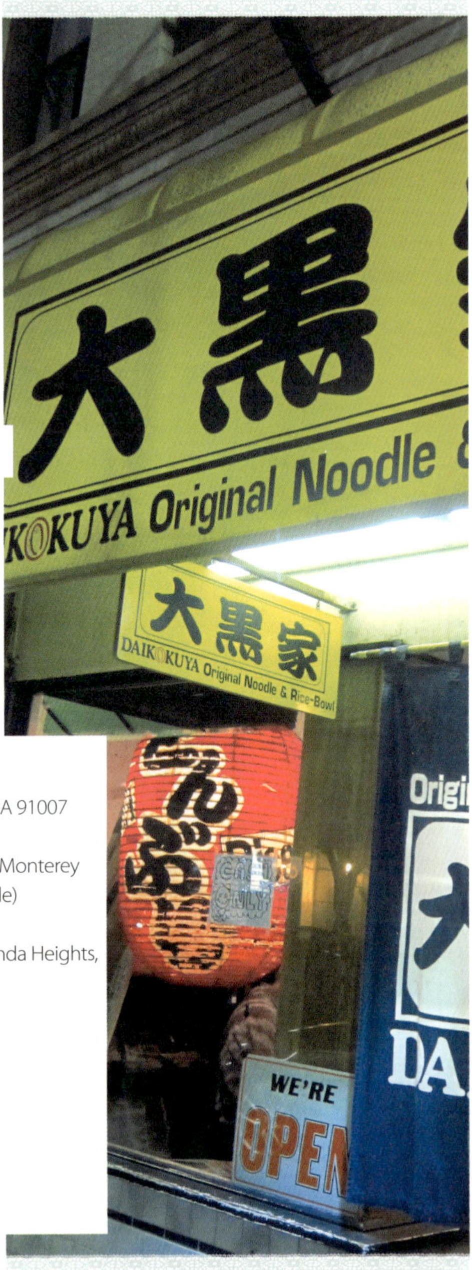


본고장 라멘보다
더 맛있는 집이라는 소문이
나기까지의 노력을
땟자국 묻어나는 식탁에서
읽을 수 있는 곳

02

## 꽃청년 알바 5년이면 창업한다

# Daikokuya

다이코쿠야(大黑屋)

♥

**본점 ADD...** 327 E 1st St Los Angeles, CA 90012
**TEL...** 213-626-1680
**Arcadia ADD...** 1220 S Golden West Ave Arcadia, CA 91007
**TEL...** 626-254-0127
**Monterey Park ADD...** 111 N Atlantic Blvd Ste 241 Monterey Park, CA 91754 (2nd floor-North Side)
**TEL...** 626-570-1930
**Hacienda Heights ADD...** 15827 E Gale Ave Hacienda Heights, CA 91745 **TEL...** 626-968-0810
**WEB...** www.daikoku-ten.com
**HOURS...** Mon~Thu 11am~12am(midnight), Fri&Sat 11am~1am, Sun 11am~11pm
**MENU...** Daikoku Ramen *$8.95* Tsukemen *$9. 50* Bento Box *$11.95~$13.95* Gyoza *$5.95* Sliced Roast Pork *$5.95* Spicy Tuna Roll *$7. 50* Fried Rice *$7.95* Tuna Sashimi Bowl *$15.95* Chicken Teri Bowl *$7.95* Salmon Egg Bowl *$13.95*

다이코쿠야(大黑屋)는 일본의 정취를 라멘 대접에 담아 푸근하게 안겨주는 라멘집이다. 식당 입구 휘장은 펄럭이는 청색 광목 위에 힘찬 묵향이 살아 있다. 한 사람 앉기에도 비좁은 대기석에는 복을 부르는 고양이, 마네키 네코가 친밀하게 한 손들고 반긴다. 애니메이션 캐릭터 인형들을 곳곳에 진열해 놓은 선반에는 옛날 만화책도 몇 권 꽂혀 있다. 그 유명한 『우동 한 그릇』 주인공들이 문을 드르륵 열고 들어설 듯한 분위기다.

재팬타운 다이코쿠야에서는 라멘 한 그릇에서 묵직한 흑돼지의 진국 맛을 제대로 볼 수 있다. LA 미식가들 사이에서 화제가 되고 있는 츠케멘도 제공한다. 국물에 면을 말아 함께 나오는 일반적인 라멘과 달리, 국물과 면이 따로 나와 마치 소바처럼 면을 찍어(つけ : 츠케) 먹는 것인데, 김과 파를 비롯해 멘마(죽순)와 차슈(돼지고기 조림)를 따로 서빙한다. 잘 조림한 돼지고기 편육과 짭짤한 육즙이 별미다.

〈다이코쿠야 덮밥+라멘〉 콤보에 곁들이는 샐러드 소스도 상긋하다. 곱슬한 면이 퍼지지 않게 후다닥 삶아낸 생면과 조화를 이루는 군만두, 중화 볶음밥, 연어알 덮밥도 인기 만점! 일본 뒷골목보다 더 일본답고 하카타 항의 부두 노동자들이 찾는 본고장 라멘보다 더 맛있는 집이라는 소문이 나기까지 다이코쿠야의 진솔한 노력을 땟자국 묻어나는 식탁과 걸상에서 충분히 읽을 수 있다. 가벼운 라멘 콤보로 저녁을 먹은 사람들은 부추가 가득 들어 있는 교자를 자녀들을 위해 투고TO-GO해 간다.

라면 삶는 동작 하나하나에 신중을 기하는 인내심 깊은 주인은 다운타운에서 출발해 Monterey Park, Hacienda Heights, Arcadia까지 어느 새 부자동

국물과 면이 따로 나오는 츠케멘은 잘 조림한 돼지고기 편육과 짭짤한 육즙이 별미다. 삶아낸 생면과 중화 볶음밥, 연어알 덮밥도 인기 만점!

네로 진출해 4개 지점을 확보했다.


　큐슈라멘이라고도 불리는 하카타라멘의 진수를 맛보겠다는 다짐으로 문 앞에서 기다리는 시간은 길지만 후루룩 먹는 시간은 너무 짧다. 1시간 기다렸다가 30분 만에 후다닥 먹어 치우는 후련함이 뱃속 저 깊은 곳에서 솟아오르는 열기를 하코네 료칸에서 유황온천하고 나온 기분에 비할까? 사람들이 주말의 귀한 시간 낭비하며 오래 줄 서서 왜 이 라멘을 먹는지 알 것 같다.
　"너에게 돈코츠라멘은 무슨 맛이냐?"
　옆자리에 앉은 외국인에게 질문했다.
　"음냐~, 후루룹룹룹. 음. 스위스 치즈와 양갈비가 결합된 수프! 유니크한 맛이다."
　사람은 자신이 먹어 본 혀의 감각으로만 표현이 가능한 모양이다. 라멘에서 치즈의 풍미를 감지하다니. 우리에겐 추억의 삼양라면 붉은 봉지가 가난한 시절을 속삭여 준다면 햄버거가 국민 음식인 미국인에게 처음 먹어보는 일본 라멘은 아시아를 동경하는 맛일 것이다. 어쨌든 돈 잘 버는 라멘집답게 Cash-only.

北해도 본바닥에서
건너온 프랜차이즈 라멘집.
세계 곳곳 대도시에 있는
미츠와 푸드 코트를 통해
규격화된 라멘을 즐길 수 있다

## 03

소금라멘이 유명한

# SANTOUKA

산토카(山頭火)

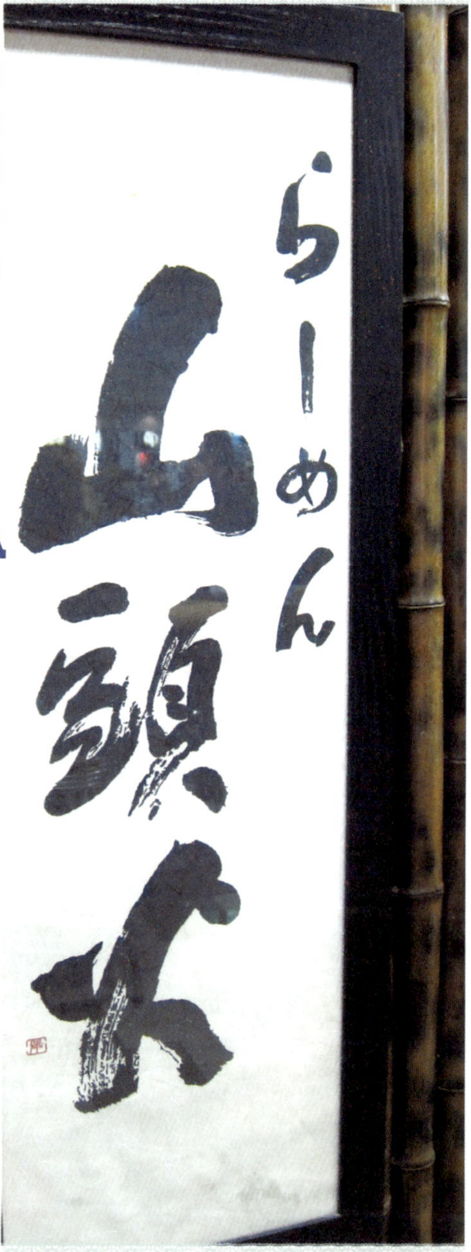

**Santa Monica ADD...** 3760 Centinela Ave Los
Angeles, CA 90066
**TEL...** 310-391-1101
**Costa Mesa ADD...** 665 Paularino Ave Costa Mesa,
CA 92626  **TEL...** 714-434-1101
**Torrance ADD...** 21515 Westen Ave Torrance, CA
90501  **TEL...** 310-212-1101
**WEB...** www.santouka.co.jp/en
**HOURS...** Mon~Sun 11am~8:30pm
**MENU...**
토로니쿠Toroniku 시오라멘 *$10.99*
후미소라멘 *$8.49* 챠슈시오라멘 *$9.49*

산토카SANTOUKA는 북해도 본바닥에서 건너온 프랜차이즈 라멘집으로, LA, 뉴욕, 싱가폴, 홍콩, 토론토, 밴쿠버 등 세계 곳곳 대도시에서 일본마켓 미츠와Mitsuwa 푸드 코트를 통해 제공되어 규격화된 라멘을 즐길 수 있다.

재팬 토속 음식 축제를 여는 마켓에서 신토카 라멘을 만나면 대부분 그냥 지나칠 수가 없다. Yelp 맛 리뷰에 "먹어도, 먹어도 질리지 않는 라멘"이라는 별 4.5 평가를 본 사람들이 많기 때문이다. 또한 쇼윈도에 음식 모형을 심플하게 잘 설치한 덕분에 들여다보고 요것조것 골고루 맛볼 수 있는 장점이 있다.

일본 라멘 중에서 가장 맛내기가 어렵다는 소금 시오라멘을 잘한다는 소문도 식도락 탐닉가들의 호기심을 자극했다. 시오는 단순명료한 맛이라 맛을 내기 까다로운 라멘이다. 미소라멘은 된장 맛이 국물을 좌우하므로 맛내기가 비교적 수월하단다.

미국인 입맛에 맞춰도 너무 맞춘 오로촌 라멘이 좀 짜다 싶으면 산토카 라멘을 권한다. 다이코쿠야에서 50분 기다리다가 지쳤다는 사람들이 발견한 소중한 라멘 체인점으로 맛 리뷰가 1,350개가 넘는 마니아층이 두터운 인기 라멘이다.

"홋카이도 바다에서 잡은 식재료를 사용해 국물 맛이 풍요롭다. 주의사항 : '거의 내 혀를 태워 버릴 듯 뜨거운 수프'를 꼭 조심할 것!"

"콤팩트Compact 라멘! 짜임새 있는 콤비네이션Combination! 감칠맛 풍부한 시오라멘과 매실 장아찌를 추가로 주문하는 센스를 잊지 말라."

식당 리뷰를 읽는 재미가 짭짤하다.


손님들이 '마지막 한 방울까지 국물을 다 즐길 수 있도록' 최선을 다하는 라멘 장인으로 세계로 확장하는 산토카는 햇살 고운 천일염을 사용해 우마미의 자연스런 바다 맛이 은은하다. LA 산타 모니카 지점장은 산토카의 비화를 라면 국수발처럼 줄줄 풀어낸다.

어느 날 산토카의 창업자는 1986년 음식을 통해서 인간의 본성, 사회의 위선을 드러내고자 했던 감독의 의지가 여기저기서 읽히는 재치 있는 영화 〈담뽀뽀タンポポ : 민들레〉를 본 뒤 가족을 위해 '내가 예술 라면을 만든다!'고 선언한 것이 산토카 탄생의 계기가 되었다.

만화 원작인 이 영화는 단순한 코미디가 아닌 라멘 창업 분투기로 산토카 라멘을 태어나게 한 일등공신인 것이다.

드디어 가족의 환호 속에 홋가이도 아사히카와 라면 가게를 오픈한 것은 1988년 3월. 좌석은 단 9석, 메뉴는 소금라멘 한 가지였다. 그래서 산토카는 뽀얀 소금수프가 제일 맛있는 라멘 원조가 되었다.

작은 사발에 들어간 가느다란 실면에는 정성이 가득하다. 생면 반죽도 수백 번의 시행착오 끝에 완성되었다. 살살 녹는 구운 돼지고기(차슈, 창업주가 가난한 시대에 태어나 배고픈 시절에 굶주린 학생들에게 돼지고기를 맛깔스럽게 먹이고 싶어 마음으로 구워 만든 것이란다)와 그릇 바닥이 보이도록 한 방울도 남기지 않고 다 마실 수 있도록 품위 있는 국물을 만드는 산토카는 영화 시나리오 그대로 천신만고의 노력과 정성을 다 쏟는다. 그 지방의 명물은 로마처럼 하루아침에 만들어진 게 아니다.

'맛과 향기를 소중히 한다'는 마인드에서 장아찌 한 조각, 나토, 달걀조림, 우메보시(매실 장아찌)도 가장 맛있게 숙성시켜 제공하는 원칙을 고수한다는 점도 흥미롭다.

꼬들꼬들한 면발, 매콤하고 진
진한 국물 그리고 보들거리는
수육이 매력이다. 특히 일본
라멘 중에서 가장 맛내기가
어렵다는 시오라멘을 잘한다.

가장 맛있는 라멘의 온도는 몇 도일까? 산토카에서 집중 연구한 이 부분도 흥미롭다. 담뽀뽀 마지막 장면에서 보듯 창업자가 중세면(中細麵) 실험과 반복, 과학적 연구를 거듭해서 지금의 라멘 온도를 유지한다니, 산토카 산타 모니카 점장의 설명을 들을수록 라멘의 세계가 오리무중이다.

돼지뼈와 죽순, 대파, 양파, 야채, 가다랑어 등의 건어물을 알맞은 온도에서 20시간을 고아낸 후 따로 건져낸다. 돼지머리, 닭고기, 생선, 해초 부속물들은 처음부터 청결하게 잘 간수하는 과정도 중요하다. 마지막 고명으로 얹는 매실도 화룡점정! 산토카만의 완성도 높은 라멘은 쉽게 태어나는 게 아니었다.

최후 공정이 특수한 이 집 라멘은 담백함이 백미다. 육수를 너무 펄펄 끓이면 맛이 달아나 적당한 온기에서 '스톱!'을 외칠 줄 알아야 한다. 라멘 국물내기는 정말로 며느리도 모르는 비밀로 아무나 따라 하지 못한다.

꼬들꼬들한 면발과 매콤하고 진진한 국물과 함께 산토카의 가장 큰 매력은 보들거리는 수육이다. 미국인들이 '부드러움의 극치', 'Butteriest'라고 혀가 구르는 버터 발음으로 기름지게 표현한 차슈Chashu의 맛은 심혈을 기울인 작품이다. 매운 미소라멘Spicy Miso도 유명세를 탔다.

프랜차이즈 점포가 국내외로 늘어나도 그 맛은 잃지 않겠다는 끈기가 성공 노하우이며, 북해도 본점에서 온 라멘답게 삿포로 맥주와 궁합이 찰떡이다.

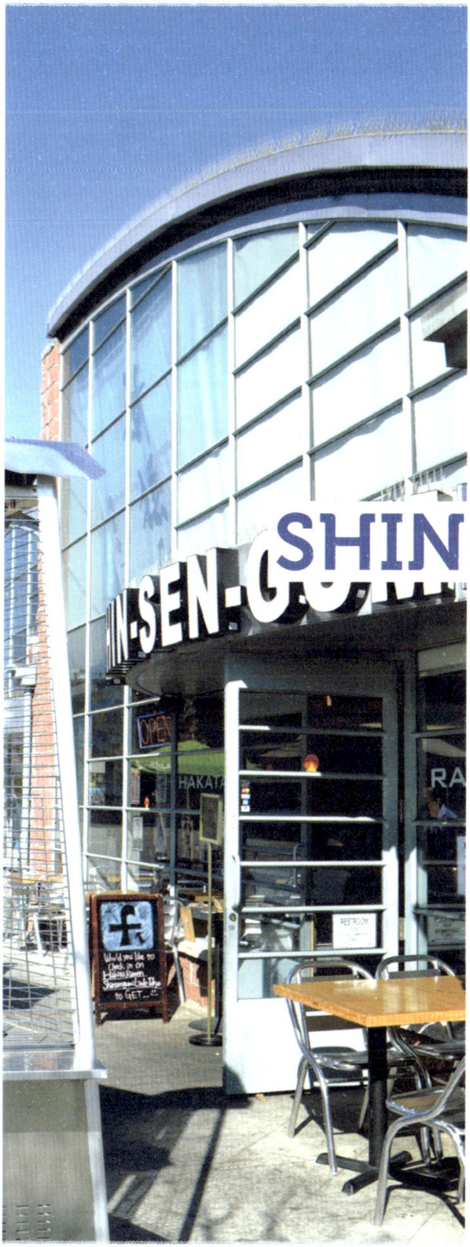


LA에서 대성공한
일본 식당 대표 시게타가
재팬타운에서 운영하는
시크한 멋이 흐르는
퓨전 라멘집

04

무사의 힘!

# SHIN-SEN-GUMI

신센구미

**ADD...** 132 S Central Ave Los Angeles, CA 90012
**TEL...** 213-687-7108
**WEB...** www.shinsengumigroup.com

신센구미의 간판 메뉴는 후쿠
오카의 돈코츠 하카다 라멘이
다. 또한 꼬치구이, 참깨소스 비
프 전골, 캘리포니아 롤, 신센
구미 나베 등 메뉴의 폭이 넓어
신세대들에게 인기가 좋다.

LA 신센구미SHIN-SEN-GUMI 라멘은 이자카야(선술집) 겸 로바다야키(구이집) 신센구미 야키토리와 같은 그룹이다. 이곳 재팬타운의 일식집들은 대부분 전통적인 일본 실내장치를 고수하는 것과 달리 시크한 멋이 흐르는 퓨전 스타일이다.

'신센구미(新選組:신선조)'는 치안을 담당한 막부의 국가경찰조직을 뜻하는 말로, 옛 시대에 대한 향수를 잊지 못하는 군상들이 그리워하는 매력적인 집단의 대명사다. 1862년 에도막부의 쇼군(장군) 도쿠가와 이에모치의 교토 상경 때 경호를 목적으로 만들어진 조직인 신센구미는 현재까지 영화와 만화의 각색 소재가 되어 일본 문화 곳곳에 스며들었다. 신센구미를 레스토랑 그룹 이름으로 선택한 이곳의 CEO는 일본음식을 세계 곳곳에 전도하는 꿈을 사춘기 시절 쇼군 드라마를 보면서 자연스럽게 키웠다고 한다.


신센구미의 간판 메뉴는 후쿠오카의 돈코츠 하카다 라멘이다. 또한 잘 구운 꼬치구이와 참깨소스 비프전골, 캘리포니아 롤, 스시, 야키토리, 신센구미 나베 등 메뉴의 폭이 넓은 장점으로 신세대들에게 인기 캡이다. 특히 식도락가들의 오감을 매혹시킨 것은 특별 개발한 상큼한 유즈폰즈(유자맛 간장소스)로, 고베 쇠고기 샤브샤브에 곁들여 서빙한다.

신센구미는 입구에 손님 취향을 배려하는 주문 시스템을 갖추었다. 주문서 기록장에 토핑, 맵기 조절을 선택할 수 있어 훨씬 합리적으로 음식을 즐길 수 있다. 면발 익힘, 국물 농도, 면의 양, 그 밖의 재료들까지 상세하게 체크한다. 진한 돼지뼈 국물이 거부감이 있다면 산뜻한 소유라멘이 제일 무난한 맛이라고 한다. 숯불에 굽는 닭꼬치도 토핑에 추가하면 은근 화려한 라멘으로 변신한다. 검은 깨를 넣어 영양을 생각하는 고단백 라멘도 있다.

국제적인 감각으로 LA에서 대성공한 일본식당 대표로 스시명장 카츠야Katsuya와 신센구미 사장 시게타Shigeta를 손꼽는다. 두 사람은 일본보다 미국에서 더 많이 알려진 셀러브리티, 저명인사다.

신센구미의 창업자 시게타Shigeta는 1965년 일본 가고시마 현에서 태어나 대학에서 토목 공학을 공부했고 졸업 후에는 아메리칸 드림을 위해 로스앤젤레스에 정착했지만 무진장 고생한다. 슈퍼마켓에서 맥주를 사지 못할 정도로 쉬운 영어도 못해서 겪은 고통은 말로 다 할 수 없지만 그는 미래를 위해 부동산에 관심을 가져 계속되는 실패에도 좌절하지 않고 중개업시험에 도전했다.

잠은 2~3시간만 잤다. 새벽까지 공부하며 일본 도시락 사업과 파트 타임 청소, 생선 시장에서 막노동까지 닥치는 대로 열심히 한 결과 시험에 합격하여 면허를 받고 덴버, 콜로라도 가라데 선수권 대회에서 이름을 알리기도 했다.

조금 여유가 생기자 대학 시절 하카타 닭꼬치 레스토랑 톤쇼Tonsho에서 아르바이트를 한 경험을 살려 신센구미 레스토랑을 오픈한다. 처음엔 모든 것이 잘되어가는 것처럼 보였지만 난관은 하나둘이 아니었다.

불굴의 인내와 근면, 피나는 노력의 결과로 1996년 신센구미 하카타 라멘, 스시, 샤브샤브 레스토랑을 연달아 열어 미국 속 일본 지역사회를 놀라게 했고, 마침내 신센구미 그룹은 지점을 확대하고 처음에 구상했던 초대형 레스토랑 그룹으로 발전했다.


사나이들의 격정적인 일대기를 담은 신센구미 스토리를 재창조한 〈新選組〉 현판은 다른 라멘집 간판 필치의 획보다 세밀하고 날카로운 검객의 예리한 바람소리가 들린다. 청춘들이 심야식당에서 라멘을 선택하는 것은 내일부터 더 뜨거운 마음으로 살겠다는 무림의 각오와 결의가 담겨있는 것은 아닐까?

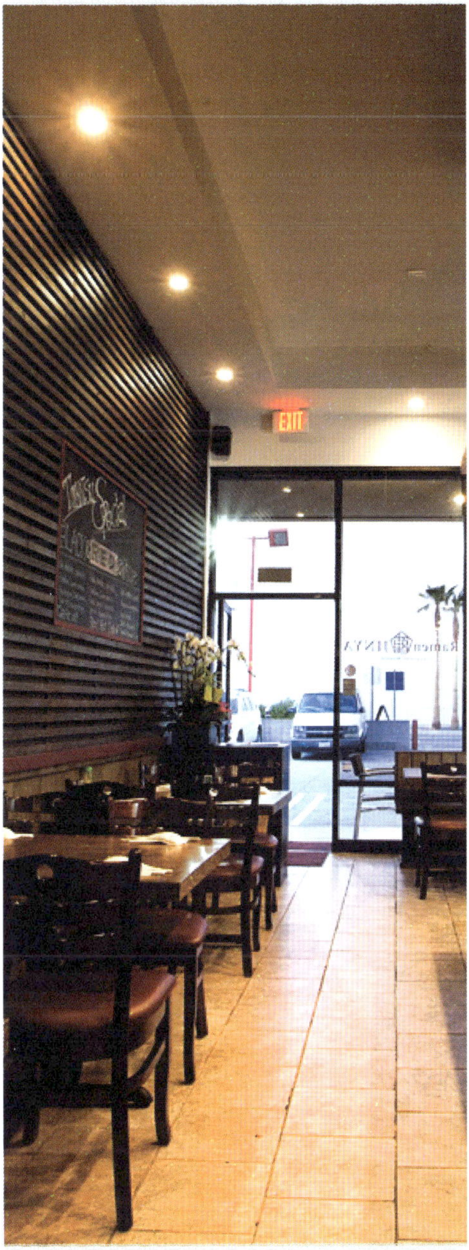

어릴 적부터
아버지 식당에서 배워
창업에 성공한
일본 요리 장인의
맛과 정성을 만날 수 있는 곳

05

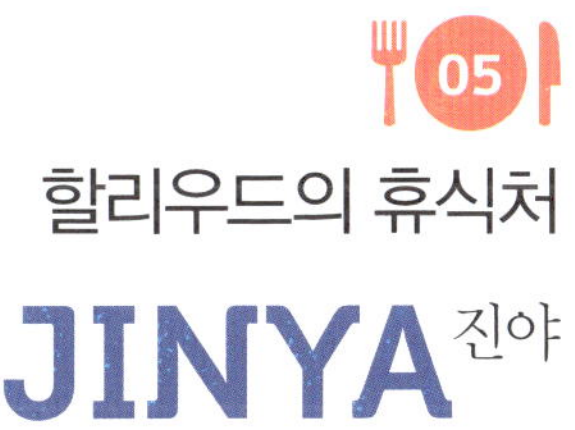

# 할리우드의 휴식처
# JINYA 진야

**❶ JINYA RAMEN BAR**

Mid-Wilshire **ADD...** 5168 Wilshire Blvd Los Angeles, CA 90036 **TEL...** 323-954-6477
**HOURS...** 11:30am~3pm, 5:30pm~10pm daily

Studio City **ADD...** 11239 Ventura Blvd Studio City, CA 91604 **TEL...** 818-980-3977
**HOURS...** 11am~10pm

**❷ Robata JINYA**

**ADD...** 8050 W 3rd St Los Angeles, CA 90048
**TEL...** 323-653-8877
**HOURS...** *Lunch* Mon~Sat 11:30am~2:30pm, Sun Close
*Dinner* Mon~Fri 5:30pm~10:30pm, Sat&Sun 5pm~10:30pm

**WEB...** www.jinya-la.com

고급 식당 분위기에 저렴한 가격과 당일 육수 20그릇 한정판매로 성공한 프랜차이즈 식당, 라멘 가격은 $10 안팎이다.

아버지 식당에서 배워 창업에 성공한 진야Jinya는 참신해서 배울 게 많다. 미국인들이 '아시아의 수프+스파게티'라고 부르는 라멘이 글로벌 창업에 성공한 요인은 '라멘 한 그릇에 담긴 집념, 정성에서 일본문화의 다각적인 정서를 맛보는 즐거움'이라고 LA 음식 비평가들이 분석했다.

고독한 미식가들이 홀로 밤참을 즐기는 진야의 분위기는 무라카미 하루키가 햄 스파게티를 만드는 부엌 풍경이다. 돈코츠라멘과 스파이시 튜나 롤을 주문하고 주방을 향해 주르르 앉아 있는 자취의 신들이 에드워드 호퍼의 그림 속 외로움의 포스로 TV를 본다. 스크린에서 '미스터 초밥 왕'과 함께 먹방 드라마 '강철 셰프 시즌 2'가 진행되어 식탐에 불을 붙이는 맛집이다.

조나단 골드Jonathan Gold는 〈LA 위클리〉 맛 평가에서 돈코츠는 진야, 소유라멘은 산토카라고 마치 토박이 일본사람처럼 말한다. 그가 로바타 진야Robata Jinya 리뷰에서 칭찬한 라멘 국물의 뜨거운 온도와 느끼하지 않은 차슈, 콩에 충실한 두부요리는 읽기만 해도 맛있다. 그는 진야의 연두부를 시그니처 메뉴(대표 메뉴) 중 하나로 강력 추천하며 소금, 파, 유자 페퍼 소스에 먹으면 'Moonlight Taste'라고 표현했다.

꼬치구이 닭고기, 돼지고기, 새우, 풋고추, 표고버섯이 담긴 작은 접시는 $2.85, 라멘은 $10 안팎으로, 진야는 고급식당 분위기에 타파스 스타일, 당일 육수 20그릇 한정판매로 성공한 프랜차이즈 식당이다.


진야의 스페셜 메뉴 그림을 들여다보면 한평생 라멘만 연구한 일본 만화 속 코믹 캐릭터 박사님 말씀이 떠오른다.

"라멘은 그냥 먹는 게 아닙니다. 뜨거운 그릇을 쓰다듬으면서 눈으로는 라멘의 형태를 감상하고 향기를 음미하지요. 국물 위에는 기름이 보석처럼 반짝이고 죽순 절임 멘마가 빛나고, 해초가 천천히 가라앉고, 양파가 표면에 둥둥 부유하고, 둥근 구름처럼 김이 모락모락 피어나는 육수의 바다 향연~."

이처럼 라멘 위에서 구름을 잡으려면 전갱어, 고등어, 참치, 연어, 명란을 토핑으로 선택하면 된다. 또한 로바타 진야의 바Bar에서는 모히토 칵테일, 라거 스타일 흑맥주, 프리미엄 맥주와 함께 오밀조밀한 퓨전 오마카세($25, $35, $45)를 코스로 즐길 수 있다.

진야의 스페셜 메뉴는 엑스트라 차슈 스파이시, 연어 알밥과 라멘 콤보이다. 포크 갈릭 라멘과 소이소스 라멘, 가늘고 쫄깃한 면발, 새우 뎀푸라, 오이스터 등의 애피타이저와 치킨라멘, 베이컨 모치 등 $12~$15 정도 투자하면 진야의 정선한 식도락 감각을 혀끝에 올릴 수 있다.


일본 요리 장인의 도마 소리 들리는 키친을 사랑한다는 진야의 CEO 타카하시Takahashi는 아버지를 존경하는 마음으로 찾아오는 손님들을 맞이한단다. 그의 부친은 약 45년 전 일본 에히메 현에서 갓포 무사시Kappo Musashi 전통 레스토랑을 경영했다. 그곳에서 아버지가 끓여준 라멘을 먹으며 요리에 대한 모든 것을 배웠다. 갓포 요리는 고급 요리인 가이세키와 선술집 요리인 이자카야의 적당한 조합을 일컫는다.

진야 식당의 재료는 항상 아버지가 가르쳐주신 대로 최고의 품질을 사용한다. 고객을 대하는 서비스 정신도 식당 부엌에서 체험으로 몸에 익혔다.

3대가 이어온 식당, 백년전통 가게를 고수하는 일본인의 얼이 영화의 도시 LA와 결합했다. 진야에는 2, 30대 라멘 청춘들이 생맥주와 함께 진한 돼지고기 속에 하염없이 빠져든다.

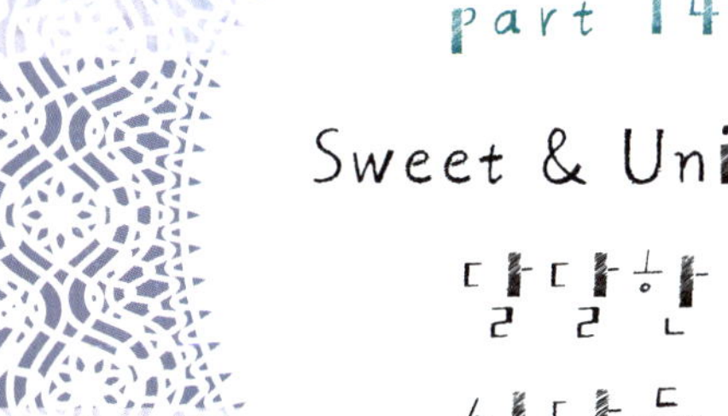

part 14

Sweet & Unique

달달한

식탁들

고속 대행진하던

디저트 가게를

밀어내고

새로운 트랜드를 창조한

프로즌 요구르트

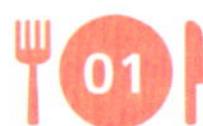

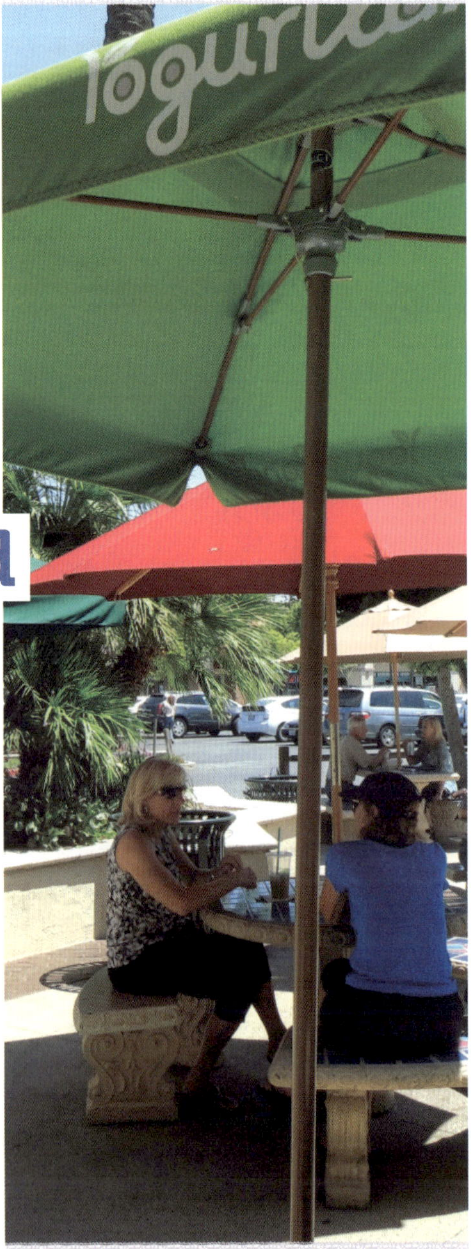


01

폭발적인 성공

# YogurtLand

요거트랜드

**ADD...** 100 Universal City Plaza V112 Universal City, CA 91608
**TEL...** 818-505-0059
**WEB...** www.yogurt-land.com
**HOURS...**11am~9pm

요거트 업계에서 가장 먼저 성공한 곳은 핑크베리(2005년 창업)라는 상류층을 겨냥한 요거트 전문점이었다. 요거트랜드YogurtLand는 2006년 후발주자로 뛰어들었는데, 요거트랜드가 인기를 끌자 2007년 멘치스, 스노베리, 망고베리, 아이스베리, 베리굿, 키위베리 등 모방 브랜드들이 잇따라 뛰어들었다. 하지만 요거트랜드가 2013년 당당 제 1위다.


이곳의 프로즌 요거트Frozen Yogurt는 발효유 특유의 향미와 아이스크림의 차갑고 부드러운 맛이 조화된 제품으로 건강 디저트로 떠오르면서 그 인기가 하늘 높은 줄 모른다. 생과일, 견과류, 딸기, 브라우니가 인기 토핑이며 체리, 바나나, 키위, 블루베리, 리치, 망고, 귤, 파인애플 젤리, 모찌, 치즈 케이크, 시나몬 파운드도 뿌려 먹을 수 있다. 기호에 맞게 담아 저울에 요거트 그릇을 올려놓으면 무게에 맞춰 가격이 표시된다.

16가지 맛Flavor과 45종류 중 고객들이 원하는 대로 선정해 무게별로 계산하는 셀프 서빙 콘셉트가 새로워 '2008년 베스트 컨테스트'에서 최고의 프로즌 요거트로 뽑히기도 했는데, 일반 프로즌 요거트의 가격이 온스당 50~70센트 수준인 데 반해 요거트랜드는 35센트 정도로 저렴하고, 먹을 만큼 담아도 보통 $6~$7이다.


어떻게 요렇게 매혹적인 요거트랜드를 만들 생각을 하셨는지? 프로즌 요거트가 아이스크림 시장을 충분히 대체할 수 있을 것으로 내다보고 창업을 결심했다고 말하는 장준택 대표를 만나보자.

아버지의 병환을 치료하기 위해 대학을 중퇴하고 가족과 함께 미국행을 결심한다. 그의 나이 22살. 아버지 치료비와 동생의 학비 등 가정의 생계를 위해 봉제공장, 주류배달, 세

맛과 종류를 고객들이 담아 무게별로 계산하는 셀프 서빙 콘셉트가 새로워 '최고의 프로즌 요거트'로 뽑히기도 했지만, 결코 가격은 부담스럽지 않은 요거트랜드

탁소 등 잠 잘 시간도 없이 일자리를 전전했다. 그러던 중 발을 들인 IT 업계에서 그는 컴퓨터 프로그래머로 15년 동안 입지를 굳힌다. 그러나 끊임없는 밤샘작업으로 인해 가족과의 위기를 겪은 그는 아내의 권유로 프랜차이즈 사업을 결심한다.

2년여 간의 분석 끝에, 2001년 LA 한인타운에 처음으로 버블티 매장을 오픈하여 성공을 이룬다. 음료 사업이 생소했던 당시, 그의 사업은 대표적인 비즈니스 모델이 되기도 했다. 3년 동안 문을 연 매장은 33개나 되었다. 하지만 4년쯤 지나자 매상은 하락세를 보인다.

이때, 요거트를 전망 있는 아이템으로 내다본 장준택 대표는 2006년 2월 첫 번째 가게를 오픈하였고, 반응은 성공적이었다. 한 달 매상이 20만 달러, 하루 손님 2,000명! 오픈부터 클로징까지 줄이 끊이질 않았다.

줄을 서면서까지 요거트를 사 먹는 좀처럼 보기 힘든 현상으로 인해 미국의 미디어에서도 그를 주목했다. 순이익 20%, 매장 하나 당 1년 순이익 16만 달러! 미국 메이저 브랜드가 성장까지 걸리는 기간이 8~9년인데 비해 요거트랜드는 단 4년 만에 엄청난 성장을 거뒀다!

– '요거트로 미대륙을 점령한 남자, 장준택', KBS 1TV 〈글로벌 성공시대〉 참조

요거트랜드는 미국인이 좋아하는 단맛을 가미했다. 고급 고객층만을 타깃으로 하지 않고, 고객수가 보장될 수 있는 지역 입점에 초점을 맞췄다. 2012년 〈OC 레지스터〉는 비즈니스 섹션 톱기사에서 '폭발적인 성공(Spouting Success)'이란 제목으로 요거트랜드의 급성장 과정을 소개하면서 '어바인의 요거트랜드가 셀프 서브 요거트 업계를 평정'했다고 전했다. 자신의 콤비네이션 요거트를 만들 수 있는 장점으로 돌풍을 일으킨 요거트랜드를 OC^Orange County 지역에서 가장 오래된 요거트 체인인 '골든 스푼'도 벤치마킹해 결국 셀

프 방식을 도입한다.

장 대표는 2011년 경제월간지 〈OC 메트로〉가 선정하는 '올해 주목되는 CEO 25인'에 선정되기도 했으며, 돈을 버는 것만이 목적이 아니라 미국의 멋있는 기부문화를 도입, 어린이들의 삶을 변화시키는 데 도움이 되는 책 선물을 시작으로 '요구르트의 날' 행사에 2만 달러를 모금했고 기부활동은 계속되고 있다.

장 대표는 자신을 낮추고 개방적이며, 거만하지 않다. 그의 모토는 항상 긍정적으로 고객과 대화하는 것이다. 또한 가맹업자들과 열린 마음으로 새로운 아이디어를 수용하는 팀워크를 중요시한다.

미국에서 머리 좋은 한인의 아이디어로 대 히트한 전문 디저트점이라 한국인들은 산뜻한 요거트랜드 매장만 보면 자부심을 갖게 된다. 4계절 초여름 날씨인 캘리포니아에서는 우리나라의 팥빙수도 대박상품이 될 가능성이 많아 창업 아이디어로 강력 추천한다.

### ★ 요거트랜드 성공 요인

❶ 전적으로 정직해라, 전적으로 친절해라 : CEO부터 정직한 마음으로 친절하게 사람들을 대했다.

❷ 분석하라, 요거트 맛의 오차를 줄여야 성공에 다가갈 수 있다 : 2년 동안 50개가 넘는 매장을 둘러보고 맛과 가격 차이, 인테리어는 물론, 직원들의 생김새까지 분석하고 타입에 따라 매출이 어떻게 달라지는지 데이터화 했다.

❸ 시뮬레이션 하라 : 분석을 토대로 매장의 오픈과 성공의 가능성을 예측한다.

❹ 사람에게 길이 있다, 인적 네트워크가 답이다 : 장준택 대표는 프로그래머의 경험과 지식을 살려 모든 지식을 데이터화하여 정보를 입력하고 결론을 도출했다. 프랜차이즈 사업을 구상하고 디자인한 사람은 각 분야에서 성공의 경험이 있는 인재들이었다. 주류 사회로 진입하기 위한 인재 기용의 전략, 인적 네트워크를 중시했다.

❺ 실패하지 않는 프랜차이즈 업체가 되기까지 전력투구하라 : 100개 매장이 문을 열 동안 문 닫은 매장은 한 군데도 없었다. 우리만 성공이 아니라 모든 프랜차이즈가 같이 성공해야 한다는 그의 신념

이 이루어낸 결과다. 미국 내 프랜차이즈 업계에서 요거트랜드는 오픈하면 절대 문을 닫지 않는다는 신용을 심어 주었다. 사람을 먼저 생각하며 각 매장을 진정한 파트너로 생각해온 장준택 대표의 가치관이 자리 잡고 있다.

❻ **메모하고 기억하는 습관이 성공을 불렀다** : 장준택 대표는 상대방의 아주 작은 부탁도 그냥 지나치지 않는다. 항상 메모하여 기억하고, 배려하기 위해 노력한다. 상대방의 이름과 모르는 봉어 능은 성확히 알고 넘어간다.

❼ **성장 전망이 있는 가족 단위 고객에게 어필했다** : 많은 매스컴들은 "프로즌 요거트 시장은 두부와 함께 성장 가능성이 가장 큰 분야 중 하나"라고 전망했다.

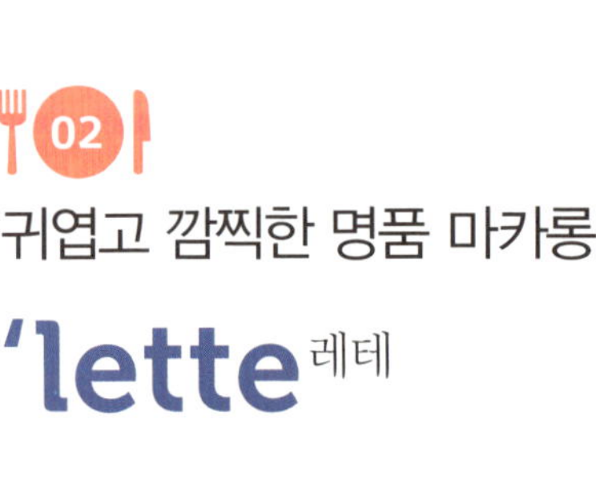

프랑스 정통

마카롱보다

더 달콤 바사삭 녹아드는

오감만족 마카롱이

카페 골목 끝에서 손짓한다

# 02

## 귀엽고 깜찍한 명품 마카롱

# 'lette 레테

**본점 ADD...** 9466 Charleville Blvd Beverly Hills,
CA 90212
**TEL...** 310-275-0023
**지점 ADD...** 122 N Larchmont Blvd Los
Angeles, CA 90004
**TEL...** 323-469-3620
**WEB...** www.lettemacarons.com

글로벌 시대에 사랑받는 마카롱은 골드미스들의 창업 아이템 0순위다. 레테 쇼윈도에서 들여다보는 것만으로도 즐거워지는 설탕 공주 마카롱은 초콜릿의 여왕 자리를 슬며시 양보 받았다. 프랑스 본바닥 정통 마카롱보다 더 달콤 바사삭 녹아드는 오감만족 LA 레테'lette 마카롱은 예쁜 카페 골목 끝에서 손짓한다. 인테리어와 패키지 예술 디자인상을 받을 정도로 깔끔한 실내는 해피 티 타임으로 안내한다.

먹기가 아까워 손바닥에 한참 올려놓은 마카롱 '비주 드 파리(Bijoux de Paris, 파리의 보석)'를 처음 맛보았을 때는 비싼 몸값에 비해 호감도가 적었지만, 나날이 그 매혹적 자태에 반하게 하는 레몬, 라즈베리, 블랙베리 크림은 행복한 힐링이다. 아몬드, 피스타치오, 쇼콜라 가나슈 잼 듬뿍 들어 있는 마카롱을 야금야금 즐기다보면 집에서 만들어 실컷 먹고픈 충동도 생기지만 의외로 만들기가 번거롭고 까다로운 쿠키다.

1개 $1.70~$3.70 하는 마카롱을 많이 만들어 선물해보겠다고 달걀흰자를 거품 내어 머랭 상태를 만든 뒤, 우유, 밀가루 반죽을 준비하고는 과일 잼을 넣고 오븐에 구워 보았지만 역시나 실패했다. 'MACHERON'은 '섬세한 반죽'을 의미하는 베니스 사투리로 전문 파티세도 반죽이 어렵다고 실토한다.

마카롱은 15~16세기 르네상스 시대에 만들어졌으며, 메디치 가문의 캐서린이 프랑스에 시집온 후 고급 샌드 크림 국민과자가 되었다. 처음엔 그냥 비스킷 조각이었으나, 20세기 초 루이 어니스트 라 뒤레Louis. Ernest Ladurée의 아들이 작은 과자 사이에 크림을 넣으면서 오늘날 마카롱의 최고봉이 되었다. 모양도 색깔도 형형색색 너무 소중한 마카롱은 전 세계로 급속도로 퍼져 센스 있는 선물용으로 인기 만점이다.

부서지지 않게 담는 상자까지도 특별히 고안해서 명품으로 제작한 정성이 디
자인상을 받을 가치가 충분한 이곳 마카롱은 컵케이크와 또 다른 유럽의 디저
트로 손에 들고만 있어도 Sweetness! 달다.

아몬드, 피스타치오, 쇼콜
라 가나슈 잼이 듬뿍 들
어있는 마카롱. 직접 만들
기는 의외로 까다롭다.

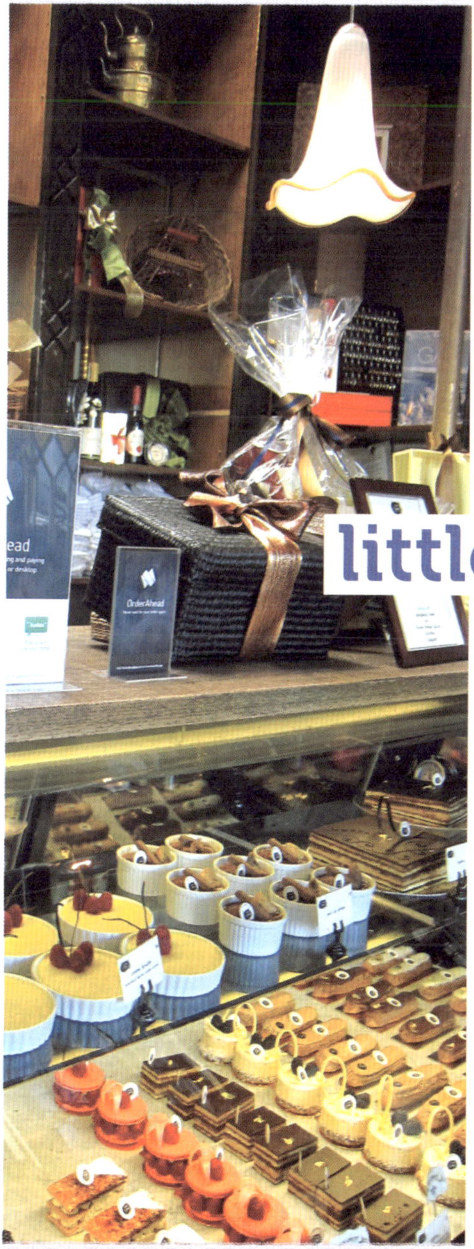


파리의 감각을 도입해
LA 청춘들의 데이트 광장
역할을 하는
단순한 맛집 이상의
관광 코스

03

## 부티크 브런치와 디저트

# little next door

리틀 넥스트 도어

**ADD...** 8142 W 3rd St Los Angeles, CA 90048
**TEL...** 323-951-1010
**WEB...** thelittledoor.com/lndhome.html
**HOURS...** Mon~Thu 11am~11pm, Fri~Sun 9am~11pm
**MENU...**
Breakfast *$9~$15* Dinner *$12~$28*
PASTRY *$5~$8*
Lemon Tart *$6* Pot de Crème *$7*
Iris raspberry&lychee *$7*

유럽 감성 카페 거리 3가 트렌디한 곳에 위치한 리틀 넥스트 도어Little Next Door는 부티크 디저트와 와인의 명소다. 파리의 감각을 도입해 LA 청춘들의 데이트 광장 역할을 하며, 웨이팅 리스트가 장난이 아니다. 언제나 만석이다.

론리플래닛에서 'Happily Ever 브런치 추억'으로 소개되어 반드시 들러볼 장소가 되었으며, 명품 티포트Teapot를 앞에 두고 야생 버섯, 달걀 요리로 아침을 시작하는 여행자들이 많다.

이곳의 프렌치 델리와 오가닉 요리를 '행복한 감동'이라고 말하는 할리우드 톱스타들이 매스컴에 자주 오르내려 리틀 넥스트 도어는 카페의 원더랜드가 되었다. 창의성 넘치는 LA+샹젤리제 결합 요리와 예쁜 디저트를 선보인다.


"My favorite dinner spot in LA. It's a wonderful little escape ~ feel like you're dining in a Parisian ~ (LA에서 내가 제일 좋아하는 디너 장소. 파리에서 식사하는 멋진 탈출 느낌)"

"The french onion soup are to DIE ~ mussels with a glass of prosecco are truly heaven! (양파 수프는 죽여주고 홍합요리는 진짜 천국)" 리뷰가 한없이 길다. 별점은 4개.


리틀 넥스트 도어의 으뜸 메뉴는 풍미 있는 봉골레 파스타, 대구 요리, 포크 촙Porkchop이고, 카나페, 버섯 수프를 비롯 주스, 와플, 케이크 등 작은 접시도 충실하다. 유로 아르데코Euro-Art-Deco 스타일의 실내는 고전 명화 오마주 장치 같다. 문화와 예술, 패션의 도시 프랑스 따라 하기는 이제 글로벌 카페 창업의 기본이라 할 수 있다.

마네가 그린 카페의 공간과 몽마르트 언덕의 무도회를 묘사한 르누아르, 고

흐의 밤의 카페 테라스 정취를 길고양이 간판 달린 넥스트 도어에서 만나는 흥미로움! 이곳은 이제 지역민들이 가장 좋아하는 음식점(Local Favorites Delly) 이상의 관광 코스가 되었다.

이곳의 으뜸 메뉴는 풍미 있는 봉골레 파스타, 대구 요리 등이고 유로 아르데 코 스타일의 실내는 고전 명화 오마주 장치 같다.

Life of the line

줄서는 데 인생의 10%를 보낸다는

미국인들 뒤에 줄을 서자,

키스보다 달콤하고 초콜릿보다 진한

디디를 맛보자

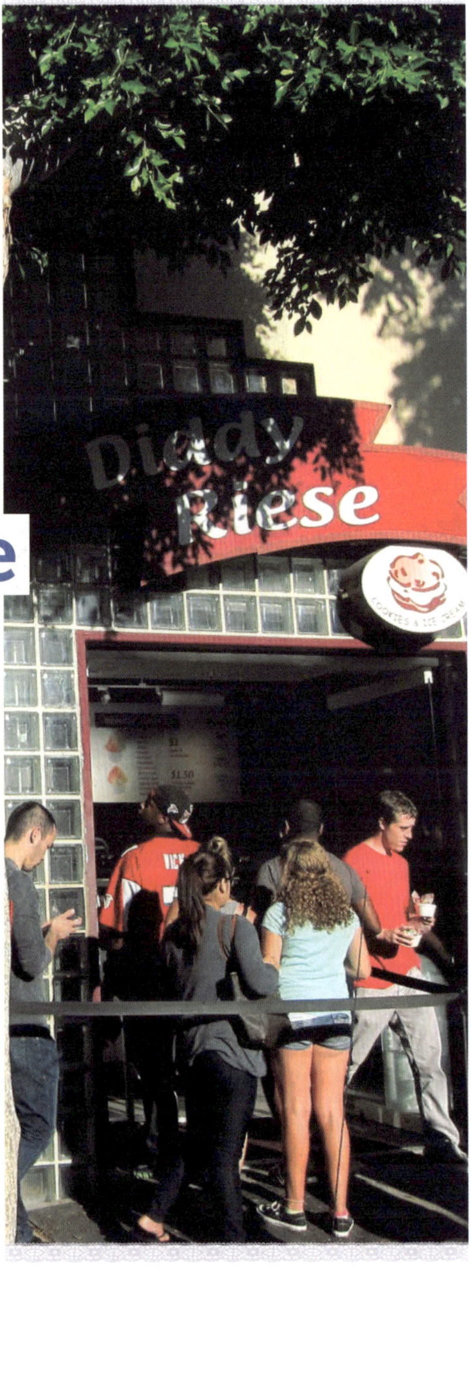


04

폭풍 대박 아이스크림

# Diddy Riese

디디 리스

**ADD...** 926 Broxton Ave Los Angeles, CA 90024

**TEL...** 310-208-0448

**WEB...** diddyriese.com

**HOURS...**

Mon~Thu 10am~12am(midnight),

Fri 10am~1am, Sat 12pm(noon)~1am,

Sun 12pm(noon)~12am

LA의 웨스트우드Westwood는 스마트한 청춘들의 거리로 UCLA 대학촌이다. 자연히 학생들의 입맛에 맞춤한 신세대 맛집들이 포진해 있다. '어린이 입맛이 30세 간다'는 말을 증명하듯 키스보다 달콤하고 초콜릿보다 진하고 오렌지보다 상쾌한 디디Diddy 아이스크림 가게를 들여다보자.

초코 쿠키 1개 35센트, 3개 $1. 쿠키 사이에 아이스크림을 넣은 샌드위치 아이스크림 $1.25~$2.25, 하와이 빙수 $1.75. 다른 디저트 상점보다 가격이 착하다. 디디 아이스크림은 완전 초대박이다. 문 앞에서 30분쯤 사람들이 줄 서서 차례를 기다린다.

Life of the line. 미국인들은 줄서는 데 인생의 10%를 보낸다는 유머도 있고, 많은 사람들이 줄 서는 뒤에 가만히 서 있으면 '먹고는 산다'는 말이 있을 정도로 줄 서기는 미국 생활의 기본 생존 조건이다.

스탠스Stan's 도넛과 비슷한 콘셉트의 디디에 유독 20미터씩 줄서는 사람들에겐 분명 사유가 있다. 바로 '나도 이런 돈 버는 작은 가게 창업하고 싶다'는 소망이다. 대학생들에게 물었다. 왜 디디인가?

[1] 스타 따라하기. 디디리스에서 아이스크림 사 먹는 브리트니가 연예 TV에 나왔다.

[2] 쿠키+아이스크림의 심플한 구성. 쿠키와 하와이 풍 얼음 향기의 조합이 상쾌해 안 사 먹을 이유가 없다.


디디 쿠키는 1983년 할머니의 손길에서 창업해 오늘날의 성공을 자랑스러워한다. 높은 품질의 쿠키, 브라우니와 아이스크림 12가지를 선택해 크림 샌드위치를 개성껏 만들어 먹을 수 있는 장점이 있다.

　　눈처럼 사르르 녹아드는 얼음의 천진함을 즐기는 대학생들이 기다리는 모습
조차 너무나 유쾌한 가게라 모든 게 빛나고 푸르다. 멋있는 대학 UCLA 상아
탑을 구경한 이후에 시원하고 달달한 디디 빙수가 왜 돈을 버는지 가만히 탐색
해보는 일도 의미 있겠다.

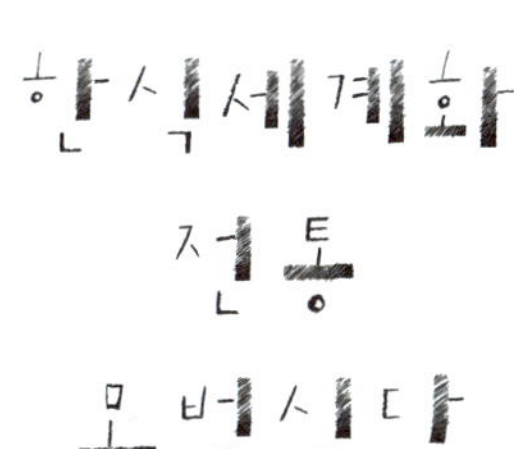

# part 15

## 한식세계화 전통 모범식당

우아한 인테리어와

아늑한 조명

세련된 분위기에서

한국식 고기 요리를 즐기기에 손색없는

고아한 한식당

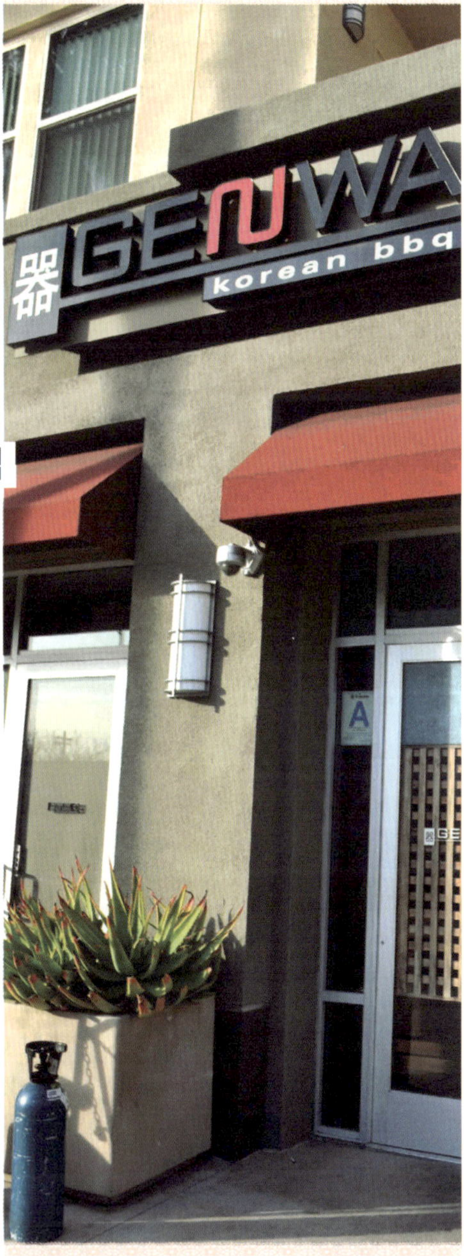


01

## LA 우리방송 진웅 사장의 맛집

# GENWA 기와

**본점 ADD...** 5115 Wilshire Blvd #a Los Angeles, CA 90036

**2호점 ADD...** 170 N La Cienega Blvd Los Angeles CA 90048

**TEL...** 323-549-0760

**WEB...** www.genwakoreanbbq.com

**HOURS...** Mon~Fri 11am~10pm, Sat&Sun 12pm(noon)~10pm

**MENU...**

애피타이저 *$3* 각종 구이 *$11.50~$35.95*

찌개류 *$9.50~$12.50* 점심 메뉴 *$9.50~$15.50*

월셔 대로Wilshire Blvd 정중앙 금싸라기 땅에 위치한 한식당 기와GENWA는 할리우드 VIP들이 로데오 드라이브에서 쇼핑을 끝내고 찾아오는 럭셔리 한식당이다.

한식세계화에 닻을 올린 기와는 해외 각지에서 글로벌 한식당을 경영하려는 젊은 창업인에게 롤 모델이 되고 벤치마킹할 요소를 두루두루 갖췄다. 기와는 LA 한식당 국제화 콘셉트의 골인 주자다. 음식의 고급화, 조리법, 식기, 공간, 음식문화 등의 결합을 무난하게 잘 배치했다.

에지Edge 있는 간판과 우아한 인테리어, 아늑한 조명은 LA 사람들 기호에 맞추었다. 세련된 분위기에서 백인 커플이 오순도순 데이트하며 Korean BBQ(한국식 고기구이 요리)를 즐기기에 손색없는 고아한 한식당이다.

기와의 영어 스펠링은 'GENWA(겐와)'이지만 진짜 뜻은 '기와'다. 한자로 '그릇 기(器)' 문자를 대문 위에 표기해 놓았다. 한자와 영어, 한글의 조합은 최신 유행 디자인이다.


모던한 와인 바가 있는 기와에서는 비빔밥과 육수 불고기, 혀밑구이, 고베비프, 찌개를 맛볼 수 있다. 퓨전 한식이 아니고 현대와 고전, 한식과 양식의 에센스를 잘 살려 전통 향기 담긴 멋스러운 식탁이 백미다. 식탁 세팅 디자인은 소꿉놀이를 연상시키는 종지보다 조금 큰 어여쁜 반찬 그릇을 둥근 원으로 장식해주는 식이다. 작은 소품을 이용한 디테일한 아이디어가 연못의 동심원을 그리는 잉어의 파문처럼 여운을 남긴다.

미국에서 자라 한국 정서를 잘 모르는 1.5세나 2세 청춘들은 24가지 반찬 숫자를 세며 조선시대 왕비의 수라상을 상상한다. 은은한 실내가 점점 기와에 반하게 만든다. 격자무늬 장식으로 꾸며진 테이블에 마련된 선반에는 손때가

기와는 현대와 고전, 한식과
양식의 에센스를 잘 살려, 멋
스러운 식탁에 소꿉놀이를 연
상시키는 종지보다 조금 큰
반찬 그릇을 둥근 원으로 장
식해주는 식으로 세팅한다.

가득 묻은 오래된 소설책과 시집이 가지런히 꽂혀 있어 지성적인 북 카페 느낌
마저 풍긴다.

하얀 사각 냅킨을 무릎에 얹고 메뉴를 진지하게 읽어본다. 철판 볶음밥, 생
등심과 생갈비, 각종 구이, 된장찌개와 순두부. 내부 장치에 돈을 많이 들인
수준 있는 식당이라 비쌀 줄 알았는데 합리적인 가격에 마음이 놓인다.
한 쟁반 가득 차려내는 밑반찬도 부침개, 브로콜리, 감자 샐러드, 콩자반 땅
콩조림, 두부, 오이냉국, 나물, 젓갈 등 모두 색상과 맛이 조화를 이룬다. 메인
요리 육회와 갈비찜, 꽃살, 로스구이, US 고베 비프까지 음미하면 마음이 어
느새 추석 명절 상차림에 닿는다.

〈LA 위클리〉에서 'Top 10 Best Korean BBQ in Los Angeles'로 뽑았고,
Yelp 맛 평가는 별 4.5, 맛집 블로그 리뷰는 925 이상 달려 있다. 외국인들이
제일 좋아하는 메뉴는 잡채, 샐러리맨들이 선택하는 점심 메뉴는 지글지글 익
는 돌솥비빔밥. 불고기와 생선구이, 육개장, 낙지볶음밥이다.
기와는 운치 있는 한식과 함께 매화꽃 같은 단아함으로 LA 사교 문화 레스토
랑 이미지로 어필한다. 나파 밸리 햇와인, 각종 주류도 완비해 생일파티, 상견
례, 격식 차리는 고상한 모임 장소가 된다. 또한 기와는 베벌리 힐스Beverly Hills
로 진출해 옛 우래옥 자리에 2호점을 오픈(2013년 7월)했다. 총면적 7,000스
퀘어피트(약 197평)에 달하는 2호점은 본격적인 주류 입맛 공략에 나선다. 주
변이 고급 레스토랑 밀집지역이라는 점을 감안, 애피타이저와 디저트 메뉴,
와인 셀렉션을 보강했다.

기와의 제이 권 대표는 '수준 높은 음식과 차별화된 서비스를 통해 한식의 우수성을 주류사회에 널리 알려 나갈 것'이라며 '2호점을 고품격 한식 문화를 소개할 수 있는 한식당으로 경영할 계획'이라고 말했다. 기와가 LA에서 품위 있는 백년 식당의 정통을 이어가길 바란다.

### ★ 기와의 성공 요인

❶ 시끌벅적한 고기집 식당에서 벗어나 아취있게 한식을 감상할 수 있도록 한 정감 있는 분위기로, 한식세계화 흐름에 동참했다.

❷ LA 주류사회에서 인기를 끈 요인은 영어를 유창하게 구사하는 직원을 채용해 외국인 손님과 유머, 자연스런 대화, 음식 소개를 하도록 한 점이다.

❸ 예쁜 식기에 정갈한 반찬 20여 개를 둥근 불판 주변으로 우주행성처럼 둘러싼 푸드 디스플레이가 시각적으로 무척 아름답다.

 LA 위클리 Best 10 Korean BBQ

1. 기와GENWA

2. 수원갈비 **ADD.** 856 S Vermont AveLos Angeles, CA 90005  **TEL.** 213-365-9292

3. 박대감Park's BBQ
   **ADD.** 955 S Vermont Ave Los Angeles, CA 90006  **TEL.** 213-380-1717

4. 숯불집 **ADD.** 3136 W 8th St Los Angeles, CA 90005  **TEL.** 213-387-3865

5. 조선갈비Chosun Galbee
   **ADD.** 3330 W Olympic Blvd Los Angeles, CA 90019  **TEL.** 323-734-3330

6. 해장촌Hae Jang Chon
   **ADD.** 3821 W 6th St Los Angeles, CA 90020  **TEL.** 213-389-8777

7. 강호동 백정 **ADD.** 3465 W 6th St Los Angeles, CA 90020  **TEL.** 213-384-9678

8. 추풍령Road To Seoul
   **ADD.** 1230 S Western Ave Los Angeles, CA 90006  **TEL.** 323-731-9292

9. Bak Kung **ADD.** 3700 W Olympic Blvd Los Angeles, CA 90019  **TEL.** 323-734-9292

10. Oo-Kook **ADD.** 3385 W 8th St Los Angeles, CA 90005  **TEL.** 213-385-5665

## 02

# 낯선 도시에서 창업하기, 패서디나

# OSEK

### 오색

**ADD...** 67 N Raymond Ave Pasadena, CA
91103
**TEL...** 626-644-1299
**WEB...** osekpasadena.com
**HOURS...** Tue~Sun 11:30am~2:30pm,
Tue~Thu/Sun 5:30pm~9:30pm,
Fri&Sat 5:30pm~10:30pm

LA는 좋은 명소가 너무 많아 여행자들이 3개월 이상 머무르며 천천히 구경하는 미국 제 2의 글로벌 대도시다. 베벌리 힐스가 압구정동이라면 할리우드는 명동, 멜로즈는 홍대 분위기이며, 특히 패서디나Pasadena는 삼청동이나 북촌, 가로수길 같은 식도락의 거리로 로스앤젤레스 지성인들이 주말마다 모여 음식 평가를 하는 코스로 정평이 높다.

LA 톱셰프들이 요리 탐험을 하는 패서디나의 150년 고풍스런 음식문화는 매년 1월 1일 장미축제를 즐기는 신년 페스티벌에서 출발했다. 전 세계로 방영되는 로즈 대행진은 이탈리아·프랑스·영국·일본요리에 통달한 전문가들이 새로운 창작 정신으로 요리를 구상하고 교류하는 열린 광장이다.

미국에서 제일 처음으로 만들어진 고속도로가 바로 110번 프리웨이인데 이 도로가 만들어진 이유는 패서디나에 거주하는 부자들이 LA 다운타운을 쉽게 오가기 위해서였다.

패서디나는 '계곡의 정상Crown of the Valley'이라는 뜻으로 1887년 철도가 개설된 후 동부의 부유층과 태양을 사랑하는 예술가들이 정착해 고풍스런 도시를 만들었다. 아름다운 바로크 풍 교회를 비롯해 올드 타운에는 멋진 건축물들이 즐비하며, 서부의 MIT라고 불리는 캘리포니아공과대학, 디자인아트센터칼리지, 찰스 그린 형제가 디자인한 겜블 하우스Gamble House, 노턴 사이먼 박물관 Norton Simon Museum 등이 있어 부모들이 어린이를 동반해 나들이하는 배움의 도시이기도 하다.

클래식한 매력이 도시 전체를 감싸고 있는 올드 패서디나Old Pasadena에서 우리나라의 단정한 멋을 잔잔하게 홍보하는 오색OSEK은 한식세계화는 이처럼

 소문난 LA 맛집 들여다보기

은은하게 고요함 속에서 진행되어야 한다는 메시지를 세밀하게 전달한다. 너무 거창하거나 떠들썩하지 않은 한식세계화는 한적한 식당을 좋아하는 소시민에게는 더욱 더 신뢰감이 쌓이는 반가운 뉴스다.

캘리포니아의 대표적인 부자동네 패서디나에 과감하게 출사표를 던진 오색의 대표는 LA 코리아타운에서 한송 부페를 경영했던 시절부터 한국음식의 알리미로 솔선수범한 숨은 공로자이다. 조영남, 윤형주, 이장희, 김세환, 주현미, 김창완, 장기하 등 이루 다 열거하기도 벅찬 스타 인증샷으로 실내를 장식한 미모의 김혜경 사장을 만나 보았다.


"오색이란 어떤 의미인가요?"

"오색 빛깔의 음식이 그릇에 정갈하게 놓인 모습을 보는 것만으로도 가슴 뭉클해지는 저는 음식을 영양학적으로 연구하고 건강을 최우선으로 하는 웰빙 한식을 외국인에게 대접하고 싶었어요. 오색은 5색깔의 채소 요리를 의미합니다. 흰색 채소는 마늘, 양파, 버섯, 무. 알리신 성분으로 혈관, **뼈**를 튼튼하게 하지요. 노란색(주황색)은 오렌지, 귤, 당근, 호박. 플라보노이드 성분이 많이 함유되어 콜레스테롤 제거, 해독 작용에 좋답니다. 보라색은 포도, 가지, 블루베리. 안토시안 성분으로 항산화 작용을 하며, 빨간색은 토마토, 수박, 딸기, 체리 고추(비타민 C가 고추의 9배). 리코펜과 카로티노이드 성분으로 각종 암을 억제합니다. 초록색은 키위, 청포도. 루테인 성분으로 기억력을 향상시키고요. 검정색은 검정쌀, 콩, 깨. 노화방지가 된다네요. 보통은 보라색과 검정색을 하나로 묶어서 5색으로 부른답니다."


오색 음식이 좋은 점을 좀 더 들어보자.

착한 가격의 오색 두부 샐러
드는 별모양으로 멋을 낸 솜
씨가 예사롭지 않고, 견과류
와 신선한 채소 고명으로 오
감을 깨우며 입안에서 고소
하다.

"이런 이유로 5가지 색깔의 음식을 골고루 먹어야 완벽한 음식이 되는 겁니다. 우리 한식의 우수성이 바로 여기에 있지요. 다른 나라 음식들을 살펴보면 주식으로 고기, 생선을 손꼽지만 한식은 정말 다양한 재료로 통합된 음식이 가능합니다. 그 예로 잡채, 비빔밥, 신선로, 탕평채 등이 있죠. 요리 방법도 숙성시키고, 찌거나 끓이고, 삶는 조리법으로 발암물질에 노출되는 것을 최대한 막을 수 있습니다."

"올드 패서디나에 일식당은 한 집 건너 있을 정도로 포화상태고, 1위는 언제나 타이식당이더군요. 티벳 식당까지 다 있는데 오로지 한식당만 없었습니다. 그래서 제가 한식당을 열어서 도전을 해보기로 한 것인데 정말 한국음식 세계화는 갈 길이 머네요. 우선 보수적인 사람들이 한국음식을 잘 모르고 먹어볼 생각을 안 하더군요. 제가 궁리 끝에 대표적인 한국음식을 몇 가지 준비해서 무료 시식Free Sample을 시도해보는데 반응이 뜨거워요. 로컬들이 먹어보고 아이디어가 좋다고 칭찬도 해주니 신바람이 난답니다."

한식이라는 낯선 음식을 본 현지인 중 60~70%는 샘플을 먹어보라는 권유에 거절을 하고 나머지 30~40% 정도는 시도를 해보는데, 시도해본 사람들 중에서 20%는 돈 내고 주문을 해서 먹는 실정이란다.


그렇다면 음식 맛은 어떨까? 착한 가격의 오색 두부 샐러드($8)는 별모양으로 멋을 낸 솜씨가 예사롭지 않다. 몸에 좋은 견과류와 신선한 채소 고명을 얹은 삼각 두부 샐러드는 오감을 살짝 일깨우며 매끄럽게 입안에서 고소하다. 마치 수제치즈 같은 풍미가 은밀하게 퍼진다. 와인 안주로 딱이다. 콩이 밭의 선물이란 말이 두부를 놓고 한 말 같다. 두부가 이렇게 맛있었나?

미국인들이 2013년 창업 메뉴로 두부에 부쩍 관심을 표하는데 오색의 두부 샐러드가 인기몰이의 원동력이 되길 바란다.

〈패서디나 위클리〉에서 'The Best Korean Food OSEK Korean Cuisine'
으로 선정했으며, 콤비네이션 런치와 디너 가격은 $13~$19이다. 순두부, 불
고기, 돌솥비빔밥, 갈비 골고루 입맛대로 2가지를 선택할 수 있다.

패서디나에서 벌어지는 미식축구대회인 로즈 볼Rose Bowl 경기와 로즈 퍼
레이드(로즈 볼 축하 행진)는 세계적으로 유명하다. 또한 에미상 시상식이
Pasadena Civic Auditorium에서 개최된다. 방문객이 많은 이곳에서 오색
식당이 김치 만들기, 비빔밥 나눠먹기 같은 흥겨운 이벤트로 시민들을 즐겁게
해주면 매스컴의 시선이 보다 집중될 것이다.

숯불에 제대로 굽는

전통 갈비로

명가의 양념 맛을

고집스럽게 잘 지키는,

후회 없이 돈 쓰며 갈비를 즐기는 곳

## 한식세계화 모범식당

# Soowon galbi

## 수원갈비

**ADD...** 856 S Vermont Ave Los Angeles, CA 90005
**TEL...** 213-365-9292
**WEB...** www.soowongalbi.net
**HOURS...** Mon~Sat 11:30am~10:30pm,
Sun 12pm(noon)~10:30pm

유네스코 세계문화유산으로 지정된 수원은 외국인이 좋아하는 투어 코스다. 장안문, 팔달문, 화서문 등 벽돌로 쌓은 옹성을 따라 화성행군문화축제, 화성국제연극제 구경도 하고 수원의 별미를 맛보면 모두들 대한민국 체험여행으로 만족한 함박웃음을 짓는다.

수원의 자랑은 '왕갈비'다. 수원이 고향인 사람들은 '수원갈비' 간판만 보아도 가슴이 달달하게 녹아들 것이다. 버몬트에 위치한 수원갈비Soowon galbi는 TV 프로그램 〈꽃보다 할배〉에서 국민 배우 백일섭 씨가 먹고 싶다던 그 수원갈비다. 숯불에 제대로 굽는 전통 갈비로 명가의 양념 맛을 고집스럽게 잘 지킨다. 고객의 70% 이상이 외국인으로, 그들도 테이블에서 생생한 불맛과 현장감을 즐긴다.

온 가족이 모이는 특별한 날 아버지가 한턱내는 곳이며, 장성한 자녀들이 어버이날 후회 없이 큰 돈 쓰는 수원갈비는 거창하게 크거나 넓지 않다.

LA 수원갈비는 보통 숯보다 3배나 비싼 2번 구운 참숯에 골고루 잘 익도록 불판과 환기통을 맞춤형으로 특수 제작했다. 쇠고기용 오픈형 그릴과 돼지고기 그릴을 따로 마련해 삼겹살과 한국식 BBQ를 제대로 즐기도록 배려했다.


김치와 갈비를 지구촌 곳곳에 전파하는 미 서부 한식세계화 재단 이사장 임종택 회장이 수원갈비 대표라 왠지 더 믿음직스럽다. 식당 경영은 부인 임수연 씨가 하며 손님상에 오르는 밑반찬을 하나하나 직접 담아낸다.

"타인종 고객들이 많이 찾아와요. 알고 보니 Yelp 같은 주류 커뮤니티 사이트에서 맛 평가를 보고 찾아오시더라고요."

미국인들의 수원갈비 리뷰는 대부분 소주의 짜릿함, 깔끔한 반찬, 갈비의 고품격을 칭찬하는 내용이다.

“Walked out with a very full belly and happy soju smile. (음식은 배를 꽉 채우고 소주는 미소를 짓게 한다.)”

“I really enjoyed this place because of their great side dishes. (반찬이 훌륭해 이곳을 좋아합니다.) ”

갈비는 조선시대 수라상에서 임금님이 즐겨 먹었던 음식으로 1907년 관기제도가 폐지되면서 궁중에서 나온 상궁이나 나인, 기생 등에 의해 일반인에게 알려지기 시작했다. 지금도 비싼 한우 갈비는 맘 놓고 먹는 음식이 아니다. 쇠고기의 천국 미국에서도 '그릴Grill'을 붙인 레스토랑에서는 포터하우스 스테이크Porterhouse Steak나 티본 스테이크T-Bone Steak가 1인분에 $35 이상이다. 그러니 정갈한 반찬이 7가지 이상에 가위로 고기를 먹기 좋게 잘라주는 서비스까지 받으며 고품질 단백질Best Quality Protein을 섭취하는 수원갈비가 외국인에게는 큰 대접받는 기분을 느끼게 해주고 그러니 단골이 될 수밖에 없다.

LA 수원갈비는 해외 한식당 컨설팅에 참여해 보다 전문적인 자문을 받았다. 식당을 어렵게 창업했는데 생각보다 수익이 부진하다면 수원갈비처럼 운영 개선 컨설팅을 받아보라고 권하고 싶다. 식당 현황 분석 및 간판, 내부 동선, 인테리어 등 고객 서비스적 요소를 강화해준다. 리모델링으로 더욱 새로워진 수원갈비는 블랙앵거스, 플래티넘 프라임 생고기를 원재료로 사용해 품질을 한 차원 높였다. 메뉴는 생갈비, 양념갈비, 차돌배기, 삼겹살, 콤보로 만들어 $29.99~$99.99에 서비스한다.

수원갈비 성공 비결은 1. 손님을 감동시키자. 2. 반찬도 센스 있게 더 주자.

2번 구운 참숯에 골고루 잘 익도록 불판과 환기통을 맞춤형으로 특수 제작했다. 고기를 먹기 좋게 잘라주는 서비스는 한국 음식이 낯선 외국인들도 단골이 되게 한다.

3 누구에게나 친절하자. 세 가지로 단순하다.

"최근의 한식세계화에 편승해 외국인들의 입맛을 자극한 것도 성공 요인이며 인터넷과 소셜 네트워크 등을 활용한 전략과 내부 수리 공사를 통한 이미지 메이킹과 바이럴 마케팅(입소문)이 적중했다."는 분석도 흥미롭다.


세계적인 레스토랑 컨설팅그룹 바움화이트먼은 '2012 음식 트렌드 보고서'에서 한식을 최신 트렌드로 선정했다. 보고서는 "김치, 불고기, 갈비, 비빔밥 등 한식은 이미 미국 식당가에 주류(Mainstream)로 자리 잡기 시작했다."고 전했다. 또한 뉴욕의 음식 비평가는 "한식을 먹으며 그 희귀한 맛과 기발한 요리법, 역사적 의미가 담긴 음식 등을 접할 수 있었고 매번 놀라움을 금치 못했다."고 감탄사를 연발한다. 이처럼 글로벌 창업시대 한식당의 인기는 나날이 치솟는다.

불경기일수록 새로움에 도전하고 창업을 연구하면 경제의 비밀병기가 열린다. 이제 미국 대도시 직장인들이 금요일 저녁 한국식 바비큐 식당에서 일주일의 스트레스를 푸는 모임은 하나도 낯설지 않은 너무나 친숙한 풍경이 되었다.

## 미 서부 한식세계화 어디까지 왔나?

일본은 일식세계화에 50년이 걸렸고, 태국음식도 10년이 넘어서야 세계인의 외식으로 자리 잡았다. 한식의 경우 2010년 1월 한식당 해외협의체 설립추진위원회가 구성되어 동분서주하고 있다.

세계 최고의 미식 축제 마드리드 퓨전 2012에 주빈국으로 초청돼 환영 만찬, 컨퍼런스를 주관하는 등 다각도의 노력을 아끼지 않고 있으며, 한식을 맛본 세계 식품업계 리더들은 '일식·중식에 비해 성의와 깊이가 있고 섬세하다'며 호평했다는 매스컴 보도도 고무적이다.

건강한 재료와 조리법이 밥상 가득 대대로 이어져온 한식을 세계인에게 슬로푸드, 건강 푸드 이미지로 홍보하고 뷰티 푸드(미용을 위한 식품), 실버 푸드(노년층을 겨냥한 제품), 컬러 푸드(체질에 적합한 건강식품)를 더욱 더 연구 개발한다면 지구촌은 오감만족! 글로벌 창업 세상은 점점 더 맛있어질 것이다.

LA를 사로잡은 한류 열풍 속에 한식세계화 해외총연합회 임종택 회장과 간단한 인터뷰를 가졌다.

"한식세계화에서 가장 어려운 일은 무엇인가요?"

"한식세계화를 위해서는 음식 표기와 기본 레시피를 통일해야 하는데 이 같은 기초 사업이 잘 안 되고 있습니다. 또한 식당마다 갈비, 비빔밥, 김치 맛도 다 제각각이어서 하루 빨리 세계 각지에 한식학교를 설립해 전문적인 한식 요리사들을 길러내야 합니다."

일식의 세계화에 큰 기여를 한 것 중 하나가 츠지조 요리학교다. 이 학교에서는 일식을 연구하고 쓴 책들을 영문으로 번역해 외국으로 전파했고, 후학 발전을 위해 옛날 자료를 모아 요리 박물관, 연구소 역할까지 제대로 했다. 임종택 회장의 한식 학교 설립 강조는 그 이유가 타당하다.

한식 요리학교는 기존 한식 조리사들을 비롯해 외국계 요리사, 식당 경영주들에 대한 교육을 진행하고 소정의 자격증까지 부여할 수 있도록 할 예정이다. 협회는 학교 설립기금 마련을 위해 골프대회를 개최했으며 존 챙 가주 감사관, 카르멘 트루타니치 시검사장, 마크 김 LA카운티 지방법원 판사 등 200여 명이 참석해 골프와 한식 만찬을 즐겼다.

만찬 행사에선 코리안 바비큐를 비롯해 파전, 잡채 등 즉석에서 만든 다양한 한식요리를 선보였으며 한식 스토리텔링 책자와 맛지도(한식당 소개책자), 한식의 우수성을 알리는 팸플릿도 배포됐다.

– 한식매거진 KF

LA는 150개국의 다인종이 모여 사는 멜팅 팟 도시로 한식세계화의 가장 안성맞춤인 경연장이다. 110년의 한인 이민사와 함께 한식세계화는 반드시 성공한다는 긍정적 사고로 사명을 다하면 분명 보람찬 결실을 맺을 것이다.

어깨에 막중한 짐을 지고 승전보를 전하려는 임종택 회장의 계획을 들어본다.

1 세계적인 웰빙 트렌드와 함께 한식을 건강한 음식으로 소개하고 다양한 풍미를 가진 우수한 음식임을 알리겠다.

2 타민족 고객들이 쉽고 간편하게 한식을 즐길 수 있도록 소규모 한식 프랜차이즈 사업을 진행할 계획이다. 패스트푸드처럼 언제 어디서나 즐겨 먹을 수 있는 한식 메뉴를 고안해 내겠다.

3 한식당을 대상으로 한 컨설팅과 무담보 대출, 한국산 식재료 공동구매, 법률상담 및 요식업 관련 세미나 등을 실시할 것이다.

# 부록1.
# LA 창업 정보

## 1. 글로벌 창업시대, 그들은 어떻게 성공했나

글로벌 창업시대는 '신 아메리칸 드림'을 잉태한다. 해외창업박람회장에 가면 아픈 청춘뿐만 아니라 고달픈 중년도 대박 창업을 꿈꾼다. 진화하는 인간은 항상 여기가 아닌 더 나은 미래를 향해 방향을 틀고 촉을 세운다. 저 태평양 너머엔 나를 받아줄 또 다른 세상이 펼쳐지고 나에게 반드시 기회를 줄 것만 같다. 요즘은 해외 창업에 도전해 보려는 가장 큰 이유가 자녀 교육 문제다. '한국처럼 경쟁적인 환경이 아닌 곳에서 교육시키고 싶다'는 바람이 풍선처럼 가슴속에 마냥 부푼다. 경쟁에 버거운 교육환경, 취업전쟁을 피해 미국으로 떠나는 신(新) 아메리칸 드림 행렬이다. 이러한 시대에 다음과 같은 희망적인 소식도 있다.

아이디어만으로 벤처사업을 시작하는 외국인 사업가에게 특별 비자를 신설하고, 이들이 창업한 업체에 세제혜택을 부여하는 새로운 '벤처 창업비자 법안'이 연방 의회에서 발의된 가운데 한국 정부가 미국 정부와의 협의를 통해 한국인들을 위한 창업비자 도입방안을 추진하고 있어 주목되고 있다.

창업비자 법안은 미국 내에 10만 달러를 투자해 창업한 후 1년 내에 직원을 2명 이상 고용하고, 그 후 3년에 걸쳐 5명 이상 직원을 두는 창업자에게 매년 창업비자 7만 5,000건을 발급하는 내용을 골자로 하고 있다.

〈2013-08-09 미주한국일보 조진우 기자〉

이민자들이 가장 쉽게 창업하는 종목이 집밥 잘하는 엄마 손맛 믿고 시작하는 식당이다. 온 가족이 똘똘 뭉치면 일단 생존은 해결되지만 뭔가 10% 부족하다면 잘되는 레스토랑, 카페 답사 여행은 아주 좋은 처방이다.

2013년 미국의 부동산은 다시 올라가고 불경기는 풀려가는 반가운 뉴스가 매스컴을 도배한다. 일단 마음먹었으면 적당한 장소를 물색하고, 과감하게 투자하고, 끝없이 상권을 수집하고 분석하고 연구해야 한다. 이 책을 쓰기 위해 취재하며 알게 된 성공한 사람들의 일맥상통하는 점을 정리해본다.

### 1. Humility & Open Mind

겸손하다. 자신을 과대평가하지 않는다. 최대한 진심으로 겸양지덕을 발휘해 후배들에게 열린 마음으로 가르쳐 주려고 애쓴다. 가장 좋아하는 일, 탁월하게 남보다 잘하는 재능을 살려 즐기면서 돈 벌 수 있는 가능성에 혼신을 다해 투자한다.

### 2. Founding Spirit

정직, 우직, 고집으로 탱크처럼 초석을 탄탄하게 강렬하게 정열적으로 다진다. 절대로 초심을 잃지 않는다.

### 3. Basic Faithful

10대부터 일터에 뛰어들어 기본에 충실한 현장 감각을 배웠다. 한 계단씩 올라가 실전을 치르고 집중적으로 몰입해 전문적인 교육을 받았다.

## 4. Adventure & Challenge

인턴으로, 세계 각국을 여행하며 실습, 경력, 독특한 스펙을 쌓으며 자신만의 장점을 찾아 비밀병기를 수련, 연마했다.

## 5. Native & Locality

실패와 역경을 이겨내고 원래의 타고난 감성을 잃지 않는다. 요리 한 가지에도 고향을 기억해 바탕에 깔고, 현지 채소의 균형과 향신료의 조화를 분석해 새로움을 추구하고 끝없이 변화 혁신한다.

## 6. Vision of the Future

앞서 가는 예지력으로 미래를 내다본다. 완벽한 레시피를 찾아 끝없이 정진하고 예술적 실험정신으로 탐색한다.

## 7. Sharing & Donation

'타인의 행복'을 위해 묵묵히 정찬을 준비한다. 자신의 부와 명예, 성공을 가족과 고객의 사랑, 종업원의 헌신적인 투혼과 전념의 결과라고 생각해 이웃과 사회에 나눔과 기부를 실천한다.

돈 잘 버는 식당에서 느낀 또 다른 공통점은 주인과 종업원들의 투철한 서비스, 직업정신이다.

[1] 반짝이는 눈빛으로 손님이 무엇을 원하는지 얼른얼른 감지해서 최대한 만족한 기쁨을 주려고 애쓴다.

2 웃음이 가득한 모습으로 고객을 대한다.

3 자신감 있는 표정 관리는 중요한 성공의 자세다.

4 비전을 믿고 작은 가게라도 뜨거운 열정으로 추진한다.

5 과거의 모든 것을 버리고 밑바닥부터 옹골차게 배운다.

6 주인이 먼저 긍정적으로 일을 찾아서 솔선수범한다.

7 항상 공부한다. 탐구심, 부지런함, 지독한 끈기와 인정이 있다.

8 손님들에 대한 친절과 배려가 남다르다.

9 서로 칭찬하며 격려하고 협력한다.

10 철두철미하게 준비하고, 서두르지 않는다. 매사에 신중하게
   행동한다.

세련되지도 않고 예술적인 맛도 아닌데 돈 내면서 잘 먹었다는 생각이 들면 행복해진다. 행복감은 '감정적 리얼리즘'이라고 한다. 좋은 인상을 주는 기본을 갖춘 식당은 무엇보다도 손님을 존중한다. 사람은 누구에게나 존경받고 싶은 욕망이 있다. 유난스럽게 특별하지도 않지만, 신뢰감이 가고 눈앞의 수익보다는 책임 있게, 정직하게 고객을 우선시하는 예절 바른 식당이 훌륭한 식당이다.

KYCC(한인타운청소년회관)에서는 스몰 비즈니스 창업 및 경영 세미나를 개최한다.

**ADD.** 3727W 6th St Ste300, LA  **TEL.** 213-365-7400(ext. 5220)

**E-MAIL.** wkim@kyccla.org


★ **LA중앙일보 문화센터 소자본 창업교실 (213-368-2545)**

★ **해외 창업 사이트**

www.entrepreneur.com/franchises/index.html

www.workingfromhome.com

www.franchise. org

★ **창업 관련 사이트**

| | |
|---|---|
| 대한민국정부 창업 가이드 | www.korea.go.kr/contentmgr/fntn/fntnGuide.do |
| 창업 사이트 모음 | www.yestax.com/changup/chuchunsite.htm |
| 창업넷 | www.changupnet.go.kr/main.do |
| 창업코리아 | www.changupkorea.co.kr/main/main.asp |
| 창업 119 | www.cu119.com |
| 소호월드 | www.sohoworld.co.kr |
| 중소기업청 | www.smba.go.kr |
| 상공회의소 | www.korcham.net |
| 소상공지원센터 | www.sbdc.or.kr |
| 근로복지공단 | www.welco.or.kr |
| 한국여성경제인협회 | www.womanbiz.or.kr |
| 창업넷 | www.changupnet.go.kr |
| 창업피아 | www.changupia.com |
| 창업가이드 | cafe.daum.net/today119 |
| 창업투어 | cafe.daum.net/yysdg |
| 맛있는 창업 | www.jumpo119.biz |

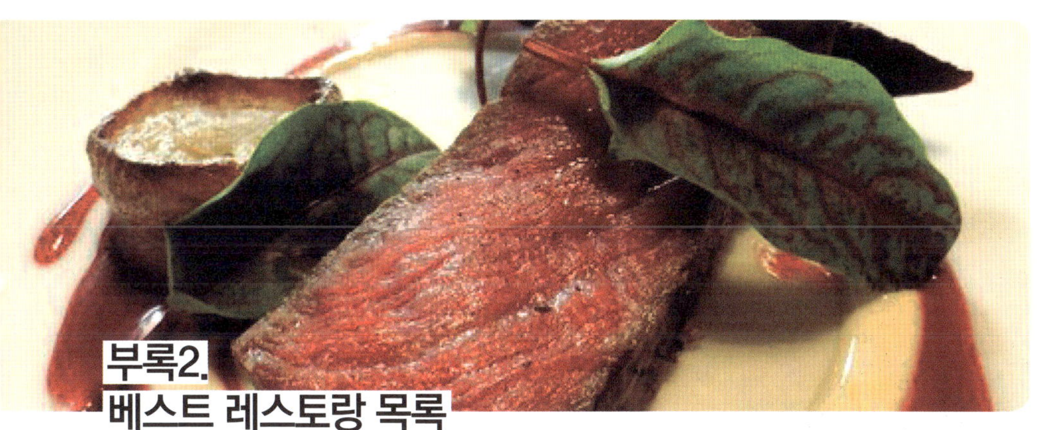



## 1. 〈LA 타임스〉 Jonathan Gold's 101 Best Restaurants

매년 조나단 골드가 뽑은 'LA 레스토랑 101'은 식당업계와 미식가들의 화제다. 총 101 개의 맛있는 식당 중 Top 20에 든 식당들을 알아보자.

1. 프로비던스(Providence) : **ADD.** 5955 Melrose Ave  **TEL.** 323–460–4170

2. 우라사와(Urasawa) : **ADD.** 218 N Rodeo Dr Beverly Hills  **TEL.** 310–247–8939

3. 스파고(Spago) : **ADD.** 176 N Canon Dr Beverly Hills  **TEL.** 310–385–0880

4. 모짜 등(Mozza, etc.) : **ADD.** 641 N Highland Ave  **TEL.** 323–297–0101

5. 고기(Kogi) : **ADD.** 12236 Washington Blvd

6. 뤼크(Lucques) : **ADD.** 8474 Melrose Ave West Hollywood  **TEL.** 323–655–6277

7. 애니멀(Animal) : **ADD.** 435 N Fairfax Ave  **TEL.** 323–782–9225

8. 컷(Cut) : **ADD.** 9500 Wilshire Blvd Beverly Hills  **TEL.** 310–276–8500

9. 짓라다(Jitlada) : **ADD.** 5233 Sunset Blvd Hollywood  **TEL.** 323–663–3104

10. 슌지(Shunji) : **ADD.** 12244 W Pico Blvd  **TEL.** 310–826–4737

11. 리베라(Rivera) : **ADD.** 1050 S Flower St  **TEL.** 213–749–1460

12. 스파이스 테이블(Spice Table) : **ADD.** 114 S Central Ave  **TEL.** 213–620–1840

13. 잉크(Ink) : **ADD.** 8360 Melrose Ave  **TEL.** 323–651–5866

14. 바코 멀켓(Baco Mercat) : **ADD.** 408 S Main St Downtown **TEL.** 213-687-8808

15. 테이스팅 키친(Tasting Kitchen) : **ADD.** 1633 Abbot Kinney Blvd Venice **TEL.** 310-392-6644

16. 시 하버(Sea Harbour) : **ADD.** 3939 Rosemead Blvd Rosemead **TEL.** 626-288-3939

17. 나이트+마켓(Night+Market) : **ADD.** 9041 Sunset Blvd West Hollywood **TEL.** 310-275-9724

18. 베스티아(Bestia) : **ADD.** 2121 E 7th Pl **TEL.** 213-514-5724

19. 히노키 앤 더 버드(Hinoki and the Bird) : **ADD.** W Century Dr Century City **TEL.** 310-552-1200

20. 멜리스(Melisse) : **ADD.** 1104 Wilshire Blvd Santa Monica **TEL.** 310-395-0881

## 2. The Daily Meal's 선정
## THE 101 BEST RESTAURANTS IN AMERICA

1. The French Laundry (Yountville, Calif.)
2. Gramercy Tavern (New York, N.Y.)
3. Le Bernardin (New York, N.Y.)
4. Momofuku Ssäm Bar (New York, N.Y.)
5. Eleven Madison Park (New York, N.Y.)
6. Blue Hill at Stone Barns (Pocantico Hills, N.Y.)
7. ABC Kitchen (New York, N.Y.)
8. Babbo (New York, N.Y.)
9. Girl & the Goat (Chicago, Ill.)
10. Cochon (New Orleans, La.)
11. Shake Shack (New York, N.Y.)
12. Jean Georges (New York, N.Y.)
13. Daniel (New York, N.Y.)
14. Alinea (Chicago, Ill.)
15. Chez Panisse (Berkeley, Calif.)

 소문난 LA 맛집 들여다보기

16. Del Posto (New York, N.Y.)

17. Per Se (New York, N.Y.)

18. Commander's Palace (New Orleans, La.)

19. Zuni Cafe (San Francisco, Calif.)

20. Animal (Los Angeles, Calif.)

21. Gotham Bar & Grill (New York, N.Y.)

22. Osteria Mozza (Los Angeles, Calif.)

23. Bouchon Bistro (Yountville, Calif.)

24. Husk (Charleston, S.C.)

25. Joël Robuchon (Las Vegas, Nev.)

26. Franklin BBQ (Austin, Texas)

27. Mission Chinese (San Francisco, Calif.)

28. August (New Orleans, La.)

29. Masa (New York, N.Y.)

30. Bar Tartine (San Francisco, Calif.)

31. Marea (New York, N.Y.)

32. WD-50 (New York, N.Y.)

33. Vetri (Philadelphia, Pa.)

34. Beast (Portland, Ore.)

35. The Publican (Chicago, Ill)

36. Ippudo (New York, N.Y.)

37. Inn at Little Washington (Washington, Va.)

38. Blackbird (Chicago, Ill.)

39. Frank Pepe Pizzeria Napoletana (New Haven, Conn.)

40. Galatoire's (New Orleans, La.)

41. Il Buco Alimentari e Vineria (New York, N.Y.)

42. La Taqueria (San Francisco, Calif.)

43. Bazaar (Los Angeles, Calif.)

44. Torrisi Italian Specialties (New York, N.Y.)

45. Guy Savoy (Las Vegas, Nev.)

46. Spiaggia (Chicago, Ill.)

47. Xi'An Famous Foods (Queens, N.Y.)

48. Di Fara (Brooklyn, N.Y.)

49. Spago (Los Angeles, Calif.)

50. Next (Chicago, Ill.)

51. Cut (Los Angeles, Calif.)

52. Coi (San Francisco, Calif.)

53. Chef's Table at Brooklyn Fare (Brooklyn, N.Y.)

54. Quince (San Francisco, Calif.)

55. FIG (Charleston, S.C.)

56. Michael Mina (San Francisco, Calif.)

57. é by José Andrés (Las Vegas, Nev.)

58. Frasca Food & Wine (Boulder, Colo.)

59. NoMad (New York, N.Y.)

60. Bern's Steak House (Tampa, Fla.)

61. Alan Wong's (Honolulu, Hawaii.)

62. O-Ya (Boston, Mass.)

63. Clio (Boston, Mass.)

64. State Bird Provisions (San Francisco, Calif.)

65. Komi (Washington, D.C.)

* 고든 램지(Gordon Ramsay at the London)
  **ADD.** 1020 N San Vicente Blvd West Hollywood  **TEL.** 310–854–1111

* 파티나(Patina) **ADD.** 141 S Grand Ave  **TEL.** 213–972–3331

* 워터 그릴(Water Grill) **ADD.** 544 Grand Ave  **TEL.** 213–891–0900

* 아사네보(Asanebo) **ADD.** 11941 Ventura Blvd Studio City  **TEL.** 818–760–3348

* 바스티드(Bastide) **ADD.** 8475 Melrose Pl West Hollywood  **TEL.** 323–651–5950

* CUT **ADD.** 9500 Wilshire Blvd Beverly Hills  **TEL.** 310–276–8500

* 랑햄(Dining Room at the Langham)
  **ADD.** 1401 Oak Knoll Ave Pasadena  **TEL.** 626–585–6218

* 햇필드(Hatfields) **ADD.** 7458 Beverly Blvd  **TEL.** 323–935–2977

* 라 보떼(La Botte) **ADD.** 620 Santa Monica Bl Santa Monica  **TEL.** 310–576–3072

* 모리 스시(Mori Sushi) **ADD.** 11500 W Pico Blvd  **TEL.** 310–479–3939

* 오톨란(Ortolan) **ADD.** 8338 W 3rd St  **TEL.** 323–653–3300

* 오스테리아 모차(Osteria Mozza) **ADD.** 6602 Melrose Ave  **TEL.** 323–297–0100

* 소나(Sona) **ADD.** 401 La Cienega Blvd  **TEL.** 310–659–7708

* 스시 조(Sushi Zo, Westside, LA) **ADD.** 9824 National Blvd  **TEL.** 310–842–3977

* 트라토리아 트레 베니체(Trattoria Tre Venize)
  **ADD.** 119 W Green St Pasadena  **TEL.** 626–795–4455

* 발렌티노(Valentino) **ADD.** 3115 Pico Blvd Santa Monica  **TEL.** 310–829–4313


## 4. Yelp 추천 맛집

* **The Tasting Kitchen**
  **ADD.** 1633 Abbot Kinney Blvd Venice, CA 90291  **TEL.** 310-392-6644

* **Church & State** **ADD.** 1850 Industrial St Los Angeles, CA 90021  **TEL.** 213- 405-1434

* **Fig & Olive** **ADD.** 8490 Melrose Pl West Hollywood, CA 90069  **TEL.** 310-360-9100

- Lucques **ADD.** 8474 Melrose Ave West Hollywood, CA 90069 **TEL.** 323-655-6277

- Wurstkuche **ADD.** 1800 E 3rd St Los Angeles, CA 90013 **TEL.** 213-687-4444

- **GLADSTONES**

  **ADD.** 17300 Pacific Coast Hwy Pacific Palisades, CA 90272 **TEL.** 310-454-3474

- **SUSHI SHOKEN ADD.** 26894 the Old Rd Valencia, CA 91381 **TEL.** 661-255-8811

- **Full house ADD.** 963 N Hill St Los Angeles, CA 90012 **TEL.** 213-617-8382

- **Yang Chow**

  차이나타운 **ADD.** 819 N Broadway Los Angeles, CA 90032 **TEL.** 213-625-0811

  토팽가점 **ADD.** 6443 Topanga Canyon Blvd Canoga Park, CA 91303

  　　　　**TEL.** 818-347-2610

- **Seafood Village**

  **ADD.** 684 W Garvey Ave Monterey Park, CA 91754 **TEL.** 626-289-0088

- **Capital Seafood**

  **ADD.** 333 E Huntington Drive Arcadia, CA 91006 **TEL.** 626-574-8889

- **Ocean Star**

  **ADD.** 145 N Atlantic Blvd #201Monterey Park, CA 91754 **TEL.** 626-308-2128

- 용수산 **ADD.** 950 S Vermont Ave Los Angeles, CA 90006 **TEL.** 213-388-3042

- 백화정 **ADD.** 3929 W Olympic Blvd Los Angeles, CA 90019 **TEL.** 323-935-5554

- 성북동 **ADD.** 3303 W 6th St Los Angeles, CA 90020 **TEL.** 213-738-8977

- 전원 **ADD.** 3100 W 8th St Los Angeles, CA 90005 **TEL.** 213-480-8585

- 아라도 **ADD.** 4001 Wilshire Blvd #A Los Angeles, CA 90010 **TEL.** 213-387-1199

- 고바우 **ADD.** 698 S Vermont Ave Ste 109 Los Angeles, CA 90005 **TEL.** 213-389-7300

- **Din Tai Fung ADD.** 1108 S Baldwin Ave Arcadia, CA 91007 **TEL.** 626-574-7068

- **Shanghai No.1 Seafood**

  **ADD.** 250 W Valley Blvd San Gabriel, CA 91776 **TEL.** 626-282-1777

- **94th Aero Squadron**

  **ADD.** 16320 Raymer Ave Van Nuys, CA 91406 **TEL.** 818-994-7437

- **Guppy House ADD.** 11803 E South St Cerritos, CA 90703 **TEL.** 562-865-7288

# 5. 〈LA 타임스〉 & Los Angeles Restaurants.com 추천 맛집

## ★ Best Service Restaurants in LA

| | Restaurant Name | Cuisine | Location |
|---|---|---|---|
| 1 | Cut | Steak | Beverly Hills & Westside |
| 2 | Melisse | French | Beverly Hills & Westside |
| 3 | The Palm -West Hollywood | Steak | Central / Downtown LA |
| 4 | Spark Woodfire Grill -Studio City | Steak | San Fernando Valley |
| 5 | Ca Del Sole | Italian | San Fernando Valley |
| 6 | Cafe La Boheme | American | Central / Downtown LA |
| 7 | Toscana | Italian | Beverly Hills & Westside |
| 8 | Spago -Beverly Hills | California | Beverly Hills & Westside |
| 9 | Lucques | French | Central / Downtown LA |
| 10 | Asia de Cuba | Asian | Central / Downtown LA |

## ★ Best Food in LA

| | Restaurant Name | Cuisine | Location |
|---|---|---|---|
| 1 | Tengu -Westwood Village | Sushi | Beverly Hills & Westside |
| 2 | A. O. C. | California | Central / Downtown LA |
| 3 | Toscana | Italian | Beverly Hills & Westside |
| 4 | Bistro du Soleil | French | South Bay |
| 5 | Spark Woodfire Grill -Huntington Beach | American | Orange County |
| 6 | The Stinking Rose | Italian | Beverly Hills & Westside |
| 7 | Cafe La Boheme | American | Central / Downtown LA |
| 8 | Maison Akira | French | San Gabriel Valley |
| 9 | Spaghettini | Italian | Orange County |
| 10 | Spark Woodfire Grill -Studio City | Steak | San Fernando Valley |

| | Restaurant Name | Cuisine | Location |
|---|---|---|---|
| 1 | Cafe La Boheme | American | Central / Downtown LA |
| 2 | Tengu -Westwood Village | Sushi | Beverly Hills & Westside |
| 3 | A. O. C. | California | Central / Downtown LA |
| 4 | Spaghettini | Italian | Orange County |
| 5 | The Palm -West Hollywood | Steak | Central / Downtown LA |
| 6 | Spark Woodfire Grill -Studio City | Steak | San Fernando Valley |
| 7 | Asia de Cuba | Asian | Central / Downtown LA |
| 8 | Cicada | Italian | Central / Downtown LA |
| 9 | Ca Del Sole | Italian | San Fernando Valley |
| 10 | Toscana | Italian | Beverly Hills & Westside |

★ Best Value For Your Money

| | Restaurant Name | Cuisine | Location |
|---|---|---|---|
| 1 | Monsoon Cafe | Asian | Beverly Hills & Westside |
| 2 | Cafe La Boheme | American | Central / Downtown LA |
| 3 | Spark Woodfire Grill -Huntington Beach | American | Orange County |
| 4 | Spark Woodfire Grill -Studio City | Steak | San Fernando Valley |
| 5 | Bistro du Soleil | French | South Bay |
| 6 | A. O. C. | California | Central / Downtown LA |
| 7 | Tengu -Westwood Village | Sushi | Beverly Hills &Westside |
| 8 | The Palm -West Hollywood | Steak | Central / Downtown LA |
| 9 | Spaghettini | Italian | Orange County |
| 10 | Cafe Sevilla Long Beach | Spanish | Long Beach &Gateway Cities |

★ Top 10 Burgers in USA

1. Pie'N Burger
2. Company Burger
3. Brindle Room
4. The Fat Cat, Bill's Bar and Burger
5. Keller's Drive-In
6. Schoop's
7. Mar'sel
8. Au Cheval
9. Husk
10. The Little Owl

★ Best Steak

1. Ruth's Chris Steak House
2. CUT
3. Spark Woodfire Grill
4. The Palm
5. BLT Steak

## ★ Best American

1. Cafe La Boheme
2. Spark Woodfire Grill -Huntington Beach
3. Beechwood

## ★ Best Italian

1. Spaghettini
2. Cicada
3. Ca Del Sole

## ★ Best French

1. Lucques
2. Melisse
3. Bistro du Soleil

## ★ Best Asian

1. Tengu -Westwood Village
2. Asia de Cuba
3. Monsoon Cafe

# epilogue

세상에서 관심받고 싶었던 나는 책 한 권 내는 게 최고의 소망이었는데, 어느덧 5번째 책을 갖게 되었다. 사람들은 묻는다. 돈 좀 버나요? 나는 그냥 웃는다. 한 번도 돈 벌자고 문학을 하지는 않았다. 굳이 이유를 대자면 나 자신을 믿고 좋아서, 미쳐서 한 일이다. 그리고 또, 외로움이 쓰게 했다.

이제는 더 많이 더 훌륭한 장소를 자상하게 독자에게 알려주고 싶어 여행한다. 작가는 관찰자이다. 창업과 창작은 비슷한 구석이 있다.

나는 몹시 소심하고 턱없이 부족한 사람이다. 귀찮은 것 질색하고 무진장 성급하다. 나 같은 사람도 매일매일 정성 들여 즐겁게 계속 훈련하고 직진하면 책이 완성된다는 것! 사랑하는 두 아들에게 몸으로 보여주고 싶었다.

전 세계를 휩쓰는 창업 열풍은 변방에 사는 우리 집까지 살짝 흔들었다. 드디어 큰아이가 예술적 재능을 살려 창업에 도전했다. 밥이나 잘 먹고 다니는지, 궁금한 마음으로 LA의 돈 잘 버는 식당을 취재하며 많이 배웠다.

성공한 사람들은 고통과 실패까지도 감수하며 인내한다. 식당 문 여는 시간이 되면 곧 들이닥칠 고객의 오감을 기쁘게 하려고 셰프들이 '행복한 밥'을 준비하는 모습에서 깊이 감명받았다.

잘되는 식당의 부엌에서는 열정의 집념에서 나오는 전율이 흐른다. 막이 오르기 전 무대의 팽팽한 긴장과 탄력이다. 니체는 '갈망'이야말로 삶을 더 높이 도약하는 창조 에너지이며 문화를 만들어내는 힘이라고 말했다. '행복Happiness'을 [과녁]을 향해 날아가는 직선 궤적'이라고 표현(선과 악을 넘어서, Beyond Good and Evil)한 그의 철학을 '목표를 향해 달리는 과정'이라고 해석해본다.

행복은 그냥 오지 않는다. 가시덤불을 헤치고 쓴맛 뒤에 온다. 그 과정의 결과 단맛이 인생을 더욱 단단하게 만든다. 당연히 그들은 선택하고, 집중하고, 몰입했기에 고독하다.
성공한 창업자들은 대부분 '차라투스트라' 스타일이다.

짐을 잔뜩 싣고 뜨거운 사막을 건너면서 불평 한마디 하지 않는 낙타, 그들은 언제나 친절하다. 낙타는 용감한 사자가 되고, 이윽고 사자는 어린아이가 된다. 해맑고 기발하며 한없이 자유롭게 모래성을 부수고 다시 창조하며 쌓아간다.

– 차라투스트라의 첫 연설 〈세 가지 변신에 대해서〉

영화 〈카모메 식당〉을 떠올리며 마음속 나만의 레스토랑을 구상해보자. Let's Run! 높은 곳을 향해 달려가는 청춘이 아름답다. Bounce Jump! 험난한 여행길이지만 맘껏 신나게 탐사해보자.

# 레스토랑 이름 순으로 찾기

## 영문

## 한글